U0921288

编审委员会

应用型电子商务
"十一五"系列规划教材

电子客户关系管理与实训

施志君 主编

化学工业出版社
·北京·

本书内容涉及电子客户关系管理的概念、业务涵盖面及其应用现状、客户信息管理、客户体验管理、客户满意管理、客户忠诚管理、客户投诉管理、创新客户服务、大客户服务管理等相关理论知识和操作技能。本书的特色在于着重训练学生的客户服务技能，全书附有33个实训课题，并于各章后提出思考题和实践建议。

本书可作为应用型学校电子商务、市场营销、工商管理等专业的教材；也可作为企业的市场营销人员、客户管理人员、客户服务人员、采购销售人员等的指导用书。

图书在版编目（CIP）数据

电子客户关系管理与实训/施志君主编．—北京：化学工业出版社，2009.2（2015.6重印）

应用型电子商务“十一五”系列规划教材

ISBN 978-7-122-04316-0

Ⅰ．电…　Ⅱ．施…　Ⅲ．电子商务-销售管理-应用型院校-教材　Ⅳ．F713.36

中国版本图书馆CIP数据核字（2009）第004740号

责任编辑：宋湘玲　唐旭华　　文字编辑：丁建华

责任校对：陈　静　　装帧设计：尹琳琳

出版发行：化学工业出版社（北京市东城区青年湖南街13号　邮政编码100011）

印　　装：大厂聚鑫印刷有限责任公司

787mm×1092mm　1/16　印张11¾　字数281千字　　2015年6月北京第1版第5次印刷

购书咨询：010-64518888（传真：010-64519686）　售后服务：010-64518899

网　　址：http://www.cip.com.cn

凡购买本书，如有缺损质量问题，本社销售中心负责调换。

定　　价：22.00元

编写说明

目前，各个行业和领域正在积极开展形式多样的电子商务与电子政务活动，电子商务的快速发展，使整个社会对电子商务专业人才的需求日益迫切，未来10年内，我国电子商务专业人才需求数量为200多万。为了培养社会急需的电子商务专业人才，教育部2001年批准电子商务作为目录外专业在全国高校中开设，可见国家对培养电子商务专业人才的重视。虽然这些年来我国电子商务得到了一定的发展，各个高等院校的毕业生都陆续地走向社会，但却出现了如此“矛盾”的现象：一方面是电子商务的高速发展、人才奇缺；另一方面是专业知识结构不合理、电子商务专业毕业生难在社会上找到工作。解决上述矛盾的关键在于清楚认识市场需要的是应用型的电子商务人才，学校培养电子商务专业人才不能与市场脱节，该系列规划教材就是基于这种市场需求推出的。

应用型电子商务人才的培养离不开适用、好用的教材，目前市场上严重缺乏电子商务专业的应用型或者说是实战型的教材，影响了教师的教学和学生的学习。鉴于这种状况，基于多年的行业或专业经验，广东省多所在电子商务专业有所建树的应用型学校联合组织策划，并邀请企业专家指导、实际参与编写，共同完成了“应用型电子商务‘十一五’系列规划教材”的编写工作，期待弥补教材市场的这一空白。

该电子商务系列规划教材共计10本，分两批出版，其中2009年1月出版8本，分别是《计算机实用技术》、《实用联网技术》、《网络营销与实训》、《电子商务网站建设与完整实例》、《电子商务案例分析》、《电子客户关系管理与实训》、《电子商务物流与实务》、《电子商务项目策划与设计》；2009年6月出版2本，分别是《电子商务基础与实训》、《国际商务》。

该应用型电子商务“十一五”系列规划教材的主要特点如下。

(1) 电子商务专业涵盖的知识面非常广泛，并且其更新速度也很快，在编写本套教材的过程中，注重理论分析的准确、清晰、简明、新颖，做到够用就行。立足于应用型，本套教材重点突出专业技能的训练；根据各门课程的讲授特点，每本教材的编写思路和体例也各具特色。

(2) 本套教材把电子商务应用所需要的专业技能进行了分解，每本教材强调不同的专业模块。《电子商务基础与实训》是围绕电子商务开展的几种模式，告诉学生如何进行B2B、B2C、C2C、EG，把涉及的业务知识和技能串起来。《计算机实用技术》是通过配置、购买、维修计算机的实训过程，结合动手DIY，使涉及计算机的相关知识和技能过关。《实用联网技术》是通过实际的网络配置训练，使涉及网络的相关知识和技能过关。《网络营销与实训》介绍各种网络营销手段的应用，特别是近期经过市场检验的新网络营销手段，以大量的互联网实践来掌握网络营销技能。《电子商务网站建设与完整实例》是以一个完整的网站建设为例，训练网站设计及制作、后台数据处理。《电子商务案例分析》通过大量成功案例的分享，旨在激活学生的思路，从中获取开展电子商务应用的创新灵感。《电子客户关系管理与实训》分行业给学生提供角色演练的模拟实训，让学生掌握客户服务的技巧。《电子商务物流与实务》引用国内外先进理论与应用实例，注重电子商务与物流的结合，让学生了解一些实务型的物流操作。《电子商务项目策划与设计》从项目管理角度介绍电子商务项目分析方法，有效解决了电子商务师资格鉴定第二阶段内容，让读者学会电子商务项目设计，了解答辩技巧。《国际商务》主要介绍企业如何做出口贸易、投资等内容，突出应用特色。

（3）各教材以电子商务应用层面的理论知识够用为度，同时引入比较新颖的专业内容、发展动态、创新模式，以满足读者工作岗位的实际需求。

（4）本套教材附有大量的案例、思考、练习、演练、实训、拓展等，还考虑到教学层次的差异，给出了大量链接资源、阅读资料，便于深化学习。

（5）教材同时还考虑到学生参加专业资格鉴定的需要，很多具体的教学内容都与电子商务师的鉴定内容挂钩，便于读者自学和备考。

（6）本套教材均配有立体化电子教案，以期有助于教师教学和学生学习，需要请联系sxl_2004@126.com或登录化学工业出版社官方网站下载。

总之，本套规划教材着重强调电子商务应用的专业技能，有很多尝试电子商务应用的方法，也有很多实操性的训练，还有很多和社会接轨的实践机会。该套教材既可作为应用型本科学院、高职高专院校电子商务等专业的教材；也可作为中职（中技）学校相关专业的教学用书或培训教材。在当今的电子商务时代，该套教材对现代企业的管理人员、市场营销人员、客户服务人员等有着现实的指导作用。

应用型电子商务“十一五”系列规划教材
编审委员会
2008年11月

前 言

为了满足应用型教学改革和培养高等院校应用型人才的需要，解决应用型学校教学缺乏一体化实用性教材的问题，我们编写了这本教材。本书的特色在于着重训练学生的客户服务技能，全书共设计了33个实训课题，让学生清楚实训目的及内容，进行角色扮演，通过场景模拟来训练客户服务技能中的应变能力，给出有代表性的案例让学生进行思考。涉及的理论知识是本着“够用即可”的指导思想进行编写的。

本书以市场用人的需要为根据，以培养真正能够上岗的客户服务人员为目标，组织编写思路。具体来讲：一是让学生清楚社会上应用e-CRM的状况，以便全面地了解在不同的企业所需要的客服技能；二是重点介绍了e-CRM中最重要、最关键的工作——客户信息管理；三是尽量简化理论，强化实训，激发学生思考问题；四是充分体现了体验设计、创新服务的重要，告诉学生工作时要本着“用心”的态度，理论指导实践，提出更让顾客满意的体验方案和创新计划；五是分行业、分组来实训，让同学们进一步理解客户服务的实用性。

本书由施志君主编，负责编写提纲、体例的设计，初稿的增删修改、统稿和定稿，并编写了第1、2、7、8章，以及第3章部分内容；张珈瑞编写了第3章部分内容；第4～6章分别由曾思燕、袁漫芳、沈银花编写。

本书可作为应用型本科、高职高专电子商务、市场营销、工商管理等专业的教材；也可作为中职（中技）学校相关专业的教学用书或培训教材，但对于中职（中技）学生来说，书中打*号的章节可以不讲。本书对企业的市场营销人员、客户管理人员、客户服务人员、采购销售人员等有着现实的指导作用。

由于水平有限，书中不妥之处在所难免，恳请广大读者批评指正。

编者

2008年11月

目 录

第1章　导　　论

众所周知，越来越多的企业在重视电子客户关系管理。在今天这样一个产品丰富、收入提高的时代，顾客无疑具有重要的发言权，谁了解顾客，谁拥有顾客，谁留住顾客，谁就是最大的赢家。对于从事客户服务第一线的工作人员来说，不仅要掌握基本的理论知识，更重要的是要脚踏实地苦练客服技能，比如：语言表达的礼仪、与人交流的技巧、服务心理的培养及调适、计算机网络的基本应用技能、操作电子客户关系管理系统的娴熟程度、设计客户体验的灵感、处理客户抱怨的能力、承受委屈和工作压力的本事、自我控制及情绪释放的管理等。

1.1　电子客户关系管理简介

随着互联网的普及，越来越多的企业利用网络等电子的手段来进行客户关系管理。企业可以通过互联网向客户提供全天候不间断的服务，同时，可以根据不同客户的需要为客户提供个性化的服务，大大地改善了客户服务质量。

1.1.1　客户关系

客户关系的定义有多种，虽然说法不一，但内容是大同小异的。客户关系是指企业为达到其经营目标，主动与客户建立起的某种联系；这种联系可能是单纯的交易关系，也可能是通信联系，也可能是为客户提供一种特殊接触机会，还可能是为双方利益而形成某种买卖合同或联盟关系。或者通俗地描述为：所谓客户关系是指最清楚什么样的产品通过什么渠道交给什么样的客户；最清楚客户所要的服务及由谁来提供更经济，企业更划算。

对于企业来说，销售走到顶点，服务将超过销售，销售仅是把客户拿下，而服务才能把客户留下。不久的将来，客户服务的整体水平将决定一个公司未来的盈利能力。

就像亚马逊公司为什么要执行 Amazon′s Privacy Policy（亚马逊公司隐私政策）一样，因为亚马逊公司知道客户及其资料是公司主要的财富，而要想获得并长期使用这种财富就必须设法保持与客户之间的良好关系。

2000 年，IBM、微软和 Ariba 公司联合宣布它们已设计出了一个网络名址录，允许各公司把它们的名称以及它们所能支持的各种协议和接口登记在这个网络名址录上。这种叫做 Universal Description Discovery and Integration（UDDI）的参考标准是基于 XML 语言之上的，它将成为支持这种标准的公司存放公司数据的中心。对公司里的工程师来说，这个网络名址录的出现使他们能够知道怎样与新客户进行交流，这样也就节约了双方开展交易的时间。

可以这么说，由于市场竞争的方向发生了变化，所以公司业务的发展也就是如何去发展客户关系，而客户服务就是要如何去保持与客户之间的关系，了解客户的需求，向客户提供高效优质的服务。同时，客户信息的收集和管理反过来又促进企业的工作人员为客户提供服务的效率，所以，企业越来越注重客户关系了。

1.1.2 客户关系管理

CRM（Customer Relationship Manangement）就是客户关系管理。CRM的概念由美国Gartner集团率先提出。CRM是辨识、获取、保持和增加“可获利客户”的理论、实践和技术手段的总和。它既是一种国际领先的，以“客户价值”为中心的企业管理理论、商业策略和企业运作实践；也是一种以信息技术为手段，有效提高企业收益、客户满意度、雇员生产力的管理软件。或者说，客户关系管理是指企业为了赢取新顾客、保持老客户，以不断增进企业利润为目的，透过不断地沟通和了解客户，达到影响顾客购买行为的方法。还有的说，所谓的客户关系管理就是为企业提供全方位的管理视角；赋予企业更完善的客户交流能力，最大化客户的收益率。

企业对客户关系管理的理解也有差异，如：IBM所理解的客户关系管理包括企业识别、挑选、获取、发展和保持客户的整个商业过程。国内银行对客户关系管理的理解正逐步走向深化。银行越来越能站在客户的角度，为客户着想，将满足客户的需求作为银行一切活动的中心。由此，CRM也不再只是一种软件系统，而是融入了“以客户为中心”的银行整体转轨的大框架，以管理机制、业务流程、技术路线的密切配合，不断为客户创造价值。

现在普遍认为CRM基本上涵盖三个业务方面（图1-1），并对这些工作的开展极其有帮助。这三个业务是指市场营销、销售及客户服务，市场营销、销售和客户服务是CRM的三大功能支柱。从图中看出，它们相互支撑，因客户紧紧联系在一起，CRM的焦点就是改善企业与销售、市场营销、客户服务和支持等领域的客户关系有关的商业流程。

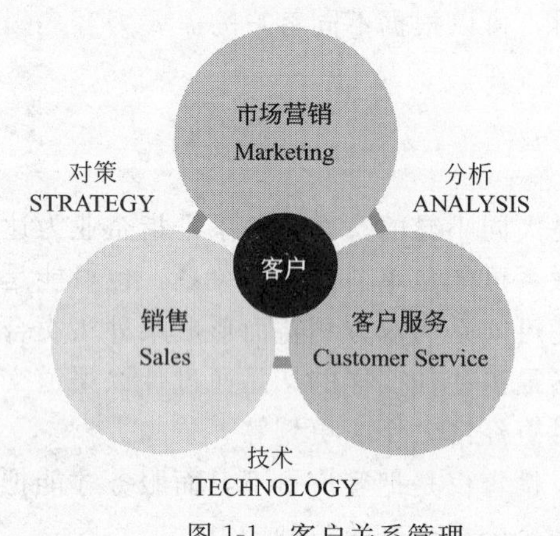

图1-1 客户关系管理

如果客户关系管理体现为管理软件，CRM系统在整个客户生命期中都以客户为中心，CRM系统还有三个层面，第一个层面是操作型CRM，主要方便与客户的交流，简化操作流程；比如：客户信息的存取。另一个层面是分析型CRM，就是要了解客户的需求，比如：企业新业务的客户群在哪儿？如何吸引他们？有没有价值？哪些客户值得保留？这些都是分析型CRM要提供的支持。还有一个层面是协同型CRM，比如：整合各种渠道，协调各个部门之间的联系都是协调型CRM的范畴。

CRM的具体目标为“提高客户满意度、降低客户流失率”，从而在一对一营销的基础上获得并保持客户，最终获取终身价值。通过CRM系统，企业可以集成柜台、电话、E-mail、短信等多种渠道，企业可以把客户在接触、采购、送递及服务方面的信息在各个部门之间共享，并以此为基础，对客户进行分析，把客户的需求进行归纳，把客户的群体进行分类，从而采取个性化的服务，从长期的发展中获得客户价值。

1.1.3 电子客户关系管理

1.1.3.1 电子客户关系管理的含义及理解

当前，客户关系管理的特点是采用电子技术，且是“大电子技术”的应用，即充分利用计算机、网络、通信等技术，这是最容易了解、最现实存在的电子客户关系管理，在网络经济中“电子客户关系管理”充满着机遇和挑战。

随着社会的飞速发展，能够提高企业核心竞争力的 CRM 应用，将逐渐发展成双“e”主导下的新态管理系统，其最显著的特点将是“电子化”（electronic CRM）和“扩展化”（extensive CRM）。这是因为：为突出 CRM 基于 Internet 平台交流渠道的重要性以及 Internet 和电子商务应用可能为客户提供更具优势地位的特征，目前的企业信息化中都把基于 Internet 平台和电子商务战略下的客户关系管理系统称作“电子客户关系管理”（简称为 e-CRM）。但如果从功能、管理、决策等方面来定义电子客户关系管理，e-CRM 的含义，不仅包含着对网络与电子技术的充分依靠，更体现了作为企业竞争制胜的整体性解决方案的扩展“e-CRM”，必然会成为扩展的客户关系管理系统，甚至是具有智能、分析决策能力的战略性的客户关系管理系统。

对电子客户关系管理可做如下理解。“电子化”是指电子客户关系管理应用系统必须借助互联网的工具和平台，实现与各种客户关系、渠道关系的发生同步化、精确化。结合它所涵盖的三个主要的业务方面，在基于网络的应用平台基础上，实现企业各个方面的业务可共享信息资源等，如图 1-2 所示。

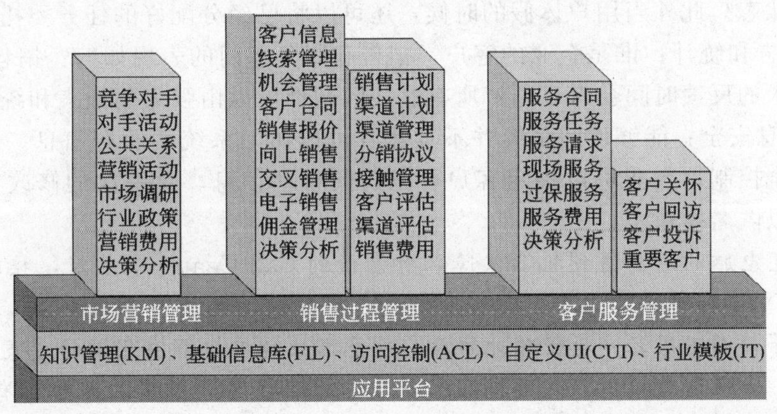

图 1-2　电子客户关系管理

电子化的 CRM 既能够由内到外为企业提供自助服务系统，可以自动地处理客户的服务要求，实现“任务替代”，将原本由人工渠道提供的服务通过自助功能模块来处理，例如：自动语音提示服务、贴心网页上的常见问题解答等，不仅节省了人力、降低了运营成本，更使企业可将人力资源集中于更具有挑战性和更高价值的客户服务业务中；由外到内带来了低成本优势，满足了客户的实质性需求，自助服务提高了响应速度和服务的有效性，从而会增进客户的满意程度，进而帮助企业扩大市场份额、提高获利能力。但也正因如此，企业的客户关系管理工作才从简单的前端业务，演化为影响企业全面发展与赢利能力的根本性任务。CRM 的 e 化，就不仅仅是电子化“electronic”，而且体现为全面扩展化“extensive”。

从应用系统的角度来界定“e-CRM”的内涵，应当是一种以网络为中心、全面沟通客户关系渠道和业务功能，实现客户关系同步化的方案，它将集中解决企业急需回答的下列问题，创造并充实动态的客户交互环境；产生覆盖全面渠道的自动客户回应能力；整合全线的业务功能并实时协调运营；专为拓展和提高客户交互水平并将其转化为客户知识的客户关系技术。总之，从发展的眼光看，电子客户关系管理的内涵会越来越广。

1.1.3.2 e-CRM的功能

就电子客户关系的管理技术、管理功能而言，e-CRM系统具有以下功能。

① 支持企业的远程销售力量：每个授权用户可以通过Internet得到并更新客户的信息。即使用户远离办公室，报告、报价或者需求也能被存储和找到。

② 共享客户信息：同样的安全权限层次可以得到相同的信息。所有信息在部门之间被共享，销售部门可以知道支持部门的下一步行动，反之亦然。

③ 通过客户门户联系客户：通过Internet，客户可以浏览并处理自己的数据。通过电子工作流，与企业的客户直接联系，可以有效处理需求、文档和财务事务处理。将增强与企业的客户的伙伴和协助关系。通过分销商门户为企业的分销商带来价值，提供潜在客户、客户信息和合同数据、产品新闻和公司新闻。

④ 跟踪潜在客户：通过Internet站点，企业可以作出前景预测。在这里信息是工作流的一部分，可以通过e-CRM得到。

⑤ 提升客户管理：企业的客户、需求、联系人、任务和财务信息都将可以显示在同一个屏幕之中。消费者的问题将在需求工作流向导的指引下，被明确地标明职责并确保合适的行动。用户可以跟踪任务或者将任务和需求分配给其他人。强大的浏览功能可以使得用户跟踪这些请求的状态。此外当用户休假的时候，还可以将已经分配好的任务委托给其他人。

⑥ 浏览报告和统计：谁是企业的客户？销售和服务部门的表现如何？销售预测是什么？客户问题和需求的反馈时间会有多长？所有这些问题都可以由强大的报表和统计来回答。

⑦ 保证信息安全：能够访问系统并不意味着可以访问系统的所有信息。通过客户和信息的角色和安全控制，企业可以决定客户可以访问哪些信息。每一次的修改都将被记录下来，没有人可以匿名操作。

当一个联想电脑的用户遇到机器故障，打电话到Call Center求助时，接待员可以马上从e-CRM系统中清晰地知道该客户的许多信息，如住址、电话、产品型号、购机日期、以前的服务记录等，而不用客户再繁琐地解释，就能很快地安排解决问题的方案，客户的心理会是什么感觉？如果这时接待人员再提醒客户，您的互联网免费接入账号还有10天就要到期了，并向他介绍如何购买续费卡，客户又会是什么感受？当一个营销人员要联络一位重要客户前，他可以通过e-CRM系统了解这个客户的全部情况，包括他们单位以前的购买情况、服务情况、资信状况、应用需求、谁是决策人、联想公司都有哪些部门的哪些人与他们联络过、发生过哪些问题、如何解决等诸多信息，其中的许多情况都是由联想公司的其他部门完成的，如果不借助这个系统是根本不可能了解到的。这时，这个销售人员是否应该更加胸有成竹了呢？如果此时他主动通知客户，他们急需的某种产品已经到货，同时，联想又有两款新产品可以更好地满足他们的应用需求时，客户的反应又会怎么样呢？

1.1.3.3 对e-CRM的误解

通过一些专业市场调查公司对e-CRM应用现状的研究，反映出部分企业对e-CRM应用的误解如下，以此作为对e-CRM应用的理性反思。

① 大部分企业对e-CRM从信息技术的角度考虑，即大多数的投资投在基本的信息技术基础设施及技术架构方面，而不是花在通过增进对客户的了解从而提高客户满意度和忠诚度最终创造利润上，造成最终看起来很完美的电子客户关系管理解决策方案并没有使企业获得预期的竞争优势。

② 多数企业受软件厂商或相关利益获得者的鼓动，盲目将期望寄托在他们提供的e-

CRM 系统上，而没有将电子客户关系管理提升到企业战略的高度。优化企业与客户的互动模式，是需要进行战略再调整的过程，这绝不仅仅是一次技术实践那么简单。

③ 大部分 e-CRM 项目的实施仅仅是安装培训，没有以客户为中心的咨询服务，从而造成系统运行之后仅仅能够做到信息数据输入而不能有效地基于客户细分和客户价值定位进行客户消费行为的建模分析以及营销的投资回报建模分析。

④ e-CRM 系统缺乏灵活性和可操作性，企业不能优先进行适合企业自身特点的定制化应用的开发，只能受限于软件厂商；而 e-CRM 使用者期盼的可操作性也没有体现，让第一线的使用者产生抵触和敷衍心理。

⑤ 没有内在的推动力，包括 e-CRM 专职分析岗位和 e-CRM 流程绩效考核指标，从而使 e-CRM 闭环流程破裂，没有专人来推动和反馈，并指导相关流程的优化，使自动化的闭环流程越来越堵塞并闲置最终成为鸡肋。

⑥ 很多企业都犯了一个错误，它们都是基于所拥有的整个客户群的普遍需求来管理和提供产品和服务，而不是根据不同客户细分尤其是最有价值的客户的需求来提供个性化的产品和服务。

1.1.4 电子客户关系管理的涵盖面

随着科技的日新月异，电子客户关系管理的涵盖面会越来越广。它强调建立以客户为中心的现代企业，以客户价值来判定市场需求，对于正在转变战略从“产品中心”向“客户中心”过渡的企业都是合用的。

如图 1-2 所示，电子客户关系管理所涵盖的三方面业务是目前影响最直接的企业业务部门，可以帮助企业扩大业务量、提高客户满意度和忠诚度，也就是为企业“开源”。然而，企业其他部门的员工也可以共享 e-CRM 的各种信息资源，对于企业的决策者来讲，还可通过查询 e-CRM 的多个数据来指导、决策工作。

有很多企业应用 e-CRM 失败的教训，一般都属于最常见的 e 化失败的教训，简单地认为 e-CRM 就是引进一套管理软件，没有结合企业的实际情况。在实践中，如果要使企业的 e-CRM 应用获得成功，就必须有决策者、拥有者的全力参与，就应该从经营理念、组织架构、客户战略、企业流程、信息化规划、绩效评估等各个方面对企业进行变革，让 e-CRM 直接影响、涵盖到一个企业的经营运作。

如：某银行结合企业自身的实际状况，和 IBM 公司合作，为本企业量身定做了 e-CRM，并制定相应的措施，保证其落实到各个业务中。经过一段时间证明：e-CRM 为企业创造了价值，实现了四个业务目标：第一，能提高银行的横向销售能力，以便获取更大的资金份额；第二，尽可能地使交易服务自动化（或称自助服务），以便解放员工，使其重点从事销售工作；第三，实现了这样的一种转变，即从银行业服务的提供者转变为涵盖全部金融领域服务和产品的提供者；第四，能坚持在成本缩减的情况下继续运转，并通过调整树立起越来越恰当的客户服务目标，改善市场营销效力，进而提高经营效率。

实训 1 客户体验e-CRM

1. 实训目的

通过本次实训，获得电子客户关系管理应用的感观体验，进而更深入地理解 e-CRM 的功能，了解目前 e-CRM 在国际社会上的普及程度以及对企业的重要性。

2. 实训内容

(1) 阅读下面一段客户服务人员（以下简称客服）与顾客的通话场景。

客户在比萨店订餐的过程

（××比萨店的电话铃响了，客服拿起电话。）

客服：这里是××比萨店，非常高兴为您服务！请问您有什么需要？

顾客：你好！我想订餐。

客服：先生，请把您的会员卡号告诉我。

顾客：15989×××891。

客服：周先生，您好！您住在×××路44号12楼5室，您家的电话是8237××××，您单位的电话是3886××××，您的手机是1331883××××。请问您想订什么餐？

顾客：你怎么知道我的这些信息？

客服：周先生，因为我们联机到了电子客户关系管理系统。

顾客：我想订一个海鲜比萨……

客服：周先生，海鲜比萨不太适合您。

顾客：为什么？

客服：根据您的医疗记录，您的血压和胆固醇都偏高。

顾客：既然这样，你们有什么可以推荐的？

客服：您可以试试我们的低脂健康比萨。

顾客：好，那我要一个家庭特大号的，需要多少钱？

客服：99元，这个足够您一家五口吃了，不过要提醒您：您的母亲应该少吃，因为她上个月刚刚做了大手术，处于恢复期，需要汤水调养。

顾客：可以刷卡吗？

客服：周先生，对不起！请您付现款，因为您的信用卡已经严重透支了，您现在还欠银行14885元，而且另外还有房屋贷款。

顾客：那我先去附近的取款机取款。

客服：周先生，根据您的记录，您已经超过今日取款限额。

顾客：算了，你们直接把比萨送我家吧，家里有现金。你们多久送到？

客服：大约十分钟。如果您自己来取会更快。

顾客：为什么？

客服：根据电子客户关系管理系统的全球定位系统车辆行驶自动跟踪系统记录，您正在开着一辆车号为××-×B35×的别克轿车，即将从我们店的门口经过……

(2) 学生用15分钟时间思考下面几个问题。

① 如果你是这位顾客，能够感受到电子客户关系管理系统的什么好处？

② 电子客户关系管理系统给销售带来什么便利？

③ 具体谈谈上述对话中的e-CRM的功能有哪些？

④ 据你的了解，你认为案例中的场景在国内的比萨店实现了吗？

(3) 学生自由发言，教师点评、归纳。

3. 角色演练

学生自由组合，分别扮演客服与顾客，准备一下，把比较有代表性的能够体验到e-CRM的功能的日常生活经历（如：电话银行服务系统、电信10000客户服务系统等）的对话场景表演出来。

老师先做一下了解，比较同学们选择的体验经历，挑选其中的几组学生上讲台表演，以便全班师生分享。

4. 案例思考

前段时间到首都北京出差，住的是三星级的普通商务酒店。退房时服务员来房间帮忙拿行李，很有礼貌地问道："先生，要叫出租车送您吗？"

我心想，服务还真不错，赶紧回答："那就拜托了。"

服务员热情地继续问我："去哪里？"

我不假思索地说："直接到首都国际机场。"

在前台结账时，收银员边工作边问我："先生要叫出租车吗？"

我也随口答道："要。"

"去哪里？"

"到首都国际机场。"

结完账走出大厅，门口的引导小姐赶快向我走来，我猜想，肯定是问我要不要出租车。果不其然，她问道："先生要叫出租车吗？"

我出于礼貌地回答："要。"

"去哪里？"

"首都国际机场。"

走出酒店的旋转门，穿着制服的英俊服务生也连忙走过来，问道："先生要不要叫出租车？"我点点头。同样的，他也问了我："去哪里？"我耐心地告诉了他。

服务生朝附近等待的出租车招招手，等车过来后，帮忙把行李放进了后尾箱，我上车还没坐好，司机就问道："先生去哪里？"……

根据上述案例的情况，请思考以下问题：

① 根据你的生活经历，碰到过上述案例中的情况吗？

② 分析一下为什么会发生这种情况？普遍性如何？

③ 如果有 e-CRM，情况会得到改善吗？

实训 2　企业实施 e-CRM

1. 实训目的

通过本次实训，了解企业要成功地实施 e-CRM 的保证，知晓企业实施 e-CRM 后的成效，进而更深入地理解 e-CRM 的功能和对企业的重要性。

2. 实训内容

(1) 阅读下面的案例。

Sierra 的 e-CRM 投资故事

美国拉斯维加斯的 Sierra 健康服务公司，是该州最大的一家医疗保险机构。长期以来，该公司一直牢固地把持着拉斯维加斯的医疗保险市场，几乎控制了该城市 90%的市场份额。

然而，随着外部竞争者的不断入侵，特别是某些全国性的医疗保险机构，如 Unite Healthcare 和 Aetna 公司的进入，市场的格局发生了新的变化。面对激烈的市场竞争，Sierra 公司不得不寻求新的方法，以帮助销售人员改进他们与保险代理商的合作，即需要更快速、更高效地响应代理商的需求。Sierra 公司 70%的营业是通过代理销售的形式完成的。因此，Sierra从与代理商合作的销售部门着手，寻找新的、可更有效地维护市场份额的销售手段。

调查研究结果表明，如果Sierra要想保持现有的市场份额，e-CRM是他们所必须采用的一个行之有效的系统。过去，Sierra的每一主要部门——保险的销售、保单的提交，以及相应的客户服务，都在各自传统的数据库系统中存放着相互分离的信息。因此，只有通过不断的电话联系和不断把来自不同传统系统的报告充分加以综合之后，才能得到关于客户的统一的信息存放窗口。在采用e-CRM方案之前，Sierra的销售人员与代理商的业务以及公司政策的传达主要依赖书面形式。Sierra的官员们认识到：部门之间低效率的通信手段意味着销售人员必须花费大量的时间收集和录入相关的信息，使他们很难走出办公室进行现场销售。而且，一旦销售人员跳槽，很多有价值的代理商及客户信息也将随之丢失。

因此，Sierra决定采用e-CRM系统，而且是较早采用e-CRM系统的健康服务公司之一。他们采用的是华盛顿Onyx软件公司的Onyx Front Office CRM软件。它们能够把Sierra不同部门的传统系统数据库连接在一起，它允许销售以及代理商从一个单一的接口寻取所有的有关公司客户的数据。

这一系统从安装到具体应用，共花了四个月的时间，包含咨询服务、系统实现以及技术培训，总共投资了100多万美元。因此，管理层决定不允许将这一昂贵的新系统闲置在一边。为此，该公司决定把每一销售代表的工资收入与他们对e-CRM系统的使用直接联系在一起。销售代理商必须使用这一新的系统录入代理销售的信息，否则代理商们将得不到相应的收入。第二年，Sierra便看到了显著的投资回报。销售代表们发现，使用这一系统可以使他们更快地与代理商达成更多的生意，因为新的公司数据仅需要一次而不是多次便可同时录入多个系统。过去由于各部门信息的重复性录入，客户大约需要2～4个星期才能得到他们的保险卡。而使用e-CRM系统后，可充分实现数据的共享，录入到某一数据库中的数据能够同时进入其他相关的数据库系统，保险卡登记后，当天便可打印出来，并可立即寄到客户手中。销售周期的缩短，使每一销售代表的销售额显著增长。另外e-CRM的使用也进入了Sierra的客户服务部门。自从采用了e-CRM系统以来，Sierra公司的客户量增加了15％……

（2）学生用10分钟时间思考下面几个问题。

① 面对激烈的市场竞争，Sierra健康服务公司想寻求什么新的方法来维持原有的市场占有份额？

② Sierra健康服务公司采用e-CRM软件前后客户及销售的数据信息有何区别？

③ Sierra健康服务公司实施e-CRM项目后，公司采用什么措施来保证e-CRM项目的顺利实施？这在中国有借鉴意义吗？

④ e-CRM项目实施后，Sierra健康服务公司获得了哪些成效？

（3）学生自由发言，教师点评、归纳。

3. 角色演练

老师找三位学生，最好是班里有毛遂自荐的三位“勇士”，来分别扮演某个企业的老板，赞成实施e-CRM的员工代表，反对实施e-CRM的员工代表，开一个“投资实施e-CRM”的论证会。

4. 案例思考

某某公司当初在启动e-CRM项目的策略问题上，它的经理层会议决定：在大规模铺开前，先在小范围内进行试点。但他们选择的试点分散，也缺乏统筹规划，且没有得到公司员工的支持，所以试点总被其他原因打断。结果并没有显示 e-CRM 的实施效果，员工们感到投资巨大的 e-CRM 简直就是浪费……

根据上述案例的情况，请思考以下问题。

① 社会上有一部分应用 e-CRM 失败的案例，你能举出一家吗?（或者，通过网络搜索到典型的应用 e-CRM 失败的案例。）

② 根据同学们举出的失败案例，就公司规模、实施方法、失败原因等方面列表分析应用 e-CRM 失败的因素。

实训 3　员工感受 e-CRM

1. 实训目的

通过本次实训，感受企业实施 e-CRM 后，员工感受到的电子客户关系管理的便利，相互合作员工共享信息的畅快，对今后进展的预测等，进而更深入地理解 e-CRM 的功能，对企业的重要性。

2. 实训内容

（1）学生在 10 分钟内认真阅读完下面的案例。

清早上班，启动 e-CRM 系统，你首先快速查看了今天和本周的日程、任务，确认一些重要的会议或访问日程，并且设置了主动提醒；通过日历共享功能，你检查了几个主要助手的工作日程；你直接在系统里新建了几个任务，指派给助手们，系统会自动向任务执行人发出消息。紧接着，你利用预先设置好的查询模板，快速查看了“我指派的任务已经完成的”，“我指派的任务超时未完成的”，下属工作的进展与反馈一目了然。拥有 e CRM，你不再需要等待下属提交各类的周报、月报和季报，管理不再滞后于经营，你可以随时在线查看各种表格和图表，获得决策的依据。

你十分关心客户资源的安全性。e-CRM 提供了操作系统的安全保障，显著优于普遍应用软件的安全措施。在客户资源分配方面，允许按照行政团队范围（自己的、团队的、全部的）和操作权限范围（浏览、新增、修改、废弃、删除）对每个数据项目（例如：单位、联系人、合同等）逐个指定权限。数据的访问权限甚至可以细化数据项目的每个字段。

你十分关心销售的进展。利用销售管道图，你直观地考查当前每个销售阶段完成任务指标的比例；利用查询模板，你得到了这些数据：一是过去 30 天结案成功的生意机会；二是过去 30 天结案失败的生意机会；三是今天正处于商务谈判阶段的、销售额大于 100 万元的生意机会；四是过去 7 天新建的、生意额在 10 万元以上的生意机会……随后，你轻松地把数据转换成了折线图或柱状图，打印输出。利用预测功能，你查看了未来 6 个月的销售金额预测值，并以柱状图形式与此前的历次预测对比，检查趋势背离情况。

你十分关心客户的价值。利用强大的分类功能，你筛选出了 VIP 客户并按照重要程度对它们排序；利用报表，你快速知道了是哪几家大客户贡献了你 80%的销售收入，是哪几家的客户贡献了你 80%的销售利润（已经减去成本和销售费用）；利用查询模板定位到了“中断交易超过 30 天的 VIP 客户”……或许是贵公司的服务品质影响了客户的忠诚度？因此你绝对不会忽视对客户的服务。你对 VIP 客户在过去 30 天所提出的服务请求进行了个案的研究，查看了处理情况、有关人员对客户满意度的评分，分析问题症结之所在；利用报表，你对30天内所有的服务请求进行了综合评分与分值排序，并且与31～60天前的服务请求进行了对比。

市场营销工作也不容忽视。你查询了今年上半年各类营销费用（广告、展览、促销等）的开支情况，结合“生意线索来源分析”图表，你可以评价各类营销行动的效果，你对今后营销策略的调整已经胸有成竹。你利用e-CRM的办公自动化功能，调阅、审批了下个季度营销战略的计划书和预算，系统自动把审批的结果和意见反馈给提交人。

你不直接销售产品，你销售公司的“形象”。因此，你十分注意搜集特殊客户的个人资料，他们可能是政府官员、给你贷款的银行行长、企业协会的领导、企业管理的专家学者等。你可以设立生日、纪念日提醒，利用e-CRM的自动信函功能发出恭贺信……

（2）学生讨论下面几个问题，教师进行归纳。

① 案例中的员工“你”在企业中的身份可能是什么？

② e-CRM给员工带来了哪些好处？

③ 具体列出案例中e-CRM的功能（尽可能地细化）。

3. 角色演练

如果学生能够接触到e-CRM，请扮演某个角色，尝试应用e-CRM。把相关操作界面拷下来，演示给其他同学分享。

4. 案例思考

如图1-3～图1-5所示的是截取的一些企业的e-CRM的管理操作界面。比较这些截图，回答以下问题。

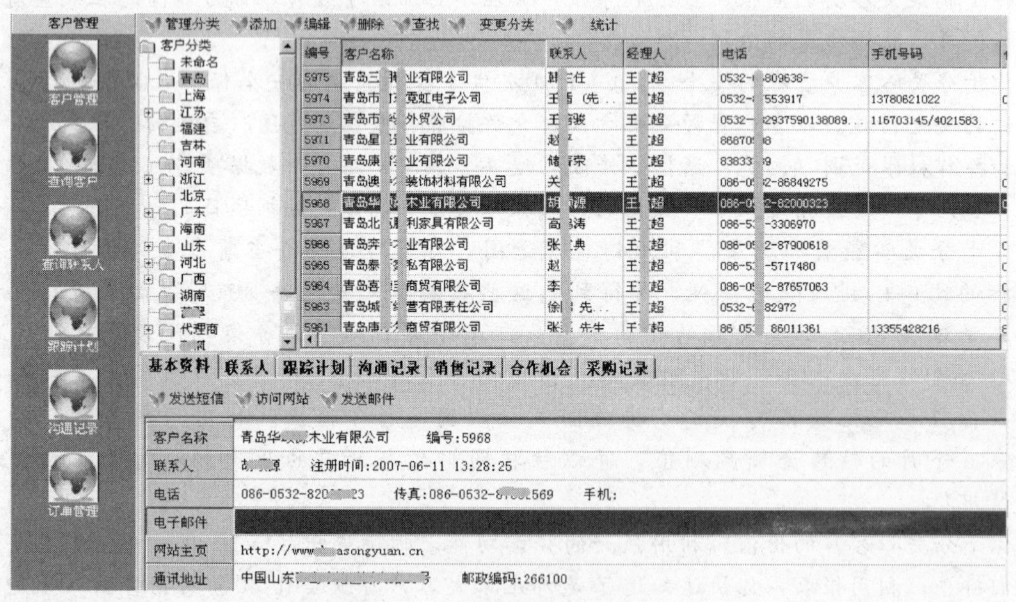

图1-3　e-CRM管理操作界面一

① 它们的功能菜单有哪些区别？

② 分别说明：能够帮助企业员工完成哪些任务？

③ 从技术方面讲，实现不同的e-CRM界面是否困难？

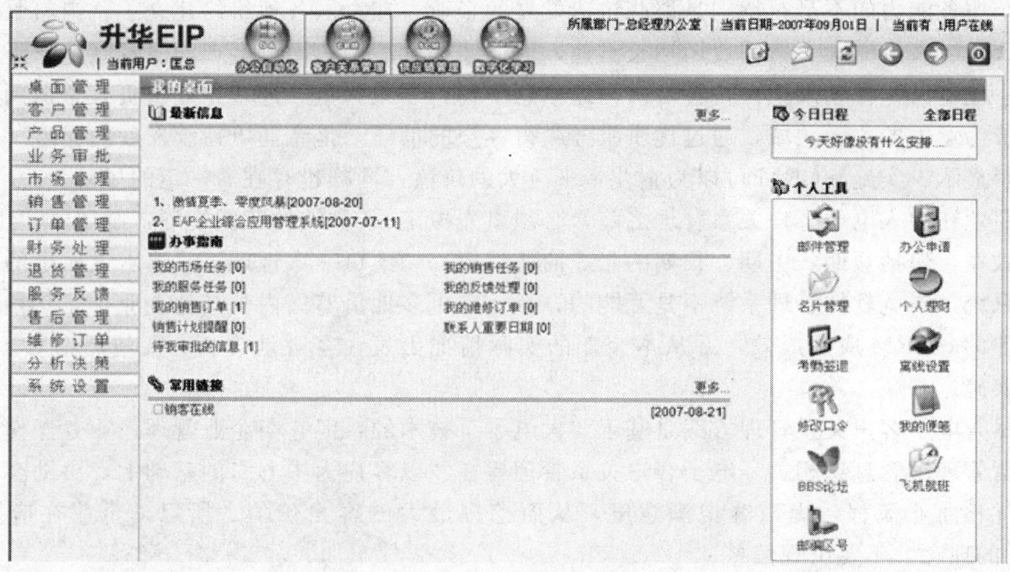

图 1-4　e-CRM 管理操作界面二

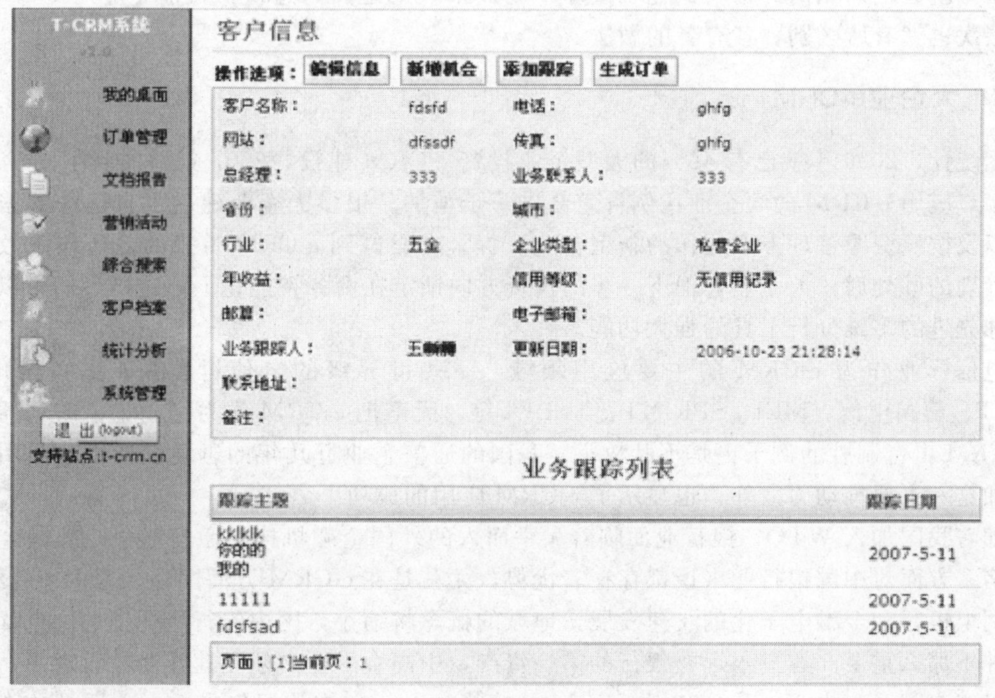

图 1-5　e-CRM 管理操作界面三

1.2　电子客户关系管理的应用现状

随着信息技术的飞速发展和客户驱动市场的形成，企业面临的竞争越来越激烈，许多企业通过 ERP、SCM 等管理信息化系统强化了财务、生产、物流、产品管理后，发现自己的营销与服务能力的不足，特别是那些快速发展的企业，在全国各地纷纷建立了营销与服务网络，人员越来越庞大，营销费用增长迅速，但业绩提升缓慢，而且客户的满意度在下降，竞争对手比自己跑得越来越快，各层次沟通信息不畅，衰减严重。许多企业负责人意识到：服务将成为竞争的关键领域，通过优质服务赢得客户的信任，是企业可持续发展的保障。但市场资料显示：实施 e-CRM 可以为企业带来巨大的价值，同样也存在着一定的风险。

企业在导入电子客户关系管理之前，必须事先拟定 e-CRM 的蓝图规划，制定 e-CRM 的预期效益，包括短期、中期、长期的企业商业目标。切不可一次性地盲目追求大而全的软件管理系统，毕竟软件管理系统不是万能的，企业应更多地借鉴国内外其他企业，尤其是同行业企业的 e-CRM 应用成效，并从本企业的实际情况出发，客观地分析，要进行总体规划、分段实施。

尽管电子客户关系管理方案是基于“大电子”技术的，但它与企业管理、业务操作流程等经营管理理念息息相关。电子客户关系管理旨在“以客户为中心”的基础上，协助客户处理和优化商业流程，提高客户满意度，从而挖掘最大的客户价值。所以，企业在应用 e-CRM 的理念上不要出现偏差。

由于企业类型、规模、阶段和资金需求不一，对如何应用 e-CRM 的做法也应该各有不同，否则就会陷入无奈的结局：花了钱却不见效果。正是因为这样，目前企业对 e-CRM 的应用层次也就有所区别，各有各的做法。

1.2.1 大企业e-CRM

据统计，2006 年就已有 46％的大型企业投资 e-CRM 建设，2007 年增加到了 54％，到了今年，应用 e-CRM 的大企业比例肯定会进一步增加。很多大企业建立了自己的数据库平台，以及按照资源管理方案运作的新型营业流程。在尝试到 e-CRM 带来的分析应用数据对企业管理的妙处后，大企业会把下一步的投资方向锁定在商务智能化上，这样他们可以领略到更加先进的多维分析工具的强大功能。

电信行业作为 e-CRM 的主要应用领域，一些世界级的电信运营商，如英国电信、AT&T、德国电信、MCI、SPRINT、TELIA 等，无不把 e-CRM 作为企业竞争的利器，通过 e-CRM 出奇制胜的例子更是不胜枚举。我国的通信企业近几年的迅猛发展，除了用户要求增加这一主要推动力之外，也显示了 e-CRM 应用的成功。

随着我国加入 WTO，银行业面临着大举而入的外国金融机构的激烈竞争，外国金融机构在诸多方面对中国银行业来说都存在着优势，尤其是在 e-CRM 方面国外已有多年的经验。随着网上银行和金融电子化的飞速发展，地域的概念将缩小，国内银行所凭借的网点优势也显得并不那么重要。客户永远是银行的第一资产，中国金融业必须迅速转变经营观念，真正做到以客户满意为中心，充分利用 e-CRM 的功能。银行实施数据集中后，数据量的膨胀与数据资源的优化聚合为 e-CRM 提供了基础，庞大的数据资源是银行不可多得的财富，利用数据仓库和数据挖掘技术加强 e-CRM 应用势在必行。

总之，许多大型企业都纷纷引入了电子客户关系管理，最显著的就是成立了客户服务部门、设置了呼叫中心，发挥与客户互动的功能，强化了 e-CRM 的作用。

1.2.2 中小企业应用e-CRM

相对于大企业而言，中小企业普遍缺乏雄厚的资金、企业信息化程度低、缺乏高素质的专业人才，这种状况使得中小企业在应用 e-CRM 方面非常谨慎。特别是一些实施 e-CRM 失败的例子，更让许多中小企业望而却步。因此，如何根据中小企业的特点找出切合中小企业实际情况的应用模式，是促进中小企业实施 e-CRM 的关键。

从中小企业的不同成长阶段入手，依据不同成长阶段中小企业表现的特点对中小企业 e-CRM 应用需求进行详细分析，并在此基础上，针对这些不同应用需求提出相应的 e-CRM 应用是一种客观的做法。从小规模企业到大企业的成长过程一般要经历三个阶段，即初始成长、成长期、安定期或再成长期。处在不同成长时期的中小企业对 e-CRM 的应用需求的侧重点是不同的。

初始成长期是指创业后刚起步的那一段时期，此时企业往往规模很小，资源不足，抗风险能力差；同时客户数量很少，这些很少的客户成为企业生存的基础。因此，中小企业需要让其有限的销售队伍深入了解自己的客户，为客户提供真诚的服务，培养与客户的感情、增进与客户的关系。所以，在这个时期，中小企业 e-CRM 应用需求侧重于将 e-CRM 理念整合到企业的经营实践中，开始重视客户的价值，利用电子手段来收集客户的信息。

成长期是在初始成长期确定了某种程度、某种目标的经营基础之后继续成长的时期。这时企业有了一定的经营基础，陆续设立了市场、销售、服务等营销职能部门。伴随企业的成长，不仅要留住老客户，还要不断地挖掘新客户。然而，在这一阶段，许多中小企业会遇到一些新的困难。比如，难以跟踪众多复杂和销售周期长的客户；在大量重复性的日常工作中出现人为的错误；丢失一些重要的客户和销售信息；无法全面得到客户对产品或服务的评价等。所以，在这个时期，中小企业 e-CRM 应用需求侧重于将 e-CRM 功能应用于企业的核心业务中。即通过 e-CRM 实现企业内外部资源的重新整合，将企业的业务流程转变为灵活的“以客户为中心”的业务流程，从而提升企业的竞争力。

再成长期是企业在度过成长期后，向新的目标发展，或是继续维持企业现状，或是进入大企业行列的阶段。此时企业具备了一定的规模和实力，内部管理制度和流程也较为规范。但该阶段中小企业也容易产生经营者能力疲软、企业组织非效率化、企业非均衡发展等问题。如果能够有效地解决这些问题，企业就能安定运行并再度成长。处于该阶段的中小企业已经具备了相当的实力来全面实施 e-CRM。但成功实施 e-CRM 并不是一个简单的过程，它涉及企业的方方面面，包括企业战略、业务流程、组织结构、支撑体系以及信息技术等多方面。如果有某一方面做得不够理想的话，那么它就会成为有效实施 e-CRM 道路上的障碍。所以，在这个时期，中小企业 e-CRM 应用需求侧重于去参照、借鉴成功应用 e-CRM 的企业经验，从系统的角度在整个企业范围内实施 e-CRM。

实训 4　大企业 e-CRM 举例

1. 实训目的

通过本次实训，获得大企业 e-CRM 应用的感性认识，进而更深入地理解 e-CRM 对大企业发展的重要意义。

2. 实训内容

（1）学生在 15 分钟内认真阅读完下面的案例。

某橡胶业巨头的 e-CRM 应用

该集团企业是一家集橡胶化学品生产、科研、贸易为一体的综合性企业集团，拥有多家子公司，员工近 2000 人，形成 5 万吨的年生产能力，是国内最有影响力的橡胶助剂制品生产企业。目前集团的国内销售网络已覆盖全国大中小城市，国外网络遍及七大洲。

随着企业的快速发展，面临的问题也在递增。“立足国内，面向全球”是集团的营销策略。未来五年中，集团计划在全球市场份额上升10%，但是日益增长的业务量背后却隐藏了集团内部客户关系管理上的不足，成为公司持续发展的阻碍。具体表现在：第一，销售代表各自为政，掌握的客户信息公司无法确切统计，一旦人员流失，也带走了客户资源；第二，销售代表的工作安排公司无法做出规划和指导，无法准确地统计销售人员的工作、计划情况；第三，销售费用居高不下，虚报费用的情况时常发生，财务人员无法跟踪、核实费用的来龙去脉；第四，销售人员经常出差，跟主管的沟通缺乏统一的平台，无法及时获得业务上的有效支持。针对这些问题，集团的高层意识到实施先进的e-CRM迫在眉睫。

由于公司领导对于企业发展过程中存在的矛盾有着非常明确的认识，因此在对e-CRM功能的具体需求上很清楚。一是要求规范销售和服务工具，帮助增强销售力，提高成功率；帮助销售代表合理做出计划；提供统一平台用于合理进行客户资源分配；二是需要对客户进行合理的分级管理，并根据级别进行相应的销售活动；因为客户信息的日益增多，已很难用现有的OFFICE文档和人工记录管理来完成这些工作；三是实现到位的管理，销售代表的行动往往很难进行计划和目标管理，上级需要管理下级行动，尤其是对较高级别的客户公司要求定期拜访；四是实现费用报销与实际业务的关联以及信息搜集效率，需要进行适时地信息分析和汇总；五是高层管理人员希望实时获取翔实的数据，进行决策分析。

在考察了数十家软件厂商后，企业选择了北京某公司的e-CRM。实施的e-CRM项目覆盖国内整个业务，目前所有中高层管理人员和销售人员都能通过IE随时访问e-CRM，并能将客户数据进行数据整理和导入。应用e-CRM的效果显示：提升了销售过程管理和人员管理效率；减少手工操作，实现合同的有效管理；统一的信息平台，能快速响应用户的需求；能为管理者提供灵活的交叉分析报表和销售分析工具；把企业熟悉的业务流程和先进的系统业务流程结合起来，为集团提供了涵盖销售、市场、服务的完整的解决方案，并提供所有自定义工具以及工作流管理，符合企业的业务需求……

（2）学生讨论下面几个问题，教师进行归纳。

① 案例中的e-CRM应用成功的原因有哪些？

② e-CRM应用给该企业带来了哪些好处？

3. 角色演练

学生在课后通过各种渠道收集大企业的e-CRM应用的真实资料，做成PPT，准备讲解和介绍，给其他同学分享。

4. 案例思考

现在一些大企业在e-CRM应用的建设过程中，纷纷建起了上千坐席的客服呼叫中心。一部分同学毕业时经过各个企业的专业知识和技能的上岗培训，也从事了这方面的服务工作。

如图1-6所示是有关呼叫中心员工成功要素的比例图，其中基本知识技能占45%，动机和兴趣占31%，个性特征占14%，外部因素占10%。

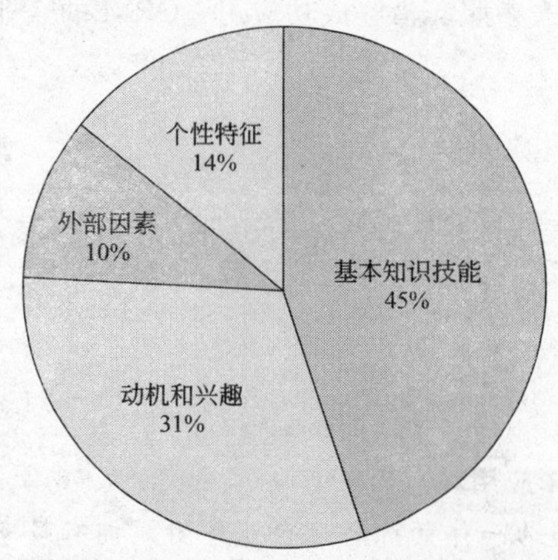

图1-6 呼叫中心员工成功要素比例

请思考以下问题。

① 具体列出这些成功因素包含什么内容？

② 为什么有观点说：呼叫中心就是“利润中心”？

③ 请具体列出一些行业的呼叫中心坐席代表的岗位要求。

实训5 分组研讨中小企业如何应用e-CRM

1. 实训目的

通过本次实训，获得中小企业如何应用 e-CRM 的认知，进而更深入地理解中小企业需要根据自身情况，有步骤、分阶段地实施 e-CRM。

2. 实训内容

(1) 以行业不同来进行分组（如：旅游、餐饮、物流〈仓储、运输〉、物业管理、保健品、化妆品、服饰、花卉、书籍等），选出组长一名具体负责。

(2) 利用业余时间，组长做出计划，分成小组，实地调查所选行业的一些中小企业应用 e-CRM 的现状，根据所见所闻写成汇总报告。

(3) 教师批阅各组的汇总报告，进行归纳、讲评。

3. 角色演练

教师选派几组学生把上述实地调查中的比较典型的中小企业 e-CRM 应用的实际情况的场景表现出来，加深同学们的印象。

4. 案例思考

根据目前中小企业 e-CRM 应用的数据统计，中小企业 e-CRM 市场的规模已达 8 亿美元。在今后五年中，这一市场将快速增长至 18 亿美元，在整个 e-CRM 市场中占的比例达 30%以上。事实证明，e-CRM 给中小企业带来了正面的投资回报。

e-CRM 所收集的通讯、采购与互动信息加深了企业对客户的了解，简化了知识管理，并运用这些知识来提高销售，扩大回报。它大幅改善了销售流程，为销售活动的成功提供了保障。它缩短了销售周期，加强了潜在客户的机会管理。杜绝了以往由于潜在客户管理不当而造成的损失。信息更加集中，销售人员也更加有的放矢。通过分析这些客户交易信息，未来交易的成功率得到了大幅的提高。让中小企业更加简捷地预测销售业绩，测量企业绩效。它能更深入地挖掘横向与纵向销售机会，创造一个评估销售流程的平台，识别出现有的问题、最新的趋势，及潜在的机会，直接或间接地增强了企业的盈利能力。

e-CRM 实现了客户知识共享，为中小企业员工访问共享知识库提供了一个绝佳的途径。它便捷、有效地向员工提供了客户的相关信息，帮助他们进行正确的决策，同时也巩固了企业与客户之间的联系，及时判别出客户未来的需求，并设法满足这些需求。借助这一数据库中的客户历史数据，企业能更好地了解客户行为，分析客户喜好，从而有针对性地提供更优秀的产品及服务。提高企业营收，让中小企业了解哪些渠道将会帮助他们提高营收，该怎样把公司中的各种设施、技术、应用、市场等有机结合到一起。

毋庸置疑，大部分中小企业都将会借助 e-CRM 的力量，进一步提高自己的盈利能力与市场地位……

依据上述资料，回答以下问题。

① 据同学们实地调查中小企业 e-CRM 应用的情况，你认为在未来五年中，这一市场将快速增长至 18 亿美元的预测能否实现？

② 综合而论，e-CRM 能为中小企业带来的回报包括哪些？

思考题 1

1. 客户关系管理的含义?
2. 如何理解电子客户关系管理?
3. 电子客户关系管理的应用现状是怎样的?

实践建议 1

1. 具体到某个企业观察它的客户服务人员的素质，对其作出评价；或尝试某种客户服务，通过被服务的过程评价企业的服务质量。

2. 如果你毕业了有意从事客户服务行业，那么建议你从学习这门课程开始，就要明确客服人员的素质，苦练客服技能。最好能够比较几个企业对客服人员的岗位要求，对比自身的情况，把自己欠缺的知识和技能找出来，加强学习和训练。

第 2 章　客户信息管理

"以客户为中心"的时代强调了客户的重要性，显而易见，客户信息管理是 e-CRM 最重要、最关键的工作，它就是要通过各种途径，搜集客户信息资料，建立一套完整的客户信息管理系统，提供完整的客户资料搜集系统。

2.1　建立客户资料库

通过各种途径搜集客户信息资料，建立统一共享的客户资料库，不断更新、完善客户档案资料，便于把销售、市场和客户服务连接起来；同时，对于提高营销效率，扩大市场占有率，与交易伙伴建立长期稳定的业务联系，具有重要的意义。

2.1.1　获得客户资料方法

电子客户关系管理中，获得客户资料的方法可分为两大类，一是应用传统的收集办法，二是利用"电子"手段的现代办法。从获得资料的途径来看，一部分是在企业经营中获得的，这部分资料是最重要、最真实的，同时也是企业耗时最长、投入成本最多的数据资料；一般通过与客户面谈、进行市场调查、电话销售等方式取得。另一部分是通过第三方获得的客户数据，如：通过行业协会、咨询机构、网站等获取的，这部分信息中许多是欠真实的，需要进一步确认，从而提高资料的有效性。

在日常工作中快速而准确地收集资料是每个员工应有的基本功，根据客户来源的不同要采取不同的方法。获得客户资料的具体方法有很多，无论是传统的，还是现代的，或者是综合运用，企业都要根据自身的人、财、物等情况，选择出适合的方法，一定要全面考虑。下面列出一些常用的，以便大家参考。

（1）原始记录法

如果一个公司刚刚开始建立客户资料库，查阅公司的销售记录是一个最直接和最简单的方法，因为从销售原始记录中得到的数据非常真实，不仅可以得到过去和现有的客户名单与信息，还可通过公司销售记录发现客户的类型，以推出可能的潜在客户。

（2）新增记录法

随身准备一台掌上电脑或笔记本电脑，只要听到或看到一个可能的人选，就立刻把相关资料记录下来，以免忘记。

（3）熟人法

常言道：熟人好说话。因此，收集客户信息，发掘潜在客户，从亲戚和朋友入手就是你的捷径。

（4）无限连锁法

让客户推荐新的客户，再让新客户推荐下一个客户，层层推荐，如此持续下去，收集、累积客户的资料。

（5）直接询问法

所谓直接询问就是走进陌生人的家里（社区或小区，或是办公室，或是工厂），挨家挨户访问推销。这种方法也常用来训练新营销人员的胆识。

（6）重复销售法

如果平时与旧客户保持着良好的关系，就能够不时地取得各项情报，或者能够获得新的客户信息。

（7）反馈信息法

已经使用了你的公司的产品或服务，并对其优缺点较熟悉的人，是最佳的客户来源。也可以更加充实客户信息资料。

（8）社会关系法

得到对其周围具有影响力的人的协助，并利用其影响力，把其影响范围内的人都变成潜在客户的方式，能够获取较多客户资料。

（9）询问记录法

通常情况下，高质量的潜在客户往往是那些对公司的产品和服务有兴趣的人，因此，记录那些以不同方式进行询问的人，是获取潜在客户信息的有效方法。

（10）互惠互利法

把其他营销人员拉到你的队伍中来，比如：找个合适的时间，讨论互相提供线索之事，或请他们在合适的时机帮助推荐你的产品或服务。当然，你也要答应为他们做同样的服务作为回报，来互相帮助。

（11）直接购买法

在实践中，获取潜在客户资料的方式很多，但是资料的质量是至关重要的。为了获取高质量的潜在客户资料，最终实现潜在客户向现实客户的转化，购买有关潜在客户的资料是一个十分有效的方式。

（12）名单查找法

通过邮政黄页或地址簿的名单查找，收集客户的资料。

（13）报刊名册法

报刊、名册是世界上最好的寻找客户资料的工具之一。当然，要找一些与企业相关的报刊和资料。

（14）电子邮件法

随着科技的进步，对于远程潜在的客户的开发，则可通过电子邮件和聊天的方式进行。因为这一方式除了具有发送速度快、简捷等优点外，最大的优点还在于：经常使用电子邮件的人，如果对某类信息感兴趣的话就会马上回复信件，便于收集客户信息。

（15）搜索引擎法

现在，很多人的工作都已经离不开搜索引擎了，利用搜索引擎查找资料有两种方法，一是分类查找，二是关键字查找。但在关键字搜索中，要注意关键字的选取和布尔运算符的搭配使用，还要知晓一些著名的搜索引擎。另外，网上的信息资源非常多，但要学会选取和鉴别，保存有效的客户资料。

（16）网上黄页法

可以找目标国（或者全世界）的黄页网站（YELLOWPAGE）、工商目录（DIRECTO-

RY），充分利用它们查找到潜在客户资料。还可以利用经纪类网站的丰富信息资源。

（17）行业网站法

行业网站的内容相对来说比较专业，信息的有效性也会得到保证。到目前为止，出口营销最为有效的方式还是参加面向国际贸易的行业展览。这类展览一般有专门网站，这个网站上往往会罗列上次展览的参展商名单和本次已经报名参展的客户名单。

当然，还可以利用手机短信、飞信、网络聊天等工具来获取客户资料，在此不做介绍了。不管用什么方法，最重要的是要收集客户的真实资料。

2.1.2 客户资料内容

正如客户自身是复杂多变的一样，客户资料内容也是复杂多变的，不能一概而论。针对企业而言，客户资料内容可归纳为四类，如表 2-1 所示。如果是个体客户，主要就客户的基本情况、教育背景、家庭情况、特殊兴趣、个人生活以及工作情况等进行收集。

可以根据业务的需要，把客户资料编制成一些表格，便于搜集、记录、保存和查找信息。如表 2-2～表 2-5 所示。

表 2-1 客户资料内容

类别	详 细 内 容
基础资料	主要包括客户的姓名（企业名称）、地址、电话、所有者（法人）及他们个人的性格、爱好、家庭、学历、年龄、创业时间、与本公司的起始交易时间、企业组织形式、业务种类、资产等
客户特征	主要包括服务区域、销售能力、发展潜力、经营理念、经营政策、企业规模、经营特点等
业务状况	主要包括销售实绩、经营管理者和销售人员的素质、与其他竞争对手之间的关系、与本公司的业务关系及合作态度等
交易现状	主要包括客户的销售活动现状、存在的问题、保持的优势、未来的对策、企业形象、声誉、信用状况、交易条件以及出现的信用问题等

表 2-2 客户资料表

客户姓名		地址						
电话		邮政编码		传真				
性质	□个体 □集体 □合伙 □国营 □股份公司 □其他							
类别	□代理商 □一级批发商 □二级批发商 □重要零售商 □其他							
等级	□A 级 □B 级 □C 级							
人员	姓名	性别	出生年月	民族	职务	婚否	电话	文化程度
负责人								
影响人								
采购人								
售货人								
工商登记号			税号（国税）					
往来银行及账号								
资本额			流动资金			开业日期		
营业面积			仓库面积			雇员人数		
店面	□自有 □租用 □无实体			车辆				
运输方式	□铁路 □水运 □陆运 □自提 □其他							
付款方式			经营额					
经营品种及比重								
业务范围								
开发日期及开发人								

表 2-3　企业基本情况调查表

企业名称		主管部门		归口行业名称	
法人代码		法定代表人		法人联系电话	
企业地址		经济类型		企业规模	
注册资金/万元		电子邮箱		企业网址	
企业注册日期		开户银行		信用等级	
联系人		联系电话		邮政编码	
传真号码		职工总数/人		其中技术人员总数	
占地面积		建筑面积/m^2		信息更新日期	
基本情况					
经营范围					
经济效益指标/万元					

表 2-4　客户基本情况调查表（个人）

公民身份证号码				
姓名		性别		
民族		出生地		
文化程度		参加何种党派		
本人地址　户口地址				
本人地址　联系地址				
本人地址　邮政编码		联系电话		
婚姻状况	□未婚　□已婚　□丧偶　□离婚　□再婚			
配偶姓名		配偶身份证号码		
子女情况	□独生子女　□无子女　□非独生子女		独生子女出生日期	
健康状况	□健康或良好　□一般或比较弱　□有病　□有生理缺陷　□残疾			
兵役状况	□服兵役　□无服兵役			
参军年月		退伍转业年月		
专业技术职称		行政职务		
获省、部级以上荣誉称号奖章名称				
获省、部级以上荣誉称号奖章日期				
学习经历　起始日期	学校名称(从高中起)	所学专业	毕(肄)业	
至				
至				
至				
工作经历　起始日期	工作单位	从事工作岗位	备注	
至				
至				
至				
填表人		填表日期：　　年　　月　　日		

表 2-5　客户调查表

<table>
<tr><td colspan="2">客户单位名称</td><td></td><td>电话</td><td></td><td>地址</td><td colspan="3"></td></tr>
<tr><td rowspan="4">人员情况</td><td>负责人</td><td></td><td>年龄</td><td></td><td>文化程度</td><td></td><td>性格</td><td></td></tr>
<tr><td>厂长</td><td></td><td>年龄</td><td></td><td>文化程度</td><td></td><td>性格</td><td></td></tr>
<tr><td>接洽人</td><td></td><td>职称</td><td></td><td>负责事项</td><td colspan="3"></td></tr>
<tr><td>备注</td><td colspan="7"></td></tr>
<tr><td rowspan="9">经营状况</td><td>经营方式</td><td colspan="7">□积极　□保守　□踏实　□不定　□投机　□危险</td></tr>
<tr><td>业务</td><td colspan="7">□兴隆　□成长　□稳定　□衰退　□不定</td></tr>
<tr><td>业务范围</td><td colspan="7"></td></tr>
<tr><td>销货对象</td><td colspan="7"></td></tr>
<tr><td>价格</td><td colspan="7">□合理　□偏高　□偏低　□削价</td></tr>
<tr><td>业务金额</td><td colspan="7">每年　　，旺季　　月，每月销量　　，淡季　　月，每月销量</td></tr>
<tr><td>组织形式</td><td colspan="7">□股份有限公司　□有限公司　□合伙店铺　□独资　□其他</td></tr>
<tr><td>员工人数</td><td colspan="7">管理人员　　人，技术人员　　人，工人　　人，合计　　人</td></tr>
<tr><td>同业地位</td><td colspan="7">□领导者　□有影响　□一级　□二级　□三级</td></tr>
<tr><td rowspan="4">付款方式</td><td>付款态度</td><td colspan="7"></td></tr>
<tr><td>付款期</td><td colspan="7"></td></tr>
<tr><td>方式</td><td colspan="7"></td></tr>
<tr><td>手续</td><td colspan="7"></td></tr>
<tr><td rowspan="5">与公司往来</td><td>年度</td><td colspan="2">主要采购新产品</td><td colspan="2">金额</td><td>旺季每月</td><td colspan="2">淡季每月</td></tr>
<tr><td></td><td colspan="2"></td><td colspan="2"></td><td></td><td colspan="2"></td></tr>
<tr><td></td><td colspan="2"></td><td colspan="2"></td><td></td><td colspan="2"></td></tr>
<tr><td></td><td colspan="2"></td><td colspan="2"></td><td></td><td colspan="2"></td></tr>
<tr><td></td><td colspan="2"></td><td colspan="2"></td><td></td><td colspan="2"></td></tr>
</table>

2.1.3　建立客户资料库

建立客户资料库即建档管理。建档管理是将客户的各项资料加以系统记录、保存，并分析、整理、应用，借以巩固双方的关系，从而提升销售成绩。

完备的客户资料库是公司的宝贵财富，它不仅在保持客户关系方面具有重要作用，而且对公司各个部门及最高决策层的决策都具有重要意义。这也正是客户资料库日益受到企业领导重视的原因。

客户资料库的内容包括客户服务的对象、目的与公司决策需要，以及公司获取客户信息的能力和资料库整理成本等。客户资料库中即使是已经中断交易的客户也不应放弃。

客户资料库一般包括三个方面具体的内容。

① 客户原始资料。即有关客户的基础性资料，它往往也是公司获得的第一手资料，具体包括个人和组织资料、交易关系记录等。

② 统计分析资料。主要是通过客户调查分析或向信息咨询业购买的第二手资料，包括客户对公司的态度和评价、履行合同的情况与存在的问题、与其他竞争者的交易情况。

③ 公司投入记录。应包括公司与客户进行联系的时间、地点、方式、费用开支记载，

提供产品和服务的记录，为争取和保持客户所付出的费用等。

客户资料库的体现形式一般有：客户名册、客户资料卡、客户数据库。

客户名册又称交易伙伴名册，是有关公司客户情况的综合记录。客户名册由客户登记卡和客户一览表组成。客户登记卡主要列示客户的基本情况；客户一览表则是根据客户登记卡简单而综合地排列出客户名称、地址等内容的资料库。客户名册的优点是简便易行、费用较低、容易保管和查找使用。特别是客户一览表简单明了地反映当前客户情况，对于管理决策者十分适用。但由于其缺乏全面、客观和动态性，这种方法也存在明显的缺陷。

客户资料卡通常分为潜在客户调查卡、现有客户调查卡和旧客户调查卡三类。潜在客户调查卡是一种用于对潜在客户进行调查的资料卡。其主要内容应包括客户个人的基础性资料，如客户交易的时间、地点和方式等。对此，可以不同的方式邀请潜在客户填写。现有客户卡用于正在进行交易客户的管理。一旦某客户开始进行了第一笔交易，就需要建立现有客户卡。其内容不仅应包括客户的基础性资料，还应包括交易情况等。对此，应随着时间的推移不断进行记录和补充。如果一个客户中止了购买行为，就要将其转入旧客户卡。旧客户卡没有持续记录的要求，应增加停止交易原因的跟踪记录等内容。

客户数据库是近几年在国外大型公司中刚刚出现的客户资料保存形式。其主要优点表现在：使建立大规模客户资料成为可能；资料信息易于更改复制；客户数据库带来了营销方式的变化。一般而言，数据库的开发需要经过以下步骤：确定数据库开发的目标，进行内部资料与外部资料的选择，设计数据库框架，创建数据库结构，设计重要的数据库特性，选择数据库开发工具，选择重要信息源，将信息源转变为数据库，将开发的预算和计划与营销策略进行整合等。

实训 6　利用电子手段收集客户信息

1. 实训目的

通过本次实训，熟练掌握利用电子手段做客户资料收集的办法，即在 2.1.1 中从第 14 种：电子邮件法开始介绍的具体操作。

2. 实训内容

(1) 利用介绍的电子手段收集生产有关产品（如：玩具、数码相机）的客户资料。

(2) 以表格的形式，把所用的电子手段及找到的客户资料等信息进行整理。

(3) 教师批阅后，选出优秀的作业进行表扬、展示。

3. 角色演练

教师选派几个对上述操作（利用电子手段收集客户资料）熟练的同学上多媒体教室，现场演示给全班同学分享。

4. 案例思考

我们通常会用像 Google 这样的搜索引擎输入我们经营的产品，查询我们需要的相关信息。但要寻找全球的客户，还是这样查询的话，搜索引擎就会给出很多网站，我们肯定是没有办法一一看完的，而且和我们要找全球客户的相关性太低。

那么该怎么有效地使用搜索引擎寻找国外客户呢？随着类似 Google 这样的搜索引擎明察秋毫的搜索能力和不断改善的性能，搜索引擎几乎能搜索到任何已经上网的目标客户。

下面介绍常用的查询方法。

(1) 原则上每种产品都有在销售上的相关产品。比如：你经营的产品英文名为A，如果是某个进口商进口A，那么很大程度上还会进口B或者C，我们称B和C为A的紧密相关产品。那么尝试在搜索引擎上输入“AB”(实际输入时，不用引号)，这时的结果相关性往往大大增强，而且有时就能发现一些目标客户。关于相关产品，还可以定位为A的不同型号产品、同系列产品等。这样做的原理是：如果某个网页提到一系列相关产品，那么这个网页可以成为该产品专家级别的网页，通常就是经营、生产或者研究这类产品公司的网页。所以这类网页很值得关注，并且一定有客户藏在里面。注意：这些产品名称一定要是准确而且客户也这样用的英文名。

(2) 输入“product list A”或者“catalog A”，结果显示的网页通常就是某个经营者的产品网页，如果他们卖A却不是生产商的话，毫无疑问极有可能就是一个目标客户。

(3) 输入“A price”，通常能找到很多客户在B2B网站上要求供应商报价的inquiry(询盘)信息，顺着这个信息能发现客户的信息。另外可以发现一些产品A的市场行情，有时试试A market research或者A market change也有用处……

依据上述资料，回答以下问题。

① 你知道哪些著名的搜索引擎？哪些行业网站？

② 为什么说关键字的确定很重要？

③ 怎么运用布尔运算符？

④ 输入“buy+产品名称”进行搜索，结果会怎样？

实训7 企业建立客户资料库现状的市场调研

1. 实训目的

通过本次实训，调查企业建立客户资料库的现状，通过真实数据来分析：企业客户资料库的建立和完善对企业经营及效益的影响。

2. 实训内容

(1) 学生自由组合，分成小组(三人一组)，选出一名组长具体负责。

(2) 利用业余时间，每组对一个以上企业进行实地调查，主要了解企业收集客户资料的方法，建立客户资料库的情况，收集一些有用的资料，重点询问客户资料的收集整理对企业经营及效益的影响，写成调查报告上交。

(3) 教师批阅各组的调查报告，进行归纳、点评。

3. 角色演练

教师选派几组学生对上述实地调查报告中，有可能进行帮助和提升的企业对象，进行建立客户资料库的建议。

4. 案例思考

在戴尔计算机公司销售部的办公桌上分别放着IBM、联想、惠普等品牌的计算机，营销人员随时可以了解竞争对手的产品情况。

IBM公司在培训新员工时，就专门增加了了解竞争对手资料这一项内容。

竞争对手资料包括以下几方面内容：产品使用情况、客户对其产品的满意度、竞争对手销售代表的名字、销售的特点、该销售代表与客户的关系……

依据上述资料，回答以下问题。

① 据同学们实地调查中小企业 e-CRM 应用的情况，评价一下戴尔计算机公司的做法。

② 综合而论，e-CRM 能为中小企业带来的回报包括哪些？

2.2 建立客户信息档案

建立客户信息档案就是对客户资料进行有效的管理，其对象就是每个客户，即企业的过去、现在和未来的直接客户与间接客户。它们都应纳入企业的客户管理系统。

2.2.1 客户信息档案的形式

目前，客户信息档案的形式有两大类，即纸质形式的和电子形式的。

纸质的客户信息档案形式有卡式——客户资料档案卡；簿式——客户资料记录簿；袋式——客户资料档案袋。

电子的客户信息档案形式即是客户管理系统软件，它是根据企业的需求专门开发出来的应用软件，像电信、银行等行业早就采用了客户信息管理软件。

2.2.2 人工建立客户信息档案的方法

经过一段时间的客户资料收集后，企业渐渐知道它所需要的客户信息的完整内容，为了更好地利用客户信息，就会设计出包括这些内容的表格，印制在一些硬纸上，做成一张张的客户资料档案卡，并按照一定规律编号，便于保存和查找，如表 2-6、表 2-7 所示。

表 2-6　个人客户档案卡　　编号：

姓名		性别		出生年月日	
籍贯		民族		手机号码	
出生地		学历		所学专业	
毕业院校				毕业时间	
工作单位				职位	
爱好				E-mail	
信仰				喜欢的颜色	
喜欢的书籍				崇敬的名人	
家庭地址				家庭电话	
家庭成员					
姓名	关系	出生年月日	单　　位	职务	电话
个人简历					

表 2-7　企业客户档案卡　　　　编号：

<table>
<tr><td colspan="2">单位名称</td><td colspan="2"></td><td colspan="2">单位电话</td><td colspan="2"></td></tr>
<tr><td colspan="2">单位地址</td><td colspan="2"></td><td colspan="2">单位传真</td><td colspan="2"></td></tr>
<tr><td colspan="2">单位网址</td><td colspan="2"></td><td colspan="2">单位性质</td><td colspan="2"></td></tr>
<tr><td colspan="2">注册时间</td><td colspan="2"></td><td colspan="2">注册资金</td><td colspan="2"></td></tr>
<tr><td colspan="2">所属行业</td><td colspan="2"></td><td colspan="2">员工人数</td><td colspan="2"></td></tr>
<tr><td colspan="2">法人代表</td><td colspan="6"></td></tr>
<tr><td colspan="2">单位宗旨</td><td colspan="6"></td></tr>
<tr><td colspan="2">企业文化</td><td colspan="6"></td></tr>
<tr><td colspan="2">所获荣誉</td><td colspan="6"></td></tr>
<tr><td colspan="2">经营项目</td><td colspan="6"></td></tr>
<tr><td colspan="2">经营范围</td><td colspan="6"></td></tr>
<tr><td colspan="2">经营产品</td><td colspan="6"></td></tr>
<tr><td colspan="8">公司主要成员情况</td></tr>
<tr><td>姓名</td><td>性别</td><td>职务</td><td>出生年月</td><td>电话</td><td>传真</td><td>手机</td><td>E-mail</td></tr>
<tr><td></td><td></td><td></td><td></td><td></td><td></td><td></td><td></td></tr>
<tr><td></td><td></td><td></td><td></td><td></td><td></td><td></td><td></td></tr>
<tr><td></td><td></td><td></td><td></td><td></td><td></td><td></td><td></td></tr>
<tr><td colspan="8">公司曾参加过的活动</td></tr>
<tr><td>时间</td><td colspan="2">名称</td><td>参加人员</td><td colspan="3">评　价</td><td>备注</td></tr>
<tr><td></td><td colspan="2"></td><td></td><td colspan="3"></td><td></td></tr>
<tr><td></td><td colspan="2"></td><td></td><td colspan="3"></td><td></td></tr>
<tr><td></td><td colspan="2"></td><td></td><td colspan="3"></td><td></td></tr>
<tr><td colspan="8">公司简介</td></tr>
</table>

客户资料卡是一种很重要的工具。它可以区别现有客户与潜在客户。便于寄发广告信函。利用客户资料卡可以安排收款、付款的顺序与计划。了解客户的销售状况及交易习惯。可以订立比较节省时间的、有效率的、具体的访问计划。可以清楚地了解客户的情况与交易结果，进而取得其合作。可以为今后与该客户交往的本公司人员提供有价值的资料。根据客户资料卡，对信用度低的客户缩小交易额，对信用度高的客户增大交易额，便于制订具体的销售政策和计划。

比如：销售桶装水的公司，客户打电话要求送水时，接电话的客户服务人员首先就要问："您的卡号是多少？"这样，她找到这张卡后，就可以知道客户的地址、是否还有购买的水等信息了，可以安排送水人员快速行动了。

如果把一些客户档案做成像账簿一样的，可以整理成册，这样就汇集成了客户资料记录簿，企业也可以在每一张上标上编号，方便查找；如果把客户的多方面资料汇集在档案袋里，就形成了客户资料档案袋，最好在袋子的封面贴一张登记表，登记上放入档案里的资料名称，方便查找。

2.2.3 计算机建立客户信息档案的一般操作

对于采用了e-CRM系统的企业来讲，只要掌握了计算机、网络的一般应用操作的人员，基本上都可以使用其功能了；对于一线客服人员来说，在入职前的培训期间，关键是熟悉系统的各个模块的功能和菜单。可以参考第1章实训3、第2章实训6的相关操作内容进行练习。

对于中小企业来讲，如果需要利用Outlook来管理客户信息的，相关操作内容可以参考第2章实训9。

2.2.4 客户档案管理办法

顾客档案管理就是对顾客信息的收集、整理，并准确传递给营销、客服等相关人员，资料信息流程为：顾客——收集——业务员传递——档案管理员——反馈——业务员（公司领导）——服务——顾客。

顾客档案管理的内容包括：顾客基础资料、产品结构、市场竞争状况及市场竞争能力、与我方交易状况，结合其资信能力、市场容量、经营业绩、客户组织结构、竞争对手状况等一系列的相关资料，并进行归类、整理、分析、评价，有能力的企业可以建立数学模型，用计算机来进行管理。

顾客档案管理也需要数据化、精细化、系统化，这样的档案、数据等资料才对营销、客服等工作有指导意义。要完善每一个顾客档案，需要对顾客进行一次全面“体检”。

2.2.5 客户档案管理制度

对顾客档案管理工作，应该坚持动态管理、重点管理、灵活运用以及专人负责四个方面的原则。

（1）动态管理

动态管理就是把顾客档案建立在已有资料的基础上进行随时更新，而不是建立在一个静态档案上。市场在变，顾客也在变。要做到“知己知彼”，随时了解顾客的经营动态、市场变化、负责人的变动、体制转变等，加强对顾客资料收集、整理，以供企业管理人员作辅助参考决策。另外，定期（如：四个月或半年）开展顾客档案全面修订核查工作，对成长快或丢失的顾客分析原因后，另作观察。修订后的顾客档案，分门别类，整理为重要、特殊、一般性顾客三个档次。这样周而复始形成一种档案管理的良性循环，就能及时了解顾客动态变化，为顾客提供有效帮助。

（2）重点管理

重点管理就是采取“抓两头、放中间”的管理办法，也就是关注大客户和最差客户，这样有利于企业产生最大化利润并降低企业风险。首先对主要客户的档案管理，不停留在一些简单的数据记录和单一的信息渠道来源上，坚持多方面、多层次了解大客户的情况，如业务员信息、市场反馈、行业人士、网站、内部消息以及竞争对手的情况。还注意了大客户的亲情化管理，如节假日的问候，新产品上市，销量上升的祝贺等，让顾客知道一直在被关注。对于顾客信息经常加以分析，处理后归档留存。其次，对风险性大的客户管理，如：经营状况差、欠账、信誉度下降、面临破产改制等，随时了解其经营动态，做好记录，确保档案信息的准确性、时效性，并不定期访问调查，不定时提醒业务经理、业务员顾客当前状况，把风险控制在最大限度内。这些重要客户的档案管理都要定期向领导汇报，发现不正常现象，及时上报，避免给企业造成损失。

(3) 灵活运用

灵活运用要求对建立好的顾客档案，不能束之高阁。建立一个准确的、完备的、客观的顾客档案，对企业领导来说就像一双眼睛，能随时一目了然地了解顾客，大大减少了企业领导工作的盲目性，有效地了解了顾客动态，并提高了办事效率，增强了企业的竞争力。顾客信息直接来源于营销人员和市场部人员，并服务于企业管理。顾客档案也记录了一些顾客的需求和产品偏好，给营销人员的分析判断起到了一个很好的参考作用，同时也使销售人员能最大限度努力工作，通过各种渠道来满足顾客要求。

(4) 专人负责

专人负责是强调：顾客是企业的命脉，顾客档案的泄密，势必影响企业的生命。要求顾客管理人员的忠诚度要高、在企业工作时间较长、有一定的调查分析能力，由基本能掌握企业全局的专人负责管理。防止用工资低、刚聘用人员做这方面工作。

面对信息社会，企业在注意市场开拓和顾客开发的同时，必须要注意新老顾客档案的管理工作。顾客的经营情况，直接影响到企业经营成果，为此，必须重视顾客档案管理的工作，努力做好服务，让顾客满意，以保证经营目标的实现。

实训8 老客户信息管理

1. 实训目的

通过本次实训，掌握如何进行老客户信息管理的要点，了解社会企业开展客户信息管理的状况，从而认识到顾客档案管理工作的重要性。

2. 实训内容

(1) 老师总结一下老客户信息管理的要点。

顾名思义，老客户就指那些与自己有较长时间的业务往来的、对本公司的业务相当了解，同时公司的员工对他们的需求也相当了解的客户。这些客户在很大程度上是公司的忠诚客户，他们时刻关心公司的发展，同时也关心在和公司进行业务活动时自己的利益。每个公司要想在这个竞争激烈的市场中不断地发展，对老客户加以有效地管理是必须做好的大事。而老客户信息管理是管理好老客户的重要方式，它是指通过老客户信息库，将老客户的基本信息、业务上的信息等资料集中到这个信息库，以便客户服务人员可以充分利用这些资料，进行更贴切的、个性化的服务。

老客户信息管理需要把握好的主要环节：一是建立老客户信息管理系统。只有建立老客户的信息管理系统才能对老客户各方面的问题及时加以综合分析、处理，才能不断掌握老客户的需求和问题，它是赢得老客户满意的前提。二是老客户信息分类处理。需要建立老客户资料卡和老客户管理卡，老客户登记分类表，老客户投诉记录表等。三是把握老客户的需求。通过分析这些分类信息，准确把握老客户的需求，及时处理老客户遇到的各方面的问题。对老客户的服务需要客户服务人员密切关注，企业也可以建立老客户服务专业机构，密切地关注老客户遇到的各种问题，定期处理好对老客户的售后服务。

(2) 同学们分成小组，利用业余时间，到社会上调查哪一些企业有没有开展客户信息管理的工作，了解企业员工对客户档案管理工作的重要性的看法。调查完毕后，分组提交本次实训任务的小结报告。

(3) 教师批阅各组的总结报告，进行归纳、讲评。

3. 角色演练

下面是关于一位老客户的售后服务场景，很明显，这位客服人员的做法不妥。假如你是这名客户服务人员，你应该怎么办？请扮演客服人员的做法，并解释理由。

公司客服部门收到一分来自老客户S公司的“零件不合格指责票”，S公司是一个占你公司销售额近一半的客户，公司上下都非常重视。经过客服部门研究发现，随“零件不合格指责票”一起送来的不合格品确实有质量缺陷，但从人员、设备、环境、材料、作业方法等记录的追溯来看，发生这种情况的可能性几乎为零。于是，一个客户服务人员回复S公司说：“经研究，在我公司未发现任何产品方面的异常，贵公司所指的不良原因不明。”

4. 案例思考：××公司老客户信息管理

××办公设备经营有限公司（以下简称××公司）是国内较早经营各种办公设备及耗材的公司，代理惠普、松下、东芝、佳能、施乐等著名厂商的多种产品，并负责产品的售后服务。2001年4月，××公司与TurboCRM信息科技有限公司合作，在客户服务部全面实施了TurboCRM客户关系管理系统，并建立了以“高老客户保有率”为目的的全新服务模式。

如今，办公设备专营公司的商业模式已经悄然发生了改变，其盈利点由原先销售各种办公设备渐渐转变为销售相应设备的耗材和对已售出设备的维修保养上。在这种情况下，与已经购买了产品的老客户保持长久的合作关系，及时了解并挖掘老客户对耗材和维修保养服务的需求，并主动提供相应的服务成为××公司客户部的主要业务。

TurboCRM系统将××公司老客户的信息集中到一个统一的平台上，通过对一些关键信息的收集帮助××公司客户服务人员分析老客户的需求。如购买了复印机的客户，在他的资料中有一个“复印”的记录，及客户每个月的复印量。有了这条信息，再根据客户购买的复印机机型，××公司的服务人员就能够估算出什么时候需要在此购买墨粉、纸张等耗材，然后在系统中设置自动提醒的功能，提前主动与老客户联系，询问耗材需求的情况。

现在，××公司定期派出服务人员对老客户的办公设备进行巡检，了解设备的运行情况。这个巡检工作已经纳入了客户关系管理系统中加以管理。每次拜访完客户，××公司的服务人员将该客户当月的设备使用情况、有没有出现故障、故障排解方法、更换的部件、维修后的使用情况等一一记录到系统中。这些集中有序的资料加强了××公司全体服务人员对老客户的了解，并在此基础上做需求分析，为老客户提供个性化服务。如服务人员根据客户设备的历次检修情况提供相关保养服务的建议，并分析设备使用不当的地方，提醒客户使用时应注意的环节。

实施TurboCRM系统后，客户打电话叫维修时，可以立刻从TurboCRM客户关系管理系统中调出该客户的信息，与客户在电话中核对被叫修设备的机型、保修期，并立刻通知相应的服务人员联系上门服务的时间等。

这里，TurboCRM信息系统是老客户信息管理的中心，也是实施老客户信息管理的基础；通过客户服务人员实地调查取得数据、不断充实该数据库也是实施老客户信息管理的一个关键环节，因为这样才能保证数据的真实性。可见，随着数据的累积，TurboCRM客户关系管理系统将使客户服务人员越来越多地了解老客户的需求和喜好，以及时提供所需要的技术支持和相关信息，以此来保有老客户，赢得老客户的忠诚。

依据上述资料，回答以下问题。

① 请总结分析××公司的TurboCRM客户关系管理系统的作用及其老客户管理的具体

过程及方式。

② 请结合××公司的案例说明老客户信息管理的必要性及其意义。

实训9　利用Outlook管理客户信息

1. 实训目的

通过本次实训，知晓企业（或个人）如何利用Outlook来收集和管理客户信息的相关操作，并利用它的邮件合并功能来进行客户服务，批量发送客户问候等邮件。

2. 实训内容

(1) 教师讲解、演示以下操作过程。

Outlook中的“联系人”给市场营销人员带来了极大的方便，利用“联系人”功能可将客户的资料保存在Outlook中，可以通过查找、字段选择、分组等方法快速查找到所需要的联系人，并能够清楚地显示与客户的业务往来资料。

① 填写客户信息　企业员工在营销活动和客户服务过程中收集到客户名片后，希望通过计算机将客户的资料信息管理起来，这时就可以打开Outlook，在“联系人”视图中单击“文件”菜单，选择“新建”，单击“联系人”，这时就出现了“联系人”窗口，如图2-1所示。在“常规”选项卡中，依次输入新联系人的姓氏、名字、单位、职务等，单击“表示为”下拉列表，选择联系人的表示方式，选择姓名后面跟单位的方式，这样即使名字相同的人也能区分开来。依照提示填写国家/地区，联系地址和移动电话等信息。在Outlook中，电话号码的输入有些特别，单击“商务”电话文本框前面的向下三角按钮，这时就会弹出电话类型菜单，最多可以记录联系人的19个电话号码。如果选择“单位”，就可以在后面输入单位的电话号码了。

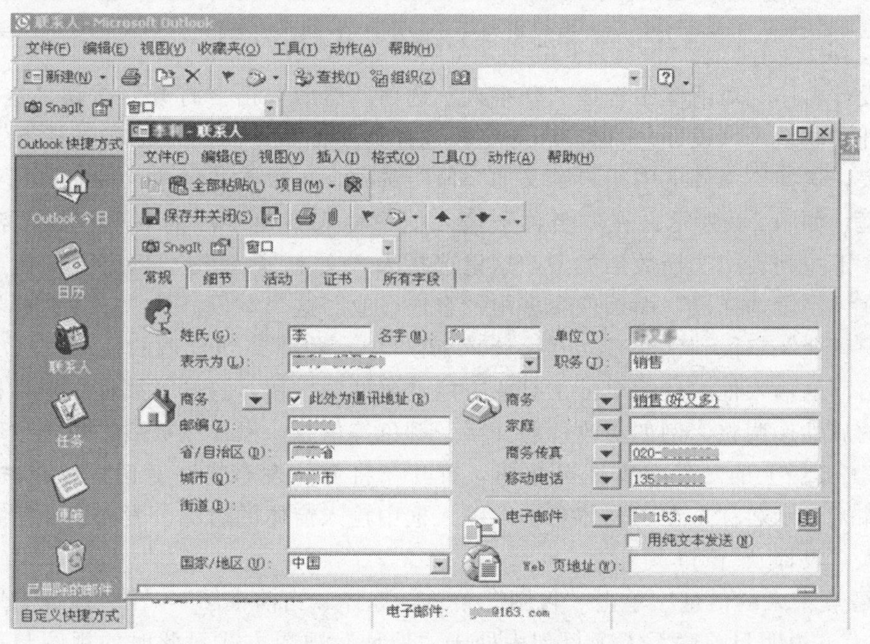

图2-1　联系人窗口

联系人可以一个一个地单独创建，但Outlook有更好的方法。在联系人项目列表里单击一个联系人，单击“动作”菜单，单击“来自相同单位的联系人”命令，这时一个新的“联系人”窗口就打开了。这样与单位相关的所有信息 Outlook 都自动填好了，只要输入新联系人的姓名、职务、电子邮件等个人信息就可以了。输入完个人信息后，单击“保存并关闭”按钮，新的联系人就创建好了。

② 设计 Outlook 联系人窗体　默认情况下，Outlook“联系人”对话框中提供了大量的有用信息，如姓名、地址、单位、邮箱、生日等，但是实际工作中所遇到的信息包罗万象，常常会遇到这样的情况：当登记联系人的一条重要信息时找不到相应的选项，怎么办？Outlook 提供了简单快捷的窗体设计功能，用它就可以解决这样的问题。例如，很多企业都会为客户资料上添加一个“客户行业”的信息，打开 Outlook 后在菜单栏上选择“工具—窗体—设计窗体”命令，打开“设计窗体”对话框，如图 2-2 所示。

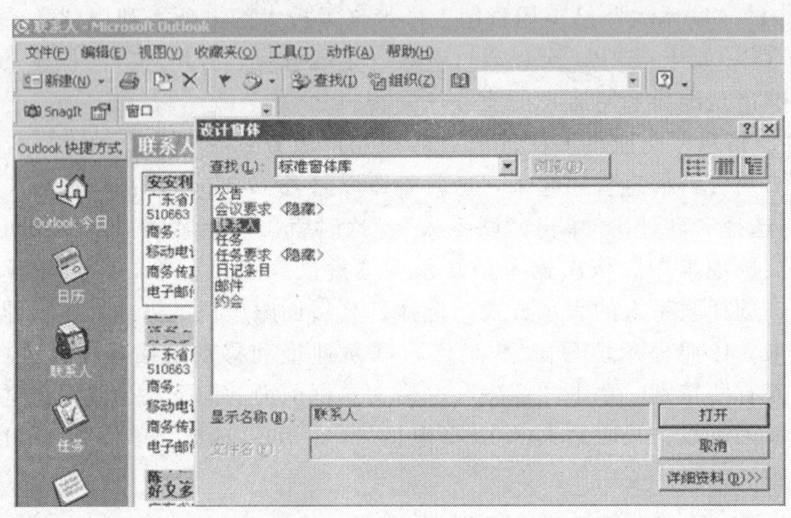

图 2-2 “设计窗体”对话框

在“设计窗体”对话框中选择“联系人”选项，然后单击“打开”按钮。这时 Outlook 会自动打开“联系人（设计）”窗口和“字段选择器”面板。单击“字段选择器”面板上方的下拉列表，选择“文件夹中用户定义的字段”选项，再单击“新建”按钮，打开“新建字段”对话框，如图 2-3 所示。在“名称”输入框中输入新建字段的名称，如“客户行业”；在“类型”下拉列表中选择数据类型，这里选择为“文本”，单击“确定”按钮，关闭对话框。这样在“字段选择器”面板就会多出“客户行业”这个字段。从“字段选择器”面板中拖动“客户行业”字段到“联系人（设计）”窗口中，并调整到合适的位置。选中“客户行业”或它后面的输入框，然后单击工具栏上的“属性”按钮，打开“属性”对话框，在其中对该控件的属性作调整，例如更改标题文字、颜色等信息。操作完成后，单击“联系人（设计）”窗口工具栏上的“发布窗体”按钮，打开“将窗体发布为”对话框。在“显示名称”输入框中输入显示名称，在“窗体名称”输入框中输入窗体的名称。发布完成后，保存并关闭“联系人（设计）”窗口。

③ 查看联系人的信息　单击“视图”菜单，选择“当前视图”，在“地址卡”选项前面有一个“√”，说明目前联系人项目列表处于“地址”视图方式。此时的视图与在设置收件箱项目列表视图方式时使用的“当前视图”不同。现在的当前文件是“联系人”文件夹，所以选项就换成联系人项目列表可以使用的几种视图方式了。选择“详细地址卡”选项，联系人的地址也在联系人项目中显示出来了。用这种切换的方法还可以切换到其他视图方式，如

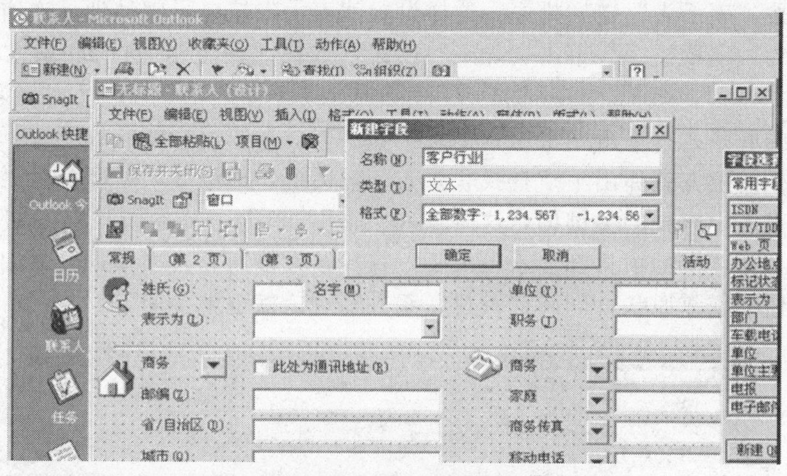

图 2-3　新建字段对话框

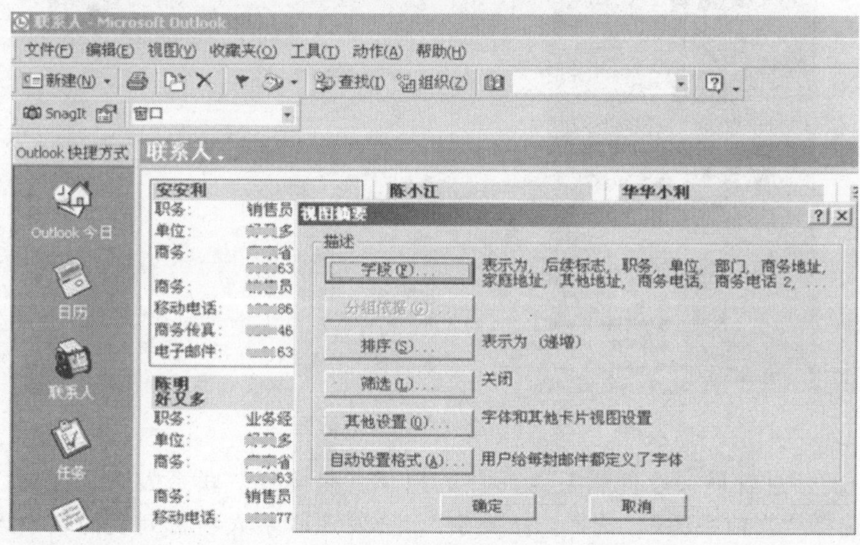

图 2-4　视图摘要对话框

在“电话列表”方式下，可以查看联系人的电话；在“按类别”方式下，联系人按类别放在不同的组里了，单击“+”号，一组的联系人就显示出来了。

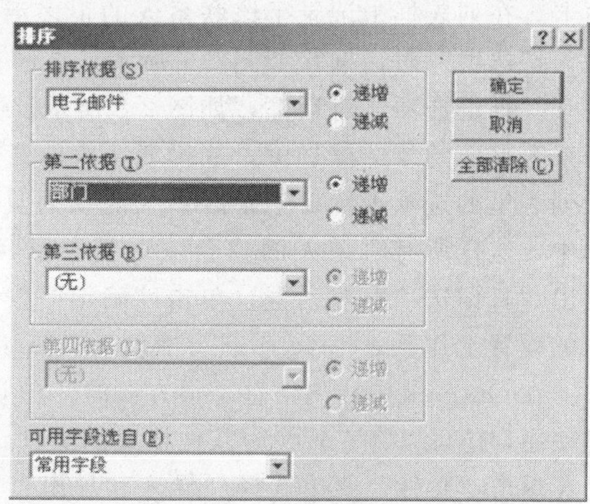

图 2-5　排序对话框

改变当前视图方式。在“地址”视图方式下，单击“视图”菜单，选择“当前视图”，单击“自定义当前视图”，这时就弹出了“视图摘要”对话框，如图 2-4 所示。可以在这里改变当前视图的显示。这里有很多的按钮，这些按钮各有各的用处，比如单击“排序”按钮，出现如图 2-5 所示的“排序”对话框，在这里可以对联系人的排序依据进行设置。在第一个下拉列表里选择电子邮件，单击后面的“递增”单选按钮，接着再把第二依据设置为按“表示为”递增排序。这样设置就表示先按电子邮件地址递增排序，再按联系人的“表示为”字段排序。单击“确定”按钮，选择“确定”，这时联系人项目列表就重新排序了。

查找特定的联系人。单击“常用”工具栏的“查找”按钮，使它处于按下状态，这时联系人列表项目框的上方就弹出了“查找联系人”对话框，如图 2-6 所示。在“查找”文体框中输入要在联系人中查找的关键词，这时输入“李”，单击“开始查找”按钮，所在在联系人信息中含有“李”字的项目都显示出来了。查找结束以后，再次单击“常用”工具栏“查找”按钮，按钮会恢复原状，同时“查找联系人”对话框也就关闭了。

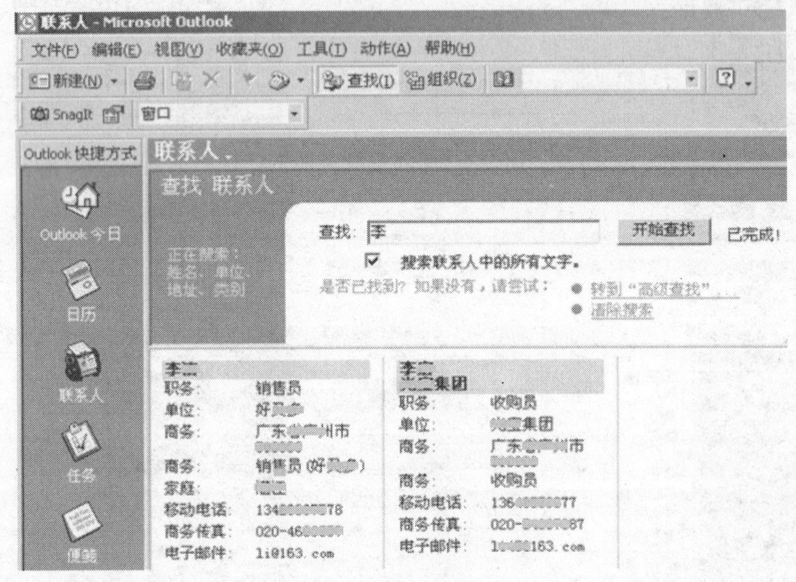

图 2-6 查找联系人对话框

④ 客户的信息管理 设置联系人的日记记录。切换到“联系人”文件夹，单击“视图按钮”，选择“当前视图”，选择“按类别”，会发现联系人项目列表的联系人图标有的图标右下角有一个小时钟，这些有小时钟的图标所对应的联系人就是设置了日记记录的联系人。双击一个有小时钟的图标所对应的“联系人”，在联系人窗口中选择“活动”选项卡，在列表框中记录了该联系人的很多活动。单击“工具”菜单，选择“选项”命令，进入“选项”对话框，如图 2-7 所示。在“首选参数”选项卡里单击“日记选项”按钮，打开“日记选项”对话框，如图 2-8 所示。在右边的联系人列表里将要设置为自动记录的联系人前面的复选框选中，这样联系人的活动就可以由 Outlook 日记自动记录了。自动记录列表里的选项表示要记录联系人活动的具体类型，现在把“会议取消”复选框“去除”选中，这样所有联系人的“会议取消”活动都不会被日记记录了。单击“确定”按钮，退出“日记选项”对话框，单击“确定”按钮使刚才的设置生效，现在 Outlook 就会按照新的设置工作了。

在 Outlook 中导出信息是很方便的。在 Outlook 里的联系人信息，不仅可以在 Outlook 里使用，还可以将它转换为其他格式的文件，供其他 Windows 应用程序使用。其操作方法是：单击“文件”菜单选择“导入和导出”命令，进入“导入和导出向导”对话框，如图 2-9 所示。

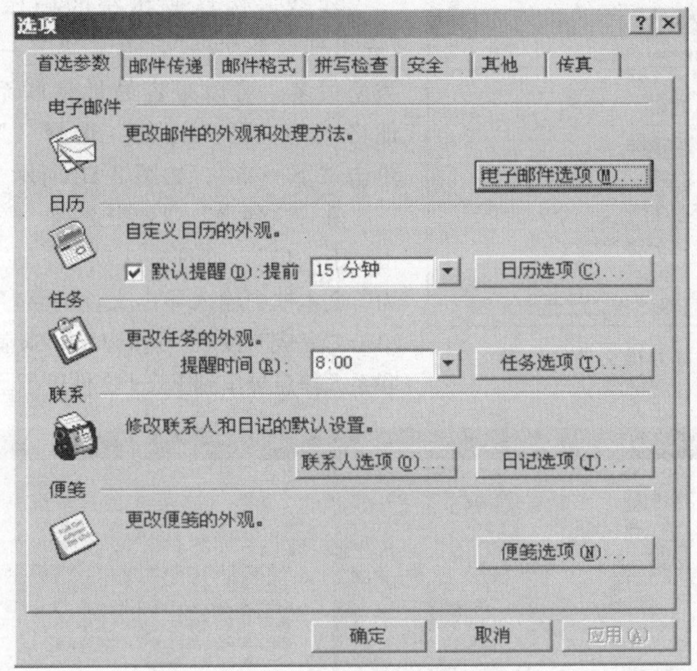

图 2-7 选项对话框

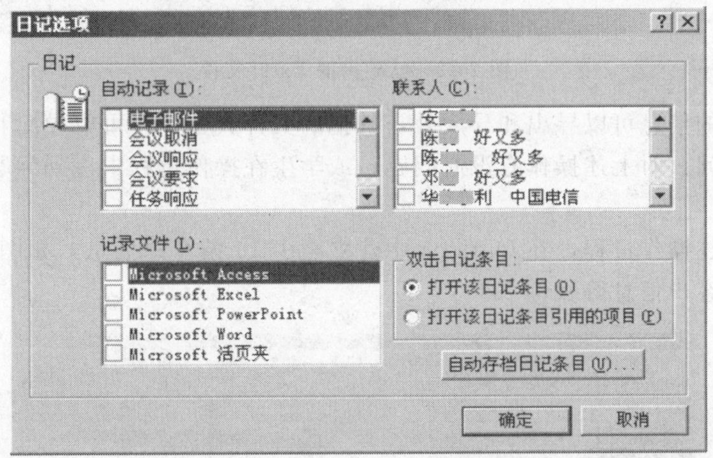

图 2-8 日记选项对话框

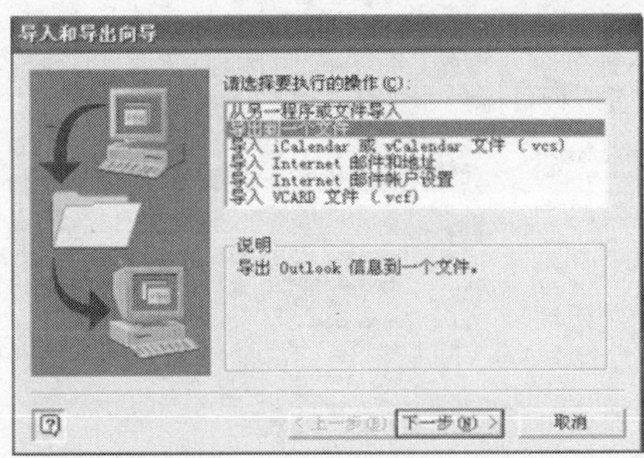

图 2-9 导入和导出向导对话框

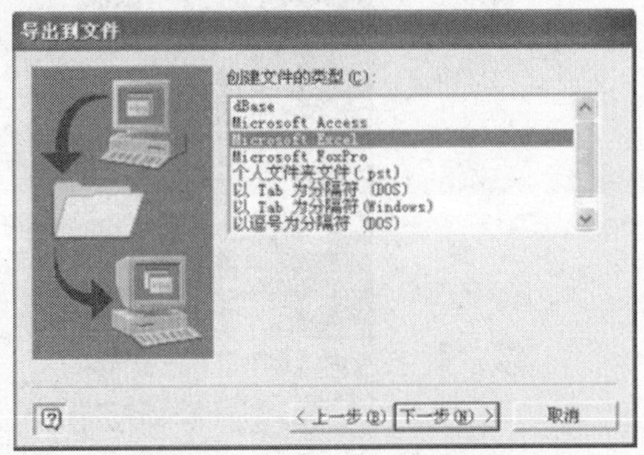

图 2-10 导出到文件对话框

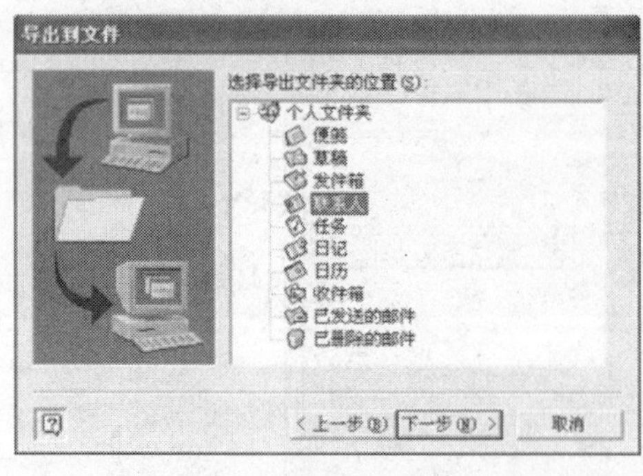

图 2-11　选择导出文件的位置

在“请选择要执行的操作”列表框里选择“导出到一个文件”，单击“下一步”。导出文件的类型很多，可以很容易地将联系人信息转换为其他格式的文件，比如：选择“Microsoft Excel”，单击“下一步”。如图 2-10 所示。

在“文件夹”列表中选择“联系人”文件夹，单击“下一步”。如图 2-11 所示。在“将导出文件另存为”文本框中输入导出文件的路径，单击“下一步”。单击“完成”按钮，这时 Outlook 就把联系人文件夹的联系人信息导出到 Excel 文件里了。如图 2-12 所示。

Microsoft Excel - 联系人.xls

	A	B	C	D	E	F	G	H	I	J	K	L	M	N	O
1	英文称谓	名	中间名	姓	中文称谓	单位	部门	职务	商务地址街	商务地址街	商务地址街	商务地址市	商务地址省	商务地址邮	商务地
2		志千		林		佛山市顺德区中顺人力		秘书	顺德大良沿江北路121号建设大厦			佛山市	广东省	528300	中国
3		燕		刘		佛山市顺德区中顺人力		主管	顺德大良沿江北路121号建设大厦			佛山市	广东省	528300	中国
4		文		陈		佛山市顺德区中顺人力		经理	顺德大良沿江北路121号建设大厦			佛山市	广东省	528300	中国
5		选		李		佛山市顺德区中顺人力		助理	顺德大良沿江北路121号建设大厦			佛山市	广东省	528300	中国
6		晶		袁		广州晋越文化传播有限		渠道经理	广州市越秀区寺右新马路111－11			广州市	广东省	510660	中国
7		文一		张		广州晋越文化传播有限		助理	广州市越秀区寺右新马路111－11			广州市	广东省	510660	
8		霞		张		广州晋越文化传播有限		销售总监	广州市越秀区寺右新马路111－11			广州市	广东省	510660	
9		好		陈		广州晋越文化传播有限		客户经理	广州市越秀区寺右新马路111－11			广州市	广东省	510660	中国
10		美番		李		广州晋越文化传播有限公司			广州市越秀区寺右新马路111－115号五羊新城广场30楼					510660	

图 2-12　已导出的 Excel 文件

除了联系人的信息可以导出和导入外，其他的文件夹也一样可以导出和导入。

（2）学生提问：对上述操作有没有问题；或学生在操作过程中碰到问题后请教老师。

3. 角色演练

学生参照上述操作过程，在 Outlook 中建立至少 10 条客户信息，如图 2-13 所示。然后进行查询、管理客户信息等操作。

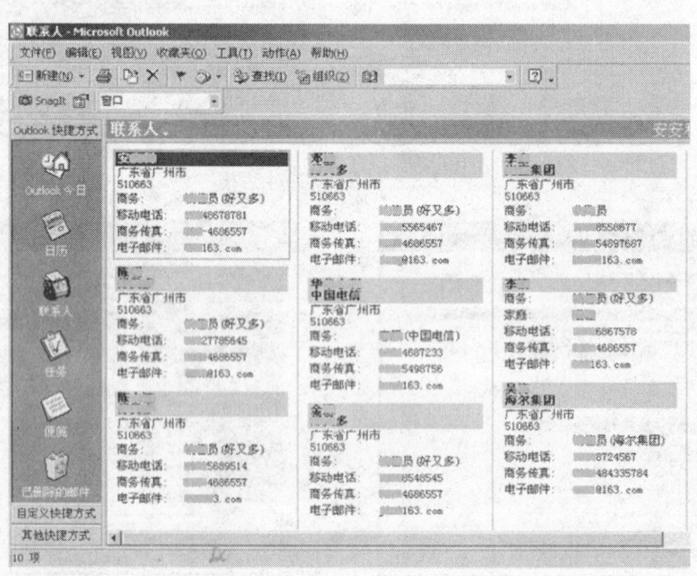

图 2-13　建立客户信息

4. 案例思考

利用Outlook中导出的客户信息，再利用Office97或Office2000的邮件合并功能，可以实现同时给多个人发电子邮件，大大简化工作的繁琐，提高效率。

假如你是一位客服人员，出于联络感情的需要，在客户的生日、过节的时候都需要带给客户一个温馨的问候，而这些邮件又不能利用“批量发信”了事，必须使用特定的地址、称呼、问候语等，如图2-14所示。

《商务地址邮政编码》
《单位》
《中文称谓》

尊敬的《姓》《职务》:
国庆节来了,祝您节日快乐!
广州市××有限公司
2008年9月28日

图2-14 邮件模板

根据以上要求，利用“角色演练”中导出的客户信息，把利用邮件合并功能给多个人发电子邮件的操作做完。想一想，如何更好地利用Outlook提高客服工作效率？

2.3 客户资料分析

企业和员工对收集来的客户资料进行分析要根据自己的工作需求，一般来说，对客户名称、所在行业、所在地区、经营方向、经营规模、主要产品、主要需求、目标市场等资料进行分析，可以得到企业的客户结构。

2.3.1 客户资料分析的用途

分析客户资料可以把握客户需求；能够把握客户需求，就能抢占市场商机。要把握客户需求，必须深层理解、认识客户，对客户进行细分，也就是进行市场细分。企业对收集到的客户资料通过数据挖掘等技术，基于多种分析方法，在深层次上进行反复的提炼和剖析，从这些看似普通的客户资料信息中找出关于客户需求的更有价值的信息，从而加以利用。客户一旦购买了某企业的产品，那么他的上家、下家、同行都应该成为该企业的客户。想想，如果企业有这些客户资料的积累，要想扩大销售份额，是不是就可以对这些“名单”进行“精准营销”呢？

分析客户资料有助于寻找、开发潜在客户。可以从五个方面检查、判断客户购买欲望的大小。以房地产为例进行说明：一是对产品的关心程度，如对购买房屋的大小、间隔方式、公共设施、朝向等的关心程度。二是对购入的关心程度，如对房屋的购买合同是否仔细研读或要求将合同条文增减；要求房屋内部间隔修改等。三是检查能否符合各项需求，如小孩上学、大人上班是否方便，附近是否有超级市场，能否符合安静的期望，左邻右舍是否有喧闹的营业场所等。四是对产品是否信赖，对房屋使用的材料品牌是否满意、施工是否仔细、地基是否稳固等。五是对销售企业是否有良好的印象，客户对销售人员印象的好坏左右着潜在客户的购买欲望。分析判断明确后，有针对性地做工作。

分析客户资料可以挖掘潜在市场，促进销售。要把客户当成“一口井”来挖，而且要挖深挖透！通过企业内部提供的客户信息资源，进行整理分析，能够挖掘潜在市场，得出能够指导营销的有价值结论。如电信企业收集的客户资料满足了营销目的，对客户的静态数据，如性别、年龄、职业、收入水平等，客户的动态数据，即消费行为资料，如何时购买、历史消费记录、流失或转到竞争对手记录、与企业接触的历史记录等，通过对这些静态、动态数据的分析，可以得出该客户是否具有购买需求、预计购买时间和数量、消费档次等结论；把这些数据进行归总，可以推出一些销售方案。

分析客户资料，完善售后服务。“金杯银杯不如客户口碑！金奖银奖不如客户夸奖！”为了将不断增加的客户服务好，一些企业开始要求员工定期更新、完善客户资料，对售后服务满意率进行抽查回访。通过完善客户服务信息，不断构建客户服务平台。

2.3.2 客户资料分析的标准

客户资料分析的标准很多，下面简单介绍几种。

(1) 信用5C标准

标准中的“5C”是美国银行家爱德华在1943年提出的。他认为企业信用的基本形式由品格（Character）、能力（Capacity）、资本（Capital）、担保品（Collateral）和环境状况（Conditions）构成。由于这五个英文单词都以C开头，故称“5C”。

品格是指企业和管理者在经营活动中的行为和作风，是企业形象最为本质的反映。能力是仅次于品格的信用要素。能力包括经营者能力（如管理、资金运营和信用调度等）和企业能力（如运营、获利、偿债等)。资本主要是考查企业的财务状况。一个企业的财务状况基本反映该企业的信用特征。若企业资本来源有限，或资本结构比例失调，大量依赖别人的资本，则会直接危及企业的健康发展。许多信用交易都是在担保品作为信用媒体的情况下顺利完成的，担保品成为这些交易的首要考虑因素。环境状况又称经济要素，大到政治、经济、环境、市场变化、季节更替等因素，小到行业趋势、工作方法、竞争等因素，诸如此类可能影响企业经营活动的因素都归为环境状况。

(2) 信用5P标准

标准中的“5P”是从不同角度将信用要素重新分类，条理上更加易于理解。它包括人的因素（PersonalFactor）、目的因素（PurposeFactor）、还款因素（PaymentFactor）、保障因素（ProtectionFactor）和展望因素（PerspectiveFactor）。

比较5C、5P两种标准，说明如下：

① 个人因素或品格主要衡量借款人的还款意愿；

② 能力或还款因素主要衡量借款人的还款能力；

③ 目的因素或资本主要分析贷款的用途，评价借款人的举债情况；

④ 保障因素或担保品主要分析贷款的抵押担保情况和借款人的财务实力；

⑤ 展望因素或环境状况主要分析借款人的行业、法律、发展等方面的环境。

(3) 信用6A标准

标准中的“6A”是美国国际复兴开发银行提出的，他们将企业要素归纳为经济因素（Economic Aspects）、技术因素（Technical Aspects）、管理因素（Managerial Aspects）、组织因素（Organizational Aspects）、商业因素（Commercial Aspects）和财务因素（Financial Aspects）。

2.3.3 客户资料分析的方法

客户资料分析主要是针对以下几方面进行的。

2.3.3.1 客户构成分析

进行客户构成分析能使营销人员及时了解每个客户在总交易量中所占的比例，以及客户的分布情况，并从中发现客户服务中存在的问题，从而针对不同客户情况采取不同沟通策略。客户构成分析可用如表 2-8～表 2-10 所示的表格来分类整理。

表 2-8　客户统计表

产品	地址	客户数	销售额/%	平均每家年销售额	前三名客户名称及销售额	
					名称	金额

表 2-9　客户地址分类表

地区：				负责人：	
项次	客户名称	地址	经营类别	不宜访问时间	备注
访问路线简图					

表 2-10　与公司交易记录表

年度	订购日期	出货日期	批号	产品名称	数量	金额	备注

2.3.3.2　客户经营情况分析

一般是在了解了企业基本情况的基础上，通过对其财务报表的分析，揭示客户的资本状况和盈利能力，从而了解客户的过去、现在和未来的经营情况。可用如表 2-11 和表 2-12 所示的表格来集中反映。

表 2-11　企业收入汇总表

单位名称：				编号：	
年度	工业总产值	销售收入	利润	税金	创汇
上年实际					
本年预计					
主要产品名称	产量	销售量	单位	销售额	利润

表 2-12 企业财务状况分析表

<table>
<tr><td colspan="4">单位名称：</td><td colspan="3">编号：</td></tr>
<tr><td colspan="2">企业资本金合计</td><td></td><td colspan="2">企业资产总额</td><td colspan="2"></td></tr>
<tr><td rowspan="2">其中</td><td>国家资本金</td><td></td><td rowspan="5">其中</td><td colspan="2">流动资产总额</td><td></td></tr>
<tr><td>其他资本金</td><td></td><td colspan="2">流动资产余额</td><td></td></tr>
<tr><td colspan="2">企业负债总额</td><td></td><td colspan="2">固定资产总额</td><td></td></tr>
<tr><td rowspan="2">其中</td><td>流动负债</td><td></td><td rowspan="2">其中</td><td>固定资产净值</td><td></td></tr>
<tr><td>长期负债</td><td></td><td>生产设备净值</td><td></td></tr>
<tr><td colspan="2">企业资产负债率</td><td></td><td colspan="3">技术开发经费总额</td><td></td></tr>
</table>

同时，企业的经营状况可以通过财务状况的计算分析进行。主要是通过计算出企业偿还债务能力的一些参数来分析。企业偿债能力的大小，是衡量企业财务状况好坏的标志之一，是衡量企业运转是否正常，是否能吸引外来资金的重要方法。反映企业偿债能力的指标主要如下。

① 流动比率＝流动资产总额/流动负债总额×100％

流动比率是反映企业流动资产总额和流动负债比例关系的指标，企业流动资产大于流动负债，一般表明企业偿还短期债务能力强。流动比率以 2∶1 较为理想，最少要 1∶1。

② 速动比率＝速动资产总额/流动负债总额×100％

速动比率是反映企业流动资产项目中容易变现的速动资产与流动负债比例关系的指标。该指标还可以衡量流动比率的真实性。速动比率一般以 1∶1 为理想，越大，偿债能力越强，但不可低于 0.5∶1。

③ 现金比率＝现金类流动资产/流动资产总额×100％

现金比率反映企业流动资产中有多少现金能用于偿债。现金比率越大，流动资产变现损失的风险越小，企业短期偿债的可能性越大。

④ 变现比率＝现金类流动资产/流动负债×100％

变现比率反映企业短期的偿债能力，又具有补充现金比率的功能。

⑤ 负债流动率＝流动资产/负债总额×100％

负债流动率衡量企业在不变卖固定资产的情况下，偿还全部债务的能力。该比率越大，偿还能力越高。

⑥ 资产负债率＝负债总额/资产净值×100％

资产净值是指扣除累计折旧后的资产总额。资产负债率反映企业单位资产总额中负债所占的比重，用来衡量企业生产经营活动的风险程度和企业对债权的保障程度。该比率越小，企业长期偿债能力越强，承担的风险也越小。

2.3.3.3 客户信用分析

在利用客户档案记录内容详细、动态反映客户行为及其状况的特点的同时，还要进行客户信用情况分析，以便对客户的信用进行定期的评判和分类。客户信用分析可用如表 2-13 所示的表格进行，对客户信用进行调查。

表 2-13 客户信用调查表 编号：

公司名称		地址		电话	
负责人		住所		电话	
公司规模		员工人数			
创业日期	年 月 日	营业项目		经营方式	独资□合伙□公司□
开始交易日期	年 月 日	营业区域		经营地点	市场□住宅□郊外□
总体评价					

负责人	性格	温柔□ 开朗□ 内向□ 古怪□ 自大□ 自卑□	气质	稳重□ 轻浮□ 高贵□ 急躁□ 饶舌□ 寡言□
	兴趣		名誉	
	学历	博士□ 硕士□ 大学□ 高中□ 初中□ 小学□	出生地	
	经历		说话要领	能说□ 普通□ 口拙□
	思想	稳健派□ 保守派□ 革新派□ 其他□	嗜好	酒：饮□ 量少□ 不饮□ 香烟：抽□ 量少□ 不抽□
	长处		特长	
	短处		技术	熟练□ 不很熟练□ 不熟□
会计方面	银行往来	银行 账号	银行信用	很好□ 好□ 普通□ 差□ 很差□
	账簿组织	完备□ 不完备□	同业者评价	很好□ 好□ 普通□ 差□ 很差□
	经营组织	股份公司□ 个人经营□ 有限公司□ 合资公司□	近邻评价	很好□ 好□ 普通□ 差□ 很差□
	资本额	元	付款态度	爽快□ 普通□ 尚可□ 延迟□ 为难□ 嗜欠尾款□
	营业执照登记号码		备注	

2.3.3.4 客户对公司的利润贡献分析

客户资产回报率是分析公司从客户处获利多少的有效方法之一。实践表明，不同的客户，资产回报率是不同的。通过这一指标的分析，还可具体了解这种差距产生的原因。为确保客户能够成为好客户，企业对客户要进行定期评价，并采取相应措施。如今，越来越多的企业强调通过以多种指标对客户进行评价。可通过以下几个指标来衡量。

(1) 积极性

客户的积极性是配合企业销售工作的最好保证。客户具有合作和业务拓展的积极性，就能主动地开展工作，而不是被动地听从公司安排或一味地要求公司提供支持。凡是销售业绩比较好的客户，都会有强烈的积极性，不仅表现在态度上，还通过资金的支付、人员的准备和车辆的使用等行动表现出来。不少企业将客户的积极性列为衡量客户好坏的第一个指标。

评价客户积极性要细心全面观察，谨防虚假的积极性，因为那往往是阴谋诈骗的开端。

(2) 经营能力

衡量客户经营能力的大小，常用以下指标（针对经营公司而言）。

① 经营手段的灵活性。好的经销商往往很有经营头脑，经营思想新颖、自主开发能力强，管理也很有章法，不盲从，不随大流。

② 分销能力的大小。此项主要看其有多少下家（分销商），市场覆盖面有多大，与下家的合作关系是否良好，交割是否正常等。

③ 资金是否雄厚。这是衡量经销能力强弱的一个硬指标。

④ 手中畅销品牌的数量。好的经销商往往有多个畅销品牌（厂家）的经销权。这个指标是考核经销商在业内是否也树立起了自己经销的品牌（名牌经销商自己的招牌）。

⑤ 仓储能力和车辆、人员的多少。这也是衡量经销商实力的一个硬指标。这个指标对今后销售工作向细的、扎实的方向发展，更为重要。

(3) 信誉

经销商信誉是与其合作的基础，不讲信誉的经销商，条件再好也不能与之合作。对于信誉，一是不能超出经销商承受能力（此时，信誉变得没有意义），二是不能单看一时、一事，即要用发展的和长远的眼光对其进行考查。

(4) 社会关系

它是影响经销商经营状况的主要因素之一。社会关系主要指两个方面：一方面是家庭关系，包括家庭成员的组成，从事的职业、兴趣爱好、生活方式、关系是否和睦、健康状况如何等。这些情况都会直接或间接影响经销商的正常经营。另一方面是指社会地位，考查其在社会上的地位、影响、社会背景情况及与行政管理部门的联系。

除以上指标外，还常有销售管理水平、销售网络、促销能力、售后服务能力、与本公司的关系等方面，可对客户进行评价。

好的客户会给企业带来极大的利润，而差的客户则会给企业带来很大的风险，甚至可拖垮一个企业。建立客户评价指标，对客户进行评价，一是可从中选择好的客户，二是可以在客户管理工作中建立起动态管理机制：在不断淘汰差的客户的同时，不断培养出更多的适合企业需要的好的客户。

实训 10　分析客户资料，把握客户需求

1. 实训目的

通过本次实训，知晓分析客户资料的用途，学习如何进行客户资料的分析，从而更好地把握客户的需求。

2. 实训内容

(1) 学生用 8 分钟时间阅读案例

通用汽车的成功

20 世纪 20 年代中期，亨利福特和他有名的 T 型车统治了美国的汽车工业。福特汽车公司早期成功的关键是它只生产一种产品。福特认为如果一种型号能适合所有的人，那么，零部件的标准化以及批量生产将会使成本和价格降低，会使客户满意。那时福特是对的。

随着市场的发展，美国的汽车买主开始有了不同的选择，有人想买娱乐用车，有人想要时髦车，有人希望车内有更大的空间。通用汽车公司总裁艾尔雷德-斯隆发现这一问题不久，就让员工研究：购买轿车的潜在客户的真正需要是什么。虽然并不能为每个客户生产出一种特别的车，但通过对客户及市场的研究，很快设计生产出与市场细分相联系的新产品：

Chevrolet 是为那些刚刚能买得起车的人生产的；

Pontiac 是为那些收入稍高一点的客户生产的；

Oldsmobile 是为中产阶级生产的；

别克是为那些想要更好的车的人士生产的；

凯迪拉克是为那些想显示自己地位的人生产的。

此后，通用汽车不久就开始比福特汽车更畅销了，这其中分析客户需求，从而进行市场

细分起了重要作用。不仅对汽车，而且对全国乃至全世界的主要工业都发挥了重要的作用。

(2) 学生自由发言：根据通用汽车公司的新产品状况，具体说说该公司可能重点调查和分析了客户的哪些方面的资料。

(3) 教师进行点评、归纳。

3. 角色演练

请同学们找出生活中较为熟悉的分析客户资料，进行市场细分的实例，加深同学们认识分析客户资料的重要性。

4. 案例思考

“尿布与啤酒”的故事是关于数据挖掘最经典和流传最广的故事，这是讲的美国阿肯色州的世界著名商业零售连锁企业沃尔玛公司得出了“跟尿布一起购买最多的商品是啤酒”的数据挖掘结果。美国的妇女们经常会嘱咐她们的丈夫下班以后要为孩子买尿布。而丈夫在买完尿布之后又要顺手买回自己爱喝的啤酒，因此啤酒和尿布在一起购买的机会还是很多的。既然是这样，沃尔玛公司就在其一个个门店将尿布与啤酒并排摆放在一起，结果是尿布与啤酒的销售量双双增长。……

依据上述案例资料，回答以下问题：

数据挖掘也可以称为数据库中的知识发现，是从大量数据中提取出可信、新颖、有效并能被人理解的模式的高级处理过程。它的前提是熟悉背景知识，弄清用户要求。请问：它的前期工作与分析客户资料有关联吗？

实训11　分析客户资料，寻找、开发潜在客户

1. 实训目的

通过本次实训，懂得分析客户资料，寻找、开发潜在客户的办法，进而更好地开展市场营销及销售工作。

2. 实训内容

(1) 学生先用20分钟自学完下面的相关内容。

潜在客户就是有可能购买你的产品或服务的人。潜在客户必须具备两个要素：第一，用得着；第二，买得起。

首先要用得着，或者说是需要这样的消费。不是所有的人都需要你的产品，需要的人一定是一个具有一定特性的群体。如大型交换机的用户对象是集团、社团、企业等组织，有谁会去买一台交换机放在家里呢？其次是买得起，对于一个想要、又掏不出钱的潜在客户，你做再多的努力也不能最后成交。例如：在保险业，人人都希望买保险，但保险销售人员却在从事着最辛苦的寻找潜在客户的工作，购买保险的群体必定具有一个共同的特征——买得起。如把保险销售给一个维持最低生活标准的家庭，按理说他们太需要保险，但无论你的技巧有多高明，你的努力是白费的。

在寻找潜在客户的过程中，可以参考以下“MAN”原则。

M：MONEY，代表“金钱”。所选择的对象必须有一定的购买能力。这是最为重要的一点。营销人员找到准客户时就要分析：他有支付能力吗？他买得起这些东西吗？一个月收入只有1000元的上班族，你向他推销一辆奔驰车是徒劳的。

A：AUTHORITY，代表“购买决定权”。指购买对象对购买行为有决定、建议或反对的权力。他有决定购买的权力吗？很多营销人员最后未能成交的原因就是找错了人，找的是

没有决定购买权的人。有这样一个例子：小张在广告公司做广告业务，与一家啤酒公司副总谈了两个月广告业务，彼此都非常认同，但总经理最终否决了刊登广告的提案。

N：NEED，代表“需求”。指购买对象有这方面（产品或服务）的需求。推销的对象除了购买能力和决定权之外还要看他有没有需求。刘先生刚买了一部空调，你再向他推销空调，尽管他具备购买能力和决策权，但他没有了那样的需求，自然不是你要寻找的人。

潜在客户应该具备以上特征，但在实际操作中，会碰到以下情况，应根据具体状况采取具体对策：

购买能力	购买决定权	需求
M(有)	A(有)	N(大)
m(无)	a(无)	n(无)

其中：

M＋A＋N：是有望客户，理想的销售对象。

M＋A＋n：可以接触，配上熟练的销售技术，有成功的希望。

M＋a＋N：可以接触，并设法找到具有决定权的人。

m＋A＋N：可以接触，需调查其业务状况、信用条件等给予融资。

m＋a＋N：可以接触，应长期观察、培养，使之具备另一条件。

m＋A＋n：可以接触，应长期观察、培养，使之具备另一条件。

M＋a＋n：可以接触，应长期观察、培养，使之具备另一条件。

m＋a＋n：非客户，停止接触。

由此可见，潜在客户有时欠缺了某一条件（如购买能力、需求或购买决定权）仍然可以开发，只要应用适当的策略，便能使其成为企业的新客户。

具备以上三个条件的人就是所要找的潜在客户。当然在营销实践中，方法是千变万化的，要懂得灵活运用，不要墨守成规。潜在客户是营销人员的最大资产，他们是营销人员赖以生存并得以发展的根本。

事实上，没有任何通用的原则可供指导任何公司或任何销售人员如何去寻找潜在客户。在此介绍一些具有共性的原则，但在具体销售过程中要结合自己的实际情况来灵活地借鉴或使用。首先是量身订制的原则，也就是选择或定制一个满足你自己公司具体需要的寻找潜在客户的原则。不同的公司，对寻找潜在客户的要求及方法均不同，因此，销售人员必须结合自己公司的具体需要，灵活应对。任何拘泥于形式或条款的原则都可能有悖公司的发展方向。其次是重点关注的原则，即 80：20 原则。该原则指导事先确定寻找客户的轻重缓急，分清主次，首要的是把重点放在具有高潜力的客户身上，把潜力低的潜在客户放在后边。最后是循序渐进的原则。即对具有购买可能的潜在客户进行访问，最初的访问可能只是“混个脸熟”，交换一下名片，随着访问次数的增加，访问频率的加快，访问周期的缩短，可以增加访问的深度和广度。

作为销售人员，你需要调整对待寻找潜在客户的态度，这一点非常重要！如果想成为一名优秀的销售人员，那么需要将寻找潜在客户变成自己的爱好。寻找潜在客户是走向成功之路的第一步，不能仅仅将寻找潜在客户视为一项工作，并且是不愿意做却不得不做的事情。事实上，寻找潜在客户不仅是一项有意义的工作，而且会充满乐趣，但一定需要改变一下对待它的态度，要使寻找潜在客户成为一种乐趣与爱好，成为一种值得追求的职业与需要不断提高的技能。

寻找潜在客户的具体方法很多。一是通过查找资料，比如查找统计资料，包括国家相关部门的统计调查报告、行业在报刊或期刊等上面刊登的统计调查资料、行业团体公布的调查统计资料等；查找名录类资料，包括客户名录（现有客户、旧客户、失去的客户）、同学名录、会员名录、协会名录、职员名录、名人录、电话黄页、公司年鉴、企业年鉴等；查找报章类资料，包括报纸（广告、产业或金融方面的消息、零售消息、迁址消息、晋升或委派消息、订婚或结婚消息、建厂消息、诞生或死亡的消息、事故、犯罪记录、相关个人消息等）、专业性报纸和杂志（行业动向、同行活动情形等）。二是通过行动来寻找、如主动访问别人介绍的客户（通过亲戚、朋友、老师、同学、校友、同事、老乡、老客户等介绍的）；到相关的社会团体（社交团体、协会、俱乐部等）拜访，去各种展览会和展示会，经常去风景区、娱乐场所等人口密集的地方走动、派发传单。三是通过邮寄宣传品、网络查找等方法来寻找潜在客户。

潜在客户数量的多少以及潜在客户的质量，诸如支付能力、决策能力以及购买欲望等往往意味着销售业绩的高低。销售人员寻找潜在客户应该是一个持续的过程，应该从自己的工作过程中多找问题、多动脑筋、多点分析，而不应该把它当成做一项没有销售对象时才做的工作。众所周知，没有足够的客户资源，企业的生存与发展就无从谈起。任何销售人员都应该明白，在寻找潜在客户方面所作的努力越大，销售成绩将越好。

（2）教师归纳一下学生自学内容。

3. 角色演练

每个同学选择一个产品或服务来进行客户资料的分析，列出能够找到的潜在客户名单，并安排好将要拜访的先后次序。

4. 案例思考

一名刚参加工作的保险营销人员，因为找不到客户，心灰意冷，因此向主管提出辞职。主管问他："为什么要辞职呢?"他回答："找不到客户，没有业绩，没有提成，只好不干了。"主管拉着他走到窗口，指着大街川流不息的人群，问他："你看到什么没有?"他说："人啊!""除此之外呢?""还有街道、商店啊。"主管又问："你再看看，还有什么?""噢，还有汽车。"主管说："在人群中，你难道没有看到许多潜在客户吗?"……

依据上述资料，回答以下问题：

① 同学们毕业工作碰到案例中的情况，会辞职呢？还是利用所学的知识和技能，抱着"把工作当成乐趣"的心态，动脑筋、想办法来继续做呢？

② 怎样利用客户资料分析，如何寻找潜在客户？

实训 12 分析客户资料，挖掘潜在市场案例

1. 实训目的

通过本次实训，知晓分析客户资料，按照客户价值进行客户分类，能够进一步挖掘潜在市场，提高销售利润。

2. 实训内容

（1）学生用 10 分钟时间阅读下面的案例。

D 先生是一家电子产品销售公司的经理，经过 D 先生及其团队的共同努力，公司的业务不断拓展。随着公司业务的发展，老客户越来越多，公司知名度也越来越高，甚至经常有

新客户慕名打电话来咨询有关的业务。一时间，公司上上下下忙得不亦乐乎，可是还是有些重要客户在抱怨公司的响应速度太慢，服务不及时，而将订单转向，给了其他厂家，使公司利润流失了不少。为此，D先生决定加大投入，招聘了更多的销售及服务人员，来应付忙碌的销售业务。

一年辛苦下来，D先生满以为利润不错。可公司财务经理给出的年终核算报告，利润居然比去年还少！经过仔细分析，D先生终于发现了导致这种严重后果的症结所在：原来，虽然不断有新的客户出现，但是他们带来的销售额却不大，而这些新客户带来的销售和服务工作量却不小，甚至部分客户还严重拖欠款项。与此同时，一些对利润率贡献较大的老客户，因在忙乱中无暇顾及，已经悄悄流失。为此，D先生改进了公司的工作方法：首先梳理客户资料，按照销售额，销售量，欠款额，采购周期等多角度数据进行测量，从中选出20%的优质客户；针对这20%的客户制定特殊的服务政策，进行重点跟踪和培育，确保他们的满意度。同时，针对已经流失的重点客户，采用为其提供个性化的采购方案和服务保障方案等优惠策略，尽量争取老客户的回归；针对多数的普通客户，采用标准化的服务流程，降低服务成本。经过半年的时间，在财务经理再次给出的半年核算报告中，利润额有了大幅回升。

然而，D经理还想进一步提高销售额……

(2) 学生讨论下面几个问题，教师进行归纳。

① D经理所在公司原来采取的工作方法为什么效果不好？

② D经理是如何改进工作方法的？为什么这样的改进能够使公司利润迅速回升？

③ 对一个企业来说，分析客户资料，区分不同价值客户有何意义？

④ D经理所在公司是否适合引进e-CRM？需要考虑哪些条件？

3. 角色演练

学生分成小组，利用多种途径实地调查企业中通过分析客户资料进一步挖掘潜在市场、提高销售利润的具体做法。老师了解情况后，选派比较有代表性的上讲台汇报。

4. 案例思考

上海××公司是集租赁、销售、装潢、物业管理于一身的房地产集团。由于房地产领域竞争日趋激烈，花一大笔钱在展会上建个样板间来招揽客户的做法已经很难起到好的效果，很多房地产企业都在考虑用新的方式来吸引客户。××公司在上海有很多营业点，以前如果客户有购房、租房的需求，都是通过电话、传真等原始的手段与之联系。由于没有统一的客服中心，且服务人员的水平参差不齐，导致客户常常要多次交涉才能找到适合解答他们关心问题的部门。又由于各个部门信息共享程度很低，所以用户从不同部门得到的回复有很大的出入，由此给客户留下了很不好的印象，很多客户因此干脆就弃之而去。更让××公司一筹莫展的是，尽管以前积累了大量的客户资料和信息，但由于缺乏对客户潜在需求的分析和分类，这些很有价值的资料利用率很低。

××公司的总经理意识到：在Internet时代，如果再不去了解客户的真正需求，主动出击，肯定会在竞争中被淘汰。××公司决定采用e-CRM，把各个分支的丰富的客户资料放在统一的数据库中，还利用已有的电子商务平台，作为e-CRM与客户交流的接口；充分利用数据库信息，挖掘潜在客户，并通过电话主动拜访客户和向客户推荐满足客户要求的房型，以达到充分了解客户，提高销售机会；有效利用已积累的客户资料，挖掘客户的潜在价值，实现一对一的客户需求回应，通过对客户爱好、需求分析，实现个性化服务，提高了业务量。同时，还降低了销售、管理成本……

依据上述资料，回答以下问题。

① 房地产领域的客户需求差异明显吗？

② 在房地产公司的客户资料详细程度如何？挖掘价值怎样？

③ 如果你从事房地产行业的服务，准备如何分析利用客户资料？

实训 13　分析客户资料，完善售后服务

1. 实训目的

通过本次实训，知晓企业可以通过分析客户资料，进一步完善售后服务，而且很有可能再提高销售能力。

2. 实训内容

(1) 分不同行业（如：金融、电信、保险、旅游、酒店、餐饮等）来进行分组讨论，本次实训主题的具体做法，选出一名组长具体负责。

(2) 组长上讲台汇报讨论结果。

(3) 教师进行归纳、讲评。

3. 角色演练

学生分成小组，利用多种途径实地调查企业中通过分析客户资料进一步完善售后服务的具体做法。老师了解情况后，选派比较有代表性的上讲台汇报。

4. 案例思考

我们很多的企业，花了很多心思在新客户的开发上，结果是很有点吃力不讨好，结果不是想象的那么满意。权威数据表明：开发一个新客户是维护老客户代价的 6～8 倍！比如，如果是做餐饮的，对顾客是否喜欢甜、是否放辣椒、是否放味精都很了解的话，估计这个餐馆将会很得人心，客人只要有机会，一定多光顾几次！同样道理，如果我们在客户的生日、重大的节日，能够带去一份祝福，甚至，给客户提供一些有帮助的信息，以及给客户提供完善周到的售后服务，我相信，客户不仅自己会主动回头，还会带来不少新客户！……

客户的资料分析和客户满意度的高低相关联，客户资料分析工作做得好的话，可以建立一个很完善的通路，把客户资源变成客户资本！……

依据上述资料，回答以下问题。

① 分析客户资料的作用有哪些？

② 从案例中知道，老客户的售后工作做得好，有什么收获？

③ 如何理解把客户资源变成客户资本？

思考题 2

1. 获得客户资料的方法有哪些？
2. 企业客户资料内容可分为几类，各包括什么方面的信息？
3. 如何建立客户资料库？
4. 客户档案管理应该坚持哪些原则？
5. 最常用的客户资料分析的标准是什么？
6. 客户资料分析的方法是怎样的？

实践建议 2

1. 尝试用 Outlook 管理自己的关系网（亲戚、同学、朋友、同事、客户等）。
2. 比较使用不同的关键字和布尔运算符得到的搜索结果。
3. 尝试真正到企业做销售代表或调查专员等。
4. 尝试真正到企业了解客服人员的工作内容。

第3章 客户体验管理

虽然以客户需求为导向的营销、客户服务、客户关系管理都在推动企业更好地理解客户、服务市场，但企业还是发现他们还是很难迎合客户。因此，需要用一种新的视角去看待客户，而客户体验管理以提高客户整体体验为出发点，注重与客户的每一次接触，有目的地、无缝隙地为客户传递目标信息，创造匹配品牌承诺的正面感觉，以实现良性互动，进而创造差异化的客户体验，在客户价值与品牌之间建立某种情感，强化了感知价值，从而增加企业收入与资产价值。

3.1 客户体验管理

客户体验管理CEM（Customers Experience Management），它使企业更关注客户使用产品（或者接受服务）后的感觉和感情，更关注客户的那些很难量化但又非常重要的反馈意见，更好地提高服务水平。

3.1.1 客户体验

如果仔细分析一下成功的公司就会发现，很多公司都通过提供客户体验来提高公司客户的忠诚度。什么是客户体验呢？首先，要向客户提供好的产品或服务。其次，要使客户能够轻松地进行交易。最重要的是，客户应该能够以个性化方式与公司服务代表、某方面的专家以及其他专业员工交流，以提高满意度。上述三个方面——好的产品、便捷的交易和有价值的交流，就构成了客户体验。

《哈佛商业评论》一篇题为《体验式经济时代来临》的文章里指出："所谓体验，就是企业以服务为舞台，以商品为道具，围绕着消费者，创造出值得消费者回忆的活动。这其中商品是有形的，服务是无形的，而所创造出的体验是令人难忘的。与过去不同的是，产品、服务对消费者来说都是外在的。但体验是内在的、存在于个人心中，是个人在形体、情绪、知识上参与的所得。"客户体验是要站在消费者的感官（sense）、情感（feel）、思考（think）、行动（act）、关联（relate）五个方面，重新定义、设计营销的思考方式。在客户体验中，企业提供的不再仅仅是商品或服务，它提供最终体验，并充满了感情的力量，给客户留下了难以忘却的愉悦记忆。它的威力就在于使客户个人以个性化的方式参与其中的事件，通过体验对品牌产生情感寄托，从而成为品牌的忠诚客户。

在当今这个时代里，市场逐渐向买方市场转移，即消费者市场，客户都希望自己的独特需求和偏好能够得到满足。客户希望各公司了解并预测他们的个人偏好，并提供与这些偏好相对应的产品和服务。对客户而言，最满意的交流是针对一个人的交流。因此，公司的高级目标是了解每位客户的姓名、购买行为、产品喜好和交流喜好，以便为每位客户建立属于自己的市场。

3.1.2 客户体验类型

客户体验类型可从不同的角度进行分类，来强调不同的体验着重点。

3.1.2.1 按照客户体验的作用目标分类

客户体验一般分为五种类型，即客户的感官体验、客户的情感体验、客户的思考体验、客户的行动体验、客户的关联体验。

(1) 客户的感官体验

感官体验的目标是创造知觉体验的感觉，包括视觉、听觉、触觉、味觉与嗅觉。

理查特（Richart）公司制作的巧克力被英国版《时尚》（Vogue）杂志称之为“世界上最漂亮的巧克力”。理查特公司定位自己首先是一家设计公司，其次才是巧克力公司。其商标是以艺术装饰字体完成的，上头特别将“A”做成斜体，用来区别“富有”（rich）与“艺术”（art）这两个字。理查特巧克力是在一个精致的珠宝商展示厅里销售，巧克力装在一个玻璃盒子中，陈列于一个广阔、明亮的销售店。产品经过打光拍摄，在其产品的宣传资料中就像是件精致的艺术品或珠宝。它的包装也非常雅致，用的是光滑、厚实的纸张。巧克力盒子是有光泽的白色，附着金色与银色的浮雕字。红色丝带封着包装盒。盒子衬里分割成格，每个巧克力艺术地摆设于间隔中。对视觉而言，巧克力本身就是个盛宴。它们不仅有漂亮的形状，而且配以不同的花样与彩饰（其中的个别特殊产品系列展示着一组迷人的儿童绘画），还可以根据客户的要求制造特别的巧克力雕章。这些巧克力是如此的贵重，因此理查特甚至还销售附有温度表的薄板巧克力储藏柜。

再比如：希尔顿连锁饭店的一个做法是在浴室内放置一只造型极可爱的小鸭子，客人大多爱不释手，并带回家作纪念。于是这个不在市面销售的赠品便成了客户特别喜爱希尔顿饭店的动力（当然希尔顿饭店的其他设施、服务等也是一流的），这样便造成了很好的口碑，这就是“体验式营销”的应用（视觉和触觉上）。另外，在超级市场中购物经常会闻到超市特意营造的烘焙面包的香味，也是一种感官体验方式（嗅觉）。

(2) 客户的情感体验

创造情感体验的范围可以是一个温和、柔情的正面心情，也可以是欢乐、自豪甚至是强烈的激动情绪。情感体验运作需要的是，真正了解什么刺激可以引起某种情绪，以及能使消费者自然地受到感染，并融入这种情景中来。制造情感体验，常用的联系纽带有友情、亲情、恋情。缘于血统关系的亲情，如父爱、母爱、孝心等可以说是任何情感都无法替代的。

俗话说，朋友多了路好走，友谊天长地久。“喝杯喜酒，交个朋友”，陈酿贵州青酒的这句广告词，让你在宴请宾朋的时候多了一份“友情”的体验。一位清纯、可爱、脸上“写满”幸福的女孩子，偎依在男朋友的肩膀，品尝着他送给她的“水晶之恋”果冻，就连旁观者也会感受到那种“美好爱情”的体验。优乐美奶茶的广告对白：原来我是奶茶啊！这样，我就可以把你捧在手心了。广告词：孝敬爸妈脑白金、脑白金！这样的例子不胜枚举。

(3) 客户的思考体验

思考体验是以创意的方式引起客户的惊奇、兴趣、对问题集中或分散的思考，为客户创造认知和解决问题的体验。对于高科技产品而言，思考活动的方案是被普遍使用的。在其他许多产业中，思考营销也已经使用于产品的设计、促销和与客户的沟通等方面。

1998 年苹果计算机公司的 iMac 计算机上市仅 6 个星期就销售了 27.8 万台，《商业周刊》把iMac评为1998年的最佳产品。iMac的创新紧随着一个引人沉思的思考营销的促销活动方案，该方案是由广告人克劳（LeeClow）构思，将“与众不同的思考”（Think Different）的标语结合上许多在不同领域的“创意天才”及“成功者”，包括爱因斯坦、甘地、阿里（拳王）、理查·布兰森（Richard Branson）、约翰·列侬和小野洋子等人的黑白照片。在各种大型的广告路牌、墙体广告和公交车的车身等地随处可见该方案的平面广告。当这个广告刺激消费者去思考苹果计算机的与众不同时，也同时促使人们思考自己的与众不同。以及通过使用苹果计算机，而使得他们成为创意天才。贾伯斯说：“与众不同的思考代表着苹果品牌的精神，因为充满热情创意的人们可以让这个世界变得更美好。苹果决定为处处可见的创意人，制造世界上最好的工具。”

（4）客户的行动体验

行动体验的目标是影响客户的有形体验、生活形态与互动。行动体验简单地说就是强调“互动”。

耐克每年销售逾1亿6000万双鞋，在美国，几乎每销售两双鞋中就有一双是耐克。该公司成功的主要原因之一是有出色的“尽管去做”（Just Do It）广告，经常地描述运动中的著名篮球运动员迈克尔·乔丹，升华身体运动的体验，是行动营销的经典。

（5）客户的关联体验

关联体验是为了改进个人渴望，要别人（例如，一个人的亲戚、朋友、同事、恋人或是配偶和家庭）对自己产生好感。让人和一个较广泛的社会系统（一种亚文化、一个群体等）产生关联，从而建立个人对某种品牌的偏好，同时让使用该品牌的人们进而形成一个群体。关联营销已经在许多不同的产业中使用，范围从化妆品、日用品到私人交通工具等。

以瑞士名表的一张小小附卡为例：表店在其中一款瑞士名表上附一小卡片，上面说明400年后回店里调整闰年，其寓意是在说明该表的寿命之长、品质之精，即便拿它当作“传家之宝”也不为过，该表店以此“关联”的寓意来传达商品的价值。

3.1.2.2 按照客户体验的内容分类

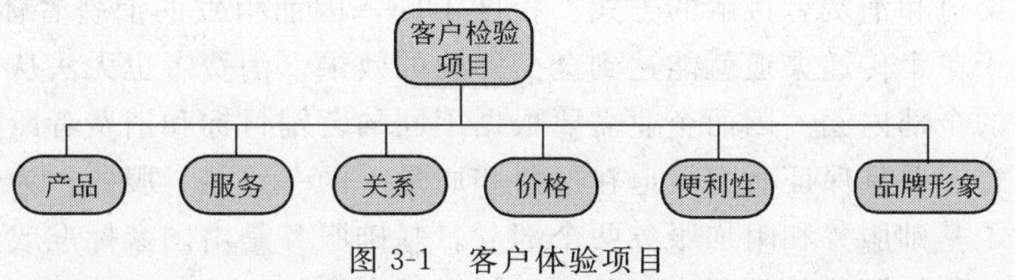

图3-1 客户体验项目

如图3-1所示，一家企业（或一个品牌）可以直接或间接让客户体验的，主要类别为产品、服务、关系、价格、便利性、品牌形象。在不同行业，对不同目标市场与客户，每种类别的重要性各不一样。但最终客户体验的好与坏都离不开这些因素。

产品：包括实物和服务。有即时享用的（如餐饮业），也有以后才使用的（如电子及耐用消费品）。

服务：包括基本服务（服务于基本产品）及额外服务于基本服务（如售后、维修和咨询服务）。

关系：包括各种加强与客户关系的手段（如VIP俱乐部，特殊优惠予长期客户等）。

价格：包括平价、高性价比、客户细分定价等。

便利性：包括在整个客户周期流程（购买/消费前、中、后）的便利性，是否容易、省时、省力（如网上/电话银行）。

品牌形象：包括针对各种市场与目标客户的品牌定位。

3.1.2.3 其他分类方法

将客户体验按其体验的对象分为面向个人消费者的客户体验和面向企业消费者的客户体验，针对不同的对象其设定的客户体验内容也不尽相同。

客户体验按照交易的过程分类可分为售前体验、售中体验和售后体验。客户体验管理注重与客户的每一次接触，通过协调整合售前、售中和售后等各个阶段，各种接触渠道，有目的地、无缝隙地为客户传递良性信息，创造匹配品牌承诺的正面感觉，以实现良性互动，进而创造差异化的客户体验，实现客户的忠诚，强化感知价值，从而增加企业收入与资产价值。通过对客户体验加以有效把握和管理，可以提高客户对公司的满意度和忠诚度、并最终提升公司价值。

3.1.3 客户体验综合应用

客户体验是本，客户满意是标。通过对客户体验加以有效地把握，可以提高客户对公司的满意度和忠诚度，并最终提升公司价值。在实际情况下企业很少进行单一客户体验的营销活动，一般都是几种体验的结合使用。或者创新出上述没有明确提到的体验活动名称。

消费者的体验强度是服务及时性和服务质量两个指标共同作用的结果。企业首先需要做好的工作是研究其消费者，了解消费者在售前、售中、售后的行为习惯和方式，从而找到提供服务的关键时刻。只有在消费者对服务的需求、欲望能够有最大程度膨胀的情境下，优质的服务才能带来最意想不到的效果。其次是能够保证在整个服务过程中要充分展示服务的能力、水平和保证服务的质量。不管是售前、售中还是售后，顾客都希望服务人员的态度和工作总能保持在一个良好的水平上，而不是变成交易成功与否的晴雨表。

体验的丰富性指的是多样化体验渠道带给消费者的不同消费体验。一般而言，人员、网站、客户服务呼叫中心（Call Center）、终端、俱乐部等形式是企业提供客户服务最常用的渠道。由于不同渠道和消费者接触的方式、程度不同，因而引发的消费者体验是不一样的。企业不能寄希望于单个传递渠道就能达到全面体验的效果，消费者也无法从单调的体验类型中理解服务品牌的全部内涵。因而企业需要根据不同的营销目标和消费者所处的认知阶段来制定最优渠道组合，并且保证所有渠道在形象和质量上的一致性。服务作为整体产品中的附加产品，它包含了基础服务和附加服务两个部分。基础服务是由国家标准或者行业规则指定必须提供的服务，附加服务是指所有在此以外的服务内容。

前不久，诺基亚（中国）启动了2008年第三轮“诺基亚大篷车体验之旅”活动，自7月29日在全国正式启动，为期长达150天。此次诺基亚大篷车延续之前传统模式，由一辆大型货车改装而成，可以说是诺基亚版的“变形金刚”。当到达预定地点后即拆分改装，瞬间成为一个可与消费者互动的展示平台。据悉，该展示平台有企业荣誉展示区、手机模型展示区、热销机型展示区、手机拍照及照片打印区、销售区等8个区域。除了沿用5吨和3吨两种类型的车以外，还新增加了1吨的迷你车型，使更偏远的小城镇居民也能有机会体验到最前沿的科技和精彩的应用。在我看来，诺基亚如此大规模高频率的客户体验活动在国内尚属首例，这是通信终端和设备厂商一次有深远意义的内地之旅，通过这一方式达到了与客户面对面的接触，获取了第一手客户反馈的信息和资料，对今后诺基亚在中国的产品研发和客户服务体系的建立与完善无疑是有积极意义的。

中外资银行竞争力上最大的差别就在于客户体验上的差别。国外商业银行早已进入客户体验时代，我们国内商业银行尚在为进入服务时代而努力奋斗，这中间就存在着巨大的“代沟”。在外资银行的营业网点，看到优雅宜人的单间、舒适高贵的沙发、浓香扑鼻的咖啡、气质端庄的柜员小姐以及唾手可得的糖果和日报，客户们品着咖啡或香茶，享受着一对一的服务；在国内银行的营业网点，尽管服务质量已有大幅提升，但这样的现象仍旧存在：客户们有的在拿号排队，有的坐在椅子上漫无目的地攀谈，还有的在柜台前焦急踱步。我们是否作过深入的反思?

3.1.4　客户体验管理

客户体验管理（CEM，Customer Experience Management）是近年兴起的一种崭新客户管理方法和技术；是战略性地管理客户对产品或公司全面体验的过程，它以提高客户整体体验为出发点，注重与客户的每一次接触，通过协调整合售前、售中和售后等各个阶段，各种客户接触点或接触渠道，有目的地、无缝隙地为客户传递目标信息，创造匹配品牌承诺的正面感觉，以实现良性互动，进而创造差异化的客户体验，实现客户的忠诚，强化感知价值，从而增加企业收入与资产价值。通过对客户体验加以有效把握和管理，可以提高客户对公司的满意度和忠诚度，并最终提升公司价值。

客户体验管理将成为保留客户的关键因素，还能够为不同公司挖掘消费者的潜力，并根据他们的价值来满足客户的需求。它能够使服务与其价值相对应，识别销售时机并能有效管理消费者的不确定因素，以便于保留最有价值的客户。

3.1.4.1　客户体验管理的目标

在各个客户接触点上（例如：销售人员、呼叫中心、代理商、广告、活动、收账人员、客户接待、产品使用手册和网站），产品、服务以及一系列感受（例如：视觉、语气、味觉、气氛、细致入微的关怀与照顾）产生“利好因素”的综合产物，使客户关系最优化、客户价值最大化。CEM不是不顾成本，把客户想要的所有东西都提供给他们，或者通过持续的高价格低成本的策略来增加利润，而是在不同种类的客户之间保持平衡。通过变革创新，使企业能够缩小客户的需求和期望与企业实际表现的差距，为客户创造无缝的、一致的、愉悦的和非凡的服务体验。

3.1.4.2　客户体验管理的作用

客户体验管理能持续整合客户体验过程的各个环节，识别并跟踪系统的顾客问题，及早发现问题，以便使企业决策者能立即采取措施加以解决，做到防微杜渐，避免因此造成问题的失控和更大的浪费。减少营销活动的疑问，使营销机构更好地理解顾客反应，通过收集和报告顾客对具体营销项目的评价，从而开发更具个性化、更有效的服务。营销机构从客户联络中心获取顾客真正的需求，以提高反应率，数据表明：增加销售营销活动的反应率平均仅为2%～3%。通过快速识别顾客不满意的地方使企业做出必要的改变，避免疏远或丢失顾客，以减少顾客流失。

3.1.4.3　客户体验管理的方法

客户体验管理方法分为七个主要步骤。一是理解品牌价值，二是了解目前的客户体验和需求，三是确定关键体验，四是就理想与实际体验进行差距分析，五是确定需求以弥补差距，六是将需求与企业策略及能力相结合，七是用于持续改善回馈机制。

结合案例的具体说明请参见本章实训15的案例思考。

实训 14 客户体验经历交流

1. 实训目的

通过本次实训，让学生体会到客户体验是企业商务活动中的一个重要环节，同时让学生从不同的客户角度分享不同的体验经历。

2. 实训内容

(1) 根据兴趣的异同进行分组，讨论企业推出的客户体验的做法，包括传统的客户体验过程、在网上的客户体验平台的经历。

(2) 分组汇报，看看各组之间有哪些可借鉴的客户体验经历。

(3) 教师点评、归纳。

3. 角色演练

教师了解一下，同学们分别有什么样的客户体验经历，把比较有代表性的客户体验经历当堂回顾并表现出来，让全班同学分享。

4. 案例思考

卓越亚马逊（www.amazon.cn）提倡一种从客户体验出发，而非单纯从成本出发的业务流程的优化，这种优化为客户提供了更方便、快捷的服务体验，也为企业赢得了新的竞争优势。首先，卓越亚马逊找到了客户真实而紧迫的需求。消费者对于网上购物最关心的是什么？卓越亚马逊（www.amazon.cn）曾做过这样的调查，结果是：第一，上网能否选购到需要的商品，即网站产品的丰富性；第二，所需商品的价格是否合适；第三，能否快速准确，或是适时地收到货物，也就是网站物流配送系统是否畅通。在产品品类趋同，价格相近的今天，对于能够“服务上门”的电子商务而言，能够提供便宜一两毛钱的产品对于消费者的吸引已逐渐减少，而能否及时获取商品对于消费者则更具吸引力。其次，卓越亚马逊从客户需求倒推的内部流程变革。在卓越亚马逊总裁王汉华看来，电子商务中“电子”部分只占工作的30%，也是消费者看得见的——界面是否清晰、分类是否明了，而剩余70%消费者看不见的那部分，包括物流、配送才是一个电子商务公司的工作重心。为什么物流占到卓越亚马逊工作重点的70%？亚马逊有一个原则：做任何决策的时候，首先从消费者的角度去考虑，然后从消费者的需求出发去倒推企业内部的流程。在现实阶段，消费者最需要的就是对于物流配送的要求，那根据这个需求倒推，找到内部流程需要进行哪些变革，管理还需要从哪些方面完善。购物没有地域限制是电子商务的一个重要特点，如何打破消费者网络购物的地域局限？继北京之后卓越亚马逊在电子商务相对比较成熟的上海（后迁至苏州）、广州，分别建立了仓库，这样的布局不仅满足了业务量较高的当地消费需求，也有利于卓越亚马逊对全国市场的覆盖。我国目前大约有572个地级市，卓越亚马逊已经完成了一、二、三级大部分城市的覆盖，同时在346个城市实现了货到付款的服务。三地仓库的建立可以大大缩短配送时间和配送成本。在增加仓库数量的同时，卓越亚马逊不断对仓库进行扩容。2006年11月和2007年5月分别对广州仓库和苏州仓库进行扩容，扩容后广州仓库总面积达11000平米，苏州仓库总面积22000平米。扩容后，卓越亚马逊提供的货品品种增加了数十倍，从最初的上万种产品到现在的以百万计的产品品种，首先在品种上大大丰富了消费者的选择。扩容仓库，加大库存给企业带来的最直接影响是加大了库存成本的压力，但是，从消费者体验来看，可以为顾客提供更丰富的选择与更快捷的服务。卓越亚马逊认为，企业承担一定的成本压力与管理风险而去尽量满足消费者需求，在目前这个阶段，付出是值得的。

依据上述案例资料，回答以下问题。

① 卓越亚马逊是否找准了客户对网上购物的真实而紧迫的需求？

② 卓越亚马逊提倡的从客户体验出发的业务流程的优化是否成功？

③ 客户体验与客户满意度、公司营运及利润有多大关系？

实训15 客户体验管理案例分析

1. 实训目的

通过本次实训，让学生体会到客户体验管理的重要性，通过对客户体验加以有效的把握和管理，可以提高客户对公司的满意度和忠诚度，并最终提升公司价值。

2. 实训内容

(1) 根据客户体验管理目标中的描述得知：如何构建有效的客户接触点是至关重要的。那么，请同学们讨论：在客户体验管理中，如何来构建有效的客户接触点呢？

(2) 学生业余时间通过查找各种资料，准备讨论内容。

(3) 学生自由上讲台发表意见，教师点评、归纳。

3. 角色演练

教师挑选出一种产品（或举出一个典型实例），让学生围绕着消费者这个中心（即以客户为中心）来进行客户接触点或接触渠道的选择，从而把握好客户体验的每一个环节，进一步理解客户体验管理的意义。

4. 案例思考

以一个零售企业的例子来阐述客户体验管理方法的具体应用。

美苏里电器（化名）是一家销售数码产品与影音器材的香港零售连锁企业。内地朋友每到香港，若想购买数码相机、录像机等电子产品，十之八九定到旺角西洋菜街采购。香港的街道普遍不长，西洋菜街也比较短，但在短短的一条街上，美苏里电器共开有四间店。他们的老板是否傻了？当然不是，在此套用客户体验管理方法来解释他们的决策行为。

(1) 理解品牌价值：品牌价值就是客户为什么会光顾。经过调查与分析，美苏里电器认为自己的明码实价与可靠的品牌形象是消费者光顾的最主要原因。

(2) 了解目前的客户体验和期望：

① 根据调查，客户的实际体验在价格和品牌形象都不错、服务与产品也满意，便利性稍差，零售企业没有太多关系成分放在内。

② 满意度＝体验－期望。通过对客户的调查，前线员工反馈及管理层的判断，客户对于产品、价格、便利性和品牌形象都有颇高期望。

③ 从上得知，客户比较不满意的是便利性和产品，觉得店铺的数目不足，产品的类别还不够多。

④ 不是所有体验对客户都是同样重要。在同一条街上客人觉得产品都是一样、价格也差不多，方便成为客户最重要的考虑。

(3) 确定关键体验：由上得知，发现便利性不足是客人的关键体验，也是美苏里电器做得最差的。

(4) 就理想与实际体验进行差距分析：理想体验与实际体验的差异主要在于便利性。其余仅仅令客户满意，为什么？因为所有企业都是有资源限制，不能（也不该）无限制地满足客户期望。将资源投放在客户最看重的关键体验上，大大超越其期望，令其非常满意、非常忠诚。

(5) 制定需求以弥补差距：基于体验差距主要在便利性，在同一条街开更多店铺是满足需求、弥补差距的重点。

(6) 将需求与企业策略及能力相结合：美苏里电器的渠道策略就定为在西洋菜街开更多分店，并在其他生意一般的区域关掉分店。因同一条街分店距离极近，存货共享，形成方便顾客与节省成本的两大优势；在人、流程和技术的能力上也进行了配合调整。

(7) 用于持续改善回馈机制：用业绩证实，用数据说话。从一家店到两家店，业绩上是否翻一番？美苏里电器开两家店时的生意是两倍、三家店是三倍、四家店是四倍以上。所以就分阶段地用业绩引证在同一条街开了四家店。但整个客户体验管理方法上并未完结，于第七步又回到第一步，如今再从“便利性”是其最重要的品牌价值开始，每隔一段时间，再重复上述同样的七个步骤，以调整策略与执行手段，跟上市场与客户的变化。

依据上述案例资料，回答以下问题。

① 客户体验管理方法的七个步骤是否要根据具体问题来进行具体的分析？

② 看了案例内容后，举例说明客户体验管理的动态性？

③ 你认为客户体验管理的关键步骤在哪里？为什么？

3.2 设计客户体验

让客户在接触到公司和产品的时刻起，到他确定或完成交易的全过程中，公司能充分了解客户感受并提高客户满意度，全面提升客户体验。这就要求全面了解客户和公司、产品的接触点；需要记录和管理客户在某个接触点的感受；然后全面了解对公司、产品来说要传达什么主题，通过什么平台来实现客户体验，建立哪些与客户的接触方式等。企业要善于寻找和开发适合自己产品的客户体验，并且不断推陈出新。有些企业甚至聘请体验专员，以不同消费者的角度来进行客户体验，以求不断提升客户体验。关注客户体验是个时髦的语汇，几年前的IT巨头自HP到国内的联想、TCL都提出了全面提升客户体验的口号，进而为客户搭建了客户体验平台。

3.2.1 建立客户体验平台

抓住客户的体验需求，开展体验营销已经成为中国营销创新的重要课题。在新闻及娱乐业、服务业、旅游业、培训业、网络和高科技业，及其他专业服务、金融服务、零售业等领域，客户体验模式层出不穷。客户体验平台的建立其实很简单，用句俗话讲就是“不怕做不到，就怕想不到。”

3.2.1.1 建立客户体验平台的多种方法

(1) 体验平台形式不拘一格

企业针对自己的产品或服务，可以设计出多种多样的客户体验感受，没有一成不变的固定形式。如：房地产商推出的样板房——真实的看房体验；球迷们不惜代价赶到的世界杯大型体育赛事现场——兴奋的刺激体验；中国移动的“动感地带”在中国的年青一代中赢取绝对市场——“酷”和“Q”的体验；电子游戏使部分人们如痴如狂——虚拟成功的体验……

(2) 在产品中附加体验

对于客户的体验设计，来自于产品的体验所吸引的消费者感觉越有效，它将越值得纪念。使产品增加体验的价值，也许最直接的办法就是增加某些要素，这样能增加顾客同他们相互交流的感受。企业可以通过突出任何一种产品的感官特征，使顾客被感知。这里的关键是要弄清楚哪种感觉最能打动客户，从而根据这种感觉重新设计产品，使其更富有吸引力。

美国的一家体育用品公司制造棒球，它设计了一种能够使击球更加生动有趣的产品，就是在被称为“雷达球”的棒球内部装上一个集成电路块，能够以数字显示每掷一下球所运行的速度，其零售价超过了 30 美元。而普通的棒球每只售价通常不超过 5 美元，消费者买雷达球的花费要比普通球贵得多，但依然销售火暴。这是因为，雷达球的出现，更增加了游戏的联谊性，使人们在打球时获得了某种新的体验，从而增加需求。

相反的，如果产品外观或细节上的一个小小缺憾，便会影响消费者在购买和使用过程中的质量感知，从而对产品销售极为不利。例如，一把表面粗糙的扳手可能令使用者颇为不快，这其实是使用者的审美体验没能得到满足。如果制造商能体察到这一点，把扳手制造得不仅坚实耐用，而且光滑美观得像一件工艺品一样，如果不用它时可以陈列在书架上，那么，这种扳手在顾客心目中的价值必然会得到提升。

(3) 用服务传递体验

服务是企业用以传递体验的天然平台。在服务过程中，企业除了完成基本的要求外，完全可以有意识地向顾客传递他们所看重的体验。

制造商可以充分利用售后服务向消费者传递体验。海尔就是这方面的一个典型例子。譬如，海尔的维修人员在服务结束离开时，会用自带的抹布将门口的地面很仔细地擦一遍，哪怕根本没有弄脏。这个看似无足轻重的服务细节，却能给消费者带来美好而难忘的体验。西方国家的很多企业上门服务都能做到这点。

(4) 通过广告传播体验

体验广告经过精心设计、周密计划，包括广告张贴的位置、广告词的创意等都把握住了消费者的体验——刺激感觉、传播感觉、思维影响，在牢牢地抓住消费者的眼球的同时，又为人们提供更多值得回味的情境和氛围。体验广告就像一个知心的老朋友，说出你想说的心里话。广告放到哪里，就说哪里的话，这种体验具有互动性，容易让人产生共鸣，进而产生购买产品的冲动。设计体验广告时应注意几点：要挖掘新鲜体验元素作为主题，使广告感知化，使体验品牌化；要筹划展示体验的活动，让顾客置身于广告之中。

麦当劳的体验广告无处不在：走进广州地铁，你就会发现已进入了一个麦当劳的世界，首先“窜进”眼睛的是地铁进口处的一则广告，广告语很特别：“想吃只需多走几步”。似乎人们是为了吃麦当劳才往车内走，可是，车门一开，谁又不是往里走呢？接着就是在地铁列车的车门边，一左一右，两幅大型的以汉堡包为画面的广告，广告语说：“张口闭口都是麦当劳”。随着车门的一开一合，整个广告就好像一张嘴巴在一张一合吃麦当劳。进入地铁，车内正对着门的位置，一包薯条占据广告画面的一侧，说：“站台人多不要紧，薯条越多越开心！”麦当劳连人们在车上挤来挤去的滋味都知道！车窗上也有广告“越看它越像麦辣鸡翅？一定是你饿了！”广告画面上，一块金黄色的麦辣鸡翅很是诱人。在座位的上方，原先各站点的指示牌，也被取代成麦当劳的产品图集，广告语是：“站站都想吃”。每一个“站台”都逐个标出麦当劳的产品，并用连线串起：巨无霸、薯条、麦辣鸡翅、麦乐鸡、麦香猪柳、板烧鸡腿、奶昔、圆筒冰淇淋、新地、麦辣鸡腿汉堡、汉堡包、开心乐园餐……

(5) 设计客户主题体验

所谓主题体验设计，就是根据客户的兴趣、态度、嗜好、情绪、知识，通过市场营销工作，把商品作为“道具”，服务作为“舞台”，环境作为“布景”，使客户在商业活动过程中感觉美好的体验，甚至当过程结束时，体验价值仍长期逗留在脑海中，即创造一项客户拥有美好的回忆、值得纪念的产品及其商业娱乐活动过程的设计。

客户主题体验设计的一般步骤为：确定主题、以正面线索塑造印象、减除负面线索、充分利用纪念品、整合多种感官刺激。

确定主题：看到好莱坞、硬石餐厅、雨林咖啡厅这些主题餐厅的名字，就会联想到进入餐厅的感受，因为它们都点出了明确的主题。制定明确的主题可以说是经营体验的第一步。请看拉斯维加斯的一个购物中心如何成功展示主题：它以古罗马集市为主题，购物中心铺着大理石地板，有白色罗马柱、仿露天咖啡座、绿树、喷泉，天花板是个大银幕，其中蓝天白云的画面栩栩如生，偶尔还有打雷闪电，模拟暴风雨的情形。在集市大门和各入口处，每隔一小时有古罗马士兵行军通过，甚至还有凯撒大帝，使人感觉仿佛重新回到古罗马的街市。

以正面线索塑造印象：主题是体验的基础，但要想塑造令人难忘的印象，还需要制造强调体验的线索。而且每个线索都必须支持主题，与主题相一致。当餐厅的接待人员说“我为您带位”，就不是特别的线索。但是，雨林咖啡厅的接待人员带位时说“您的冒险即将开始”，就构成为开启特殊体验的线索。而芝加哥欧海尔国际机场的停车场则是设计的成功例子，欧海尔机场的每一层停车，都有以一个芝加哥职业球队为装饰的主题，而且每一层都有独特的标志音乐，让消费者绝对不会忘记自己的车停在哪一层。

减除负面线索：要塑造完整的体验，不仅需要设计一层层的正面线索，还必须减除削弱、违反、转移主题的负面线索。快餐店垃圾箱的盖子上的“谢谢您”三个字，它提醒消费者自行清理餐盘，但这也同样透露着“我们不提供服务”的负面信息。一些专家建议将垃圾箱变成会发声的吃垃圾机，当消费者打开盖子清理餐盘时，就会发出感谢的话，这样就消除了负面线索，将顾客的自助行为变成了正面线索。

充分利用纪念品：纪念品的价格虽然比不具纪念价值的相同产品高出很多，但因为具有回忆体验的价值，所以消费者还是愿意购买。度假的明信片使人想起美丽的景色，绣着标志的运动帽让人回忆起某一场球赛，印着时间和地点的热门演唱会运动衫，让人回味演唱会的盛况，现在各个旅游景点都有特色纪念品出售。

整合多种感官刺激：体验中的感官刺激应该支持、增强主题，而且体验所涉及的感官越多，就越容易成功、越令人难忘。聪明的擦鞋匠会用布拍打皮鞋，发出清脆的声音，散发出鞋油的气味。虽然声音和气味不会使鞋子更亮，但会使擦鞋的体验更吸引人。

(6) 建立网络客户体验平台

网络客户的体验平台的应用范围包括：创作富有表现力的内容；在网络中，更好的用户体验设计需求迅速增加，人们不再仅仅满足于文字配图片的展示，越来越多的网络视频和动画应运而生。网络购物的体验设计；成熟的网络购物系统在查找商品、比较商品、结账等环节上在用户体验方面都有不足，这也使人们有机会在各个环节上创造更好的网络购物交互体验。信息或数据的视觉化分析的设计；在日常工作学习中，大量的信息使人们难以筛选，此时信息视觉化、信息体验化，通过特别的信息导航，使用户能够从中得到更深层次的理解，更快地作出决定。企业内部培训和交流的应用；好的用户体验设计不仅仅在 Internet 上重要，在企业内网上也很重要，可以大大提高工作效率并降低成本。

目前，有许许多多的企业都建立了网络客户体验平台，如图 3-2 所示的谷歌产品体验中心，举不胜举。

图 3-2　谷歌产品体验中心

3.2.1.2　建立客户体验平台的推荐模式

（1）感情模式

台湾有一则水饺广告："故都北京，最为人所称道的、怀念的，除了天坛、圆明园外，就该是那操一口标准京片子的人情味和那热气腾腾、皮薄馅多味鲜、象征团圆的水饺儿。今天，在宝岛台湾，怀念北京老风味，只有北方水饺最能令人回味十足，十足回味！"这则广告通过生动形象地勾勒出北方水饺"皮薄馅多味鲜"的美的特征，还将水饺和人情味水乳交融般联结在一起，更使人感到，品尝了水饺就如同"品尝"了那令人陶醉的人情味一样，寓意着"美的水饺和美的人情一样，都是最美的美味。"这就使消费者的求美心理和浓郁的人情味都得到了一种满足和体验，就自然而然引发消费的欲望了。

（2）节日模式

每个民族都有自己的传统，传统的观念对人们的消费行为起着无形的影响。可以利用节日的意义设计相应的体验活动。

北京一家电脑专卖店，在母亲节当天举行一项电脑贺卡表心意活动，免费提供电脑、打印机与可将各种图案、文字组合的软件，参加者自行发挥创意，绘出各式各样的母亲卡，以表达对母亲的敬爱之意。

（3）文化模式

可口可乐公司推出的新春广告片，可谓"中国味儿"十足，泥娃娃、春联、四合院、红灯笼、鞭炮……一切充满传统节日色彩的元素以木偶动画片的形式表现出来，极具观赏性。

片中的大塑料装可口可乐自然融入其中，恰到好处。对联、红包、泥娃娃抱大鱼都是春节的吉祥物，因此，泥娃娃阿福成为新春广告片的主角，而泥娃娃手中的大鱼被可口可乐所取代。由此可见，可口可乐对于中国市场的重视已经从内到外全方位展现，它充分运用本土文化，使它的产品形象深深地扎根于中国的消费者心中，于是可口可乐在中国的传统节日——春节里成为深受人们欢迎的饮料产品。以此有利地促进了其产品在中国的销售。

（4）美好模式

消费行为中求美的动机主要表现在商品本身存在客观的美的价值，如商品外包装漂亮精美，商品造型与质感具有美感，礼品式的包装等。

（5）个性模式

为了满足个性化需求，富有创意的营销人员开辟出一条双向沟通的销售渠道，在掌握消费者忠诚度之余，满足了消费大众参与的成就感，也同时促进了产品的销售。

“心情故事”就是最成功的例子之一。统一公司将产品的消费群定位在13～18岁青少年，并进一步采用直接而个性化的产品——心情饮料。“心情故事”灵活地预留一块征文园地，鼓励消费者勾勒自己的心情故事，一反常态地使消费者成为包装上以及广告影片中真正的主角。“心情故事”使年轻消费者群在积极地“说”故事和“看”故事的参与中，迅速地流动起来了。

（6）多元化经营模式

许多新建的大型零售企业，吃的、用的、穿的、行的商品齐全，设餐馆、卡拉OK、歌舞厅、冷热饮厅、录像厅、电影馆、儿童乐园等，使消费者在购物过程中也可娱乐休息，甚至可以当成一家人各取所需的活动地点。这种多元化经营战略符合“开放经营”政策，显然有利于延长消费者在商店内滞留时间，创造更多销售机会，同时也使消费者自然而然地进行心理调节，感到去商店是一桩美事。

3.2.2 设计客户体验的要求

客户体验设计是一种围绕着客户、员工、会员、参与者、赞助商、合作伙伴、供应商等如何与公司、产品进行互动的一些方案。它要考虑到所有的互动接触点，并将其设计得尽可能有效。建议企业设立客户体验师，研究和分析客户的业务需求、产品需求、服务需求，掌握和了解客户的业务心态、购买心态、接受服务心态，有针对性地为企业设计出符合特定客户群体需要的客户服务体验流程，而使企业可以在激烈的市场竞争中处于有利的境地，使企业可以得到顺利的成长和发展。客户体验设计的要求如下。

（1）要了解和知道客户的心理

要想设计出具有真正效果的客户体验流程，首先要了解和知道客户的心理。围绕企业自身优势及产品特点，站在客户的角度对企业所提供的服务加以评判，去掉那些臃容的、冗余的、不讲效率的过程，增加能够使客户得到心理满足的元素或流程。企业的客户体验流程不是凭空产生出来的，而是在充分研究客户需求心理和物质需求特点基础上总结、摸索和创造出来的。

（2）要与客户接受接轨

客户体验设计是企业站在客户的角度为客户对企业提供的处理两者关系行为的过程设计一套享受的流程。客户在接受企业提供的服务过程中感觉到的舒适程度，就是客户对企业服务认同程度。

(3) 对体验暗示进行合理组织

要让客户对自己情有独钟，就必须老道地创造出独特的体验暗示，并对之进行协调组织。这些暗示大体分三块内容：产品性能、服务水准以及产品和服务所处的环境。在对企业进行体验的过程中，客户会有意无意地衡量他们所遇到的每个暗示。他们会把有些暗示视为正面的，把有些看做是负面的，其余的则归于中性的暗示。客户无时无刻不在关注这一切，对此企业应该三者并重。

(4) 要与客户的习惯性体验相协调一致

顾客在产品或服务的了解、选择、购买和使用等每个阶段都具有不同的期望，应将体验暗示与之保持一致。很多企业在创造客户体验的时候，没有考虑到怎样和客户的习惯性体验（对产品和服务的了解、选择、购买和使用过程）保持一致。如果企业在客户体验过程中的每一阶段，都能协调组织彼此关联的客户体验暗示，并和意向中的具体客户印象对上号，就能拓宽客户体验的边际。在此过程中，还可以充分发挥利用客户体验培养客户偏好的能力。能够增强既定客户印象的暗示数量越多，越别具一格，感官吸引的方式越多，就越能将客户体验推向深入。开展客户体验管理，要全面考虑到各种感官意识。如果能够在较短的时间内使用相近的产品或服务，就很容易识别客户体验的不同深度。

3.2.3 客户体验方案的设计*

客户体验方案的设计要注意以下几点：

① 关注客户的体验：体验的产生是一个人在遭遇、经历或是生活过的一些处境的结果。企业应注重与客户之间的沟通，发掘他们内心的渴望，站在客户体验的角度，去审视自己的产品或服务。

② 以体验为导向设计，制作和销售你的产品：增加产品的“体验”含量，能为企业带来可观的经济效益。

当咖啡被当成“货物”（commodities）贩卖时，500克可卖300元；当咖啡被包装为“商品”(goods) 时，一杯就可以卖一二十元；当其加入了“服务”(services)，在咖啡店中出售，一杯最少要几十元至一百元；但如能让咖啡成为一种香醇与美好的“体验”(experiences)，一杯就可以卖到上百元甚至是好几百元。

③ 检验消费情景：营销人员不再孤立地去思考一个产品（质量、包装、功能等），要通过各种手段和途径（娱乐、店面、人员等）来创造一种综合的效应以增加消费体验。不仅如此，还要紧跟社会文化消费导向，思考消费所表达的内在的价值观念、消费文化和生活的意义。检验消费情境使得在对营销的思考方式上，通过综合地考虑各个方面来扩展其外延，并在较广泛的社会文化背景中提升其内涵。客户购买前、中、后的体验已成为增加客户满意度和品牌忠诚度的关键决定因素。

④ 客户既是理性的又是情感的：一般说来，客户在消费时经常会进行理性的选择，但也会有对狂想、感情、欢乐的追求。企业不仅要从客户理性的角度去开展营销活动，也要考虑消费者情感的需要。

⑤ 体验要有一个“主题”(theme)：体验要先设定一个主题，也可以说：体验式营销从一个主题出发并且所有服务都围绕这一主题，或者其至少应设有主题道具（例如一些主题博物馆、主题公园、游乐区，或以主题设计为导向的一场活动等），并且这些“体验”和“主题”并非随意出现，而是体验式营销人员所精心设计出来的。

⑥ 方法和工具有多种来源：体验是五花八门的，体验式营销的方法和工具也是种类繁多，企业要善于寻找和开发适合自己的营销方法和工具，并且不断推陈出新。

3.2.4 设计品牌客户体验*

品牌体验会让人们记忆深刻，除了遵循上述的六个设计要点，在设计品牌客户体验时，还要注意做到以下几点。

（1）学会与客户用“心”对话

了解、寻找、定位情感需求，并给予满足，强化客户对品牌的体验，可以从以下4个层次入手。物质层次：追求产品质量与功能、质感，在质量和功能的满足中感受体验的满足。形象层次：追求产品的外观与设计，从外形上寻找体验的满足。服务层次：脱离产品具体的形与质的束缚，追求消费内在功能，通过服务完成消费过程，在享受服务中实现体验的满足。象征层次：追求消费的形与质以及具体的功能束缚，直接实现消费的本质，或者说是一种心理体验。通过下面的例子来说明，企业是如何通过增强消费者的体验来加强用户对品牌的认知和好感的。

宜家家居品味“家的感觉”：瑞典的宜家家居是一家有50多年历史的家居用品连锁集团，在全世界30多个国家的各大城市（如纽约、巴黎、悉尼、上海）拥有大约160余家商场，它以多达11000种的商品、出色的服务和营销成为世界上最大的家居用品公司。宜家已经不是一家家具制造商和经销商，而是“家的感觉”的出品人。为了让消费者切实体验到这种感觉，宜家对商场环境进行了精心的设计，舒缓的音乐、蜿蜒的过道以及不同风格的家具组合，而且削好的木质铅笔和便笺摆放在货品旁边，方便客户随时记录看中的商品。在终端销售上，宜家不允许店员直接向客户推销，而是鼓励客户亲自体验后作决定。宜家认为，宜家倡导的是消费者的“娱乐购物”，“宜家是一个充满娱乐氛围的商店，我们不希望来这里的人们失望”。实际上，很多来宜家的人都不是纯粹为购物的，他们已经习惯性地把它当作一个休闲的地方，客户在这个环境中会不知不觉被“宜家文化”所感染。这与一般家具商店的“仓库”式环境和毫无情感的体验形成了鲜明的对比。

（2）以客户需求为主线强化品牌体验

品牌体验的策划重点是体验和互动。体验通常不是自发的而是诱发的。体验策划都要先为品牌设计一个能引导消费者产生美好体验的情感诱因（即体验主题），品牌体验营销的所有工作，特别是产品的设计、品牌的传播与市场营销都要围绕这一主题进行。体验经济是人性化经济。品牌体验营销，其主题定位应是人性化的、个性化的，突出差异化，提供独特的体验诱因，使消费都获得美好体验为最高目标。品牌体验式营销运用到位、持续长久、立体化的展开，其品牌下的产品销售不仅得到质的提升和飞跃，而且其品牌美誉度和忠诚度也会大幅度提高，品牌将会更具活力。

对白酒这一情感化的消费品来说，感性远远大于理性，更适宜于品牌体验。酒是人性化和高度情感化的消费品，其整个消费过程都是溢满情感的。更多的时候，酒又是群体消费品，极容易产生各种丰富的体验。酒在消费过程中，担当的主要角色是情感表达、沟通交流，乃至情感宣泄，而多数时候大家饮酒追求的是一种尊重、快乐和谐的氛围。

白酒的目标消费者所追求的和所期望的具体感觉有哪些呢？第一位是尊重，够面子，上档次。第二位是既能传承友谊，又具有品位、时尚、身份地位和成就感。第三位是快乐、放松、休闲、和谐、消愁遣兴、自由自在。第四位是自然、健康，能体现人性的复归，人文的关怀。综合表现为崇尚自我实现，渴望尊重；崇尚个性张扬，追求放松与快乐；崇尚健康，注重自然；崇尚友谊，交流情感。

（3）建立深度品牌体验

产生深度体验要求策划人员要运用以下要素：让客户愿意在你这里花时间。卖东西和提供体验的基本不同是你的客户是否想在你的服务上花时间。面临的挑战是不仅仅提供便利，提供便利是必不可少的，而挑战在于要将那些便利变成更有价值的时间。确定品牌真实性。设计让消费者创造他们自己的深度体验。切实关注客户的感受。

实训 16　根据市场调研，提出某一产品的体验设计*

1. 实训目的

通过本次实训，让学生尝试产品的体验设计，进一步知晓体验设计的多种方法，应该注意的设计要求。

2. 实训内容

（1）老师布置几种产品（如：茶叶等），学生分八组进行市场调研，提出产品的体验设计方案。或者学生自己找到熟悉的产品，进行体验设计。

（2）班级汇报，看看哪一组的比较合适，有创意。

（3）教师点评、归纳。

3. 角色演练

教师让学生分组演练某一网络公司的一些项目职员，开会讨论网站的用户体验设计要注意的事项的场景。或者学生自行组合，演练公司开会讨论某一产品的用户体验设计的场景，形成会议记录，归纳讨论结果。

4. 案例思考

百度用户体验部总监郭宇说过：“用户体验是第三种创新，这种创新可以给企业带来巨大的发展。”苹果五年前推出 IPOD 时，市场上已经有很多 MP3 播放器产品。IPOD 本身没有什么特殊的功能，也就是播放，倒歌，但是苹果在用户体验方面做了很好的创新，东西非常好用，很简单。IPOD 要加功能，可以加得很多；比如说要删除一个歌，比如可以买歌买电影。但当时苹果要节约成本，用户也不需要。IPOD 满足了用户简易、简单的体验。视觉上，IPOD 白色的透明材料，在那个年代已经把用户体验做到了极致，也因此吸引了大批顾客。……

依据上述案例资料，回答以下问题。

① 你是怎样看待“用户体验是第三种创新，这种创新可以给企业带来巨大的发展。”这种说法的？最好举例说明。

② 你认同案例中对 IPOD 的体验设计评价吗？

实训 17　结合某企业的具体情况，设计一个客户体验方案*

1. 实训目的

通过本次实训，知晓客户体验设计方案也要结合企业的具体情况，不能生搬硬套他人的做法，否则会得不偿失。

2. 实训内容

（1）学生用 10 分钟时间看完下面的案例资料。

呼叫中心坐席的培训课程种类繁多，公司要针对自身需要来挑选最能提供内在价值的课程。在这些培训课程中，时下最为热门的就是仿真网络学习系统（Simulation-Based E-Learning）——一种让坐席能够与仿真“客户”互动的软件。这种解决方案的优势之一是能够让坐席人员在上岗前接受完整并充分的培训；在坐席与仿真客户互动的过程中，“问题”可能会随时出现，而坐席人员则需要竭尽全力去解决问题。通过模拟真实客户的情景，坐席人员可以自由发挥，并在不影响客户的情况下试验一些新的技能，一套设计精良的仿真网络学习系统能够让你十分接近真实的客户体验。此外，坐席还可以在仿真环境下接受实时指导，从而提高他们的绩效。有时候仿真环境要比真实的呼叫中心环境更加深入和具体。

网络学习解决方案是指运用多媒体工具来进行在线培训和教育。随着公司发现网络学习能够为坐席绩效带来明显的改善，越来越多的呼叫中心都采取了这种方案。这些解决方案通常都与呼叫中心的其他应用捆绑在一起，用来对新聘坐席提供初级培训，并在他们上岗之后进行实时指导。鉴于该方案能够在坐席人员结束呼叫时提供简短的、基于多媒体的培训选节，网络学习如今在呼叫中心软件生态链中所扮演的角色正变得越来越重要……

(2) 班级围绕以下几个问题讨论。

① 你认为坐席培训的最佳方式是网络学习吗？

② 尽管软件系统可以给呼叫中心的员工培训带来很多的技术优势，但它能够取代主管人员、培训师或经理的指导教学吗？

③ 呼叫中心是企业的一个部门，如果要给客户更好的服务体验，必须让坐席能够优质地进行客户服务，那么，有没有必要在坐席之间进行人为的模拟训练，相互扮演客户，体会客户要求服务时的心情，设计可能的场景来进行练习，以求掌握为客户服务的技能？

④ 网络学习软件系统的功能是否对每个呼叫中心都一样？为什么？

⑤ 各个企业的呼叫中心是否应该根据坐席碰到过的一时难以解决的真实客户服务场景的圆满解决的过程资料进行汇总，定期更新网络学习软件系统“模拟真实客户情景”的数据库？为什么？

(3) 教师点评、归纳。

3. 角色演练

教师让学生分组模拟某一电信企业呼叫中心的坐席与客户，针对客户遭遇到的“固定电话被盗打，月结费用超出 150 元”这个投诉问题，进行现场客户咨询服务，评出能够给客户最佳服务体验的坐席。

4. 案例思考

如图 3-3 所示是戴尔的客户体验中心。

通过浏览网页，回答如下问题。

① 该网站为客户提供了那些体验，你体验到了什么？

② 该网站的体验项目有没有结合企业的情况？为什么？

③ 你能否对该体验中心提出建设性的意见？是什么？

实训 18 讨论、分享品牌客户体验

1. 实训目的

通过本次实训，让学生找出一些品牌客户体验，和自己设计的客户体验设计方案比较，找出差距。

图 3-3　戴尔客户体验中心

2. 实训内容

（1）根据兴趣的异同进行分组，分别体验某知名企业网站，体会大品牌的客户体验。或学生在生活中着重观察类似宜家等品牌体验的设计主题和内涵。

（2）各组汇报，看看有哪些品牌体验值得借鉴。

（3）教师点评、归纳。

3. 角色扮演

教师让学生分组扮演同学们找到的品牌体验设计的体验场景，进一步让学生感受到品牌体验设计的魅力。

4. 案例思考

星巴克咖啡（Starbucks Coffee）——体验文化品位

年轻的星巴克成立至今只有 10 多年，但这家公司现在已成为全球最大的咖啡零售商、咖啡加工厂以及著名的咖啡品牌。咖啡独特的口味和营造的氛围似乎就是为消费者的体验而生的，因而也成就了消费者心中的众多咖啡店的品牌。

星巴克人认为：他们的产品不单是咖啡，咖啡只是一种载体。而正是通过咖啡这种载体，星巴克把一种独特的格调传送给顾客。咖啡的消费很大程度上是一种感性的文化层次上的消费，文化的沟通需要的就是咖啡店所营造的环境文化能够感染顾客，并形成良好的客户互动体验。

星巴克不利用巨额的广告宣传和促销，而是将创立知名品牌的投资主要放在培训和管理员工以及创造体验以建立持久的客户关系上。在星巴克咖啡店里，员工是传递体验价值的主要载体，咖啡的价值通过员工的服务才能提升，因而员工对体验的创造和环境同样重要。事实上，星巴克的员工就如同咖啡迷，他们可以详细地解说每一种咖啡产品的特性，而且善于与客户进行沟通，预感他们的需求。员工在星巴克被称为“伙伴”，因为所有人都拥有股份，他们的地位得到了足够的尊重，也为星巴克品牌创造了极大的竞争力……

依据上述案例资料，回答以下问题。

① 你在星巴克喝过咖啡吗？是否感受到它的文化品位？

② 星巴克的咖啡并不便宜，为什么星巴克的发展如此迅速？

思考题 3

1. 什么是客户体验？有哪些类型？
2. 什么是客户体验管理？要达到什么目标？
3. 客户体验管理的方法是怎样的？
4. 设计客户体验的要求有哪些？
5. 如何设计品牌客户体验？

实践建议 3

1. 利用业余时间去参加生活中碰到的各种客户体验活动，记录下来，做一下分析，看是否能够找到超过课本介绍范围的创新体验设计方案。

2. 用心观察和思考，发现某些品牌体验设计突出的主题以及内涵。

第 4 章　客户满意管理

客户满意管理把客户满意作为目标，抓住了管理科学“以人为本”的本质，从产品满意到服务满意，分析讨论了客户满意的影响因素、指标体系、测试方法等内容。

4.1　客户满意

客户满意（Customer Satisfaction）理论被誉为 20 世纪 90 年代管理科学的最新发展之一，它抓住了管理科学以人为本的本质，形成一种全新的大质量观。即质量是消费者满意的质量，质量指标以顾客满意为评价基础。对顾客满意的重视体现在各国评审质量奖的标准中。如欧洲质量奖的 9 大指标中，仅“顾客满意”一项的分值就定为 2.0 分，占整个质量奖总分的 20%。许多著名的学者和企业家都视顾客为企业的重要资源，他们非常重视顾客对企业及其产品的满意程度。

简·卡尔森（斯堪的纳维亚航空公司）：在资产方面，我们应该填的内容是：去年我们的班机共有多少愉悦的乘客，因为这才是我们的资产——对我们的服务感到高兴，并会再来买票的乘客。佛莱德·史密斯（联邦快递的创始者）：想称霸市场，首先要让客户的心跟着你走，然后让客户的腰包跟着你走。施乐前董事兼创办人约瑟夫·威尔森：我们究竟有没有饭吃，最后还是由客户来决定。

从以上名言可知这些学者及企业领导人对顾客满意的重视，也从一个侧面反映了顾客满意对企业的重要意义。

美国营销学会手册中，对客户满意的定义是：满意＝期望－结果。换句话说，“客户满意”是顾客对产品的感知与认知相比较之后产生的一种失望或愉悦的感觉状态。菲利普·科特勒认为，满意是指一个人通过对一种产品的可感知的效果（或结果）与他或她的期望值相比较后，所形成的愉悦或失望的感觉状态，是一种心理活动。Barky 等认为顾客满意是指顾客使用前的预期与使用后所感知的效果相比较的结果。如果可感知的效果低于期望，顾客就会不满意；可感知的效果与期望值相匹配，顾客就会满意；若感知的效果超过期望值，顾客就会非常满意甚至惊喜。

从客户满意的定义中，可以归纳出客户满意的四个特性：一是心理感受，即客户满意是客户在消费企业提供的提供物（价值组合与方案）之后所感到的满足状态，是个体的一种心理体验。二是相对性，即客户满意是相对的，没有绝对的满意。因此，企业应该不断创新，向绝对满意趋近。三是个体性，即客户满意有鲜明的个体差异。张三十分满意的产品或服务，李四可能十分不满意，因此不能追求统一的满意模式，而应因人而异，提供有差异的满意服务。四是道德性，即客户满意是建立在道德、法律和社会责任的基础上的，有悖于道德、法律和社会责任的满意行为不是客户满意的本意。

客户满意，是企业经营的最佳策略。在这方面有许多成功的例子，如海尔就是一个颇具说服力的典型例子。它依靠不断完善的“星级服务”，不断向用户提供意料之外的满足，这种“客户满意”的经营理念，驱动着海尔市场份额的持续增长和不断领先的产品创新，造就了一个现代化的大型跨国集团企业。在日本，“提供顾客满意的产品和服务”已成了日本企业最大的优先问题。许多日本大企业，不管是电子、汽车，还是旅游业，都加强了他们的“顾客满意”职能。

很多企业为了获得顾客的满意，都提出了如下满意战略：以客为尊的经营理念、开发令顾客满意的产品、不断完善服务系统，热情、真诚为顾客着想的服务能带来顾客的满意，提出超出顾客期望，高于竞争对手或竞争对手做不到、不愿做、没想到的超值承诺，并及时兑现承诺提供令顾客超满意的服务，科学地倾听顾客意见，不断改进工作，及时、真正地满足顾客需要的产品和服务，维护顾客利益。

4.1.1 客户满意的分类

由于顾客的需要是复杂多变，因人、因时、因地而异，所以客户根据其在接受产品或服务中获得的满意程度和满意层次是不一样的，客户满意可以从不同的角度进行分类。

(1) 社会发展过程中的满足趋势

从社会发展过程中的满足趋势来看，客户满意可以分为三个逐次递进的层次。

① 物质满意层。客户在对企业提供产品或服务的核心消费过程中所产生的满意属于物质满意层。物质满意层次的要素是产品的使用价值，如功能、质量、设计、包装、品牌等，它是客户满意中最基础的层次。

② 精神满意层。客户在对企业提供产品或服务的外延消费过程中产生的满意属于精神满意层，它是顾客对企业的产品所带来的精神上的享受、心理上的愉悦、价值观念的实现、身份的变化等方面的满意状况。精神满意层的要素是产品的外观、色彩、装潢品位和服务等。仅仅在产品的物质层面上做得好是不能令顾客感到真正满意的，在产品生命周期的各个阶段必须采取不同的服务手段，使产品充满人情味，迎合顾客的爱好，符合顾客的品位。

③ 社会满意层。即客户在对企业提供的提供物（价值组合与方案）的消费过程中所体验到的社会利益维护程度，主要指客户整体（全体公众）的社会满意程度。社会满意层的支撑是提供物（价值组合与方案）的道德价值、政治价值和生态价值。提供物（价值组合与方案）的道德价值是指在其消费过程中不会产生与社会道德相抵触的现象；提供物（价值组合与方案）的政治价值是指在其消费过程中不会导致政治动荡、社会不安；提供物（价值组合与方案）的生态价值是指在其消费过程中不会破坏生态平衡。

以上三个满意层次，具有递进关系。从社会发展过程中的满意趋势看，人们首先寻求的是物质层次的满意，之后才会推及到精神满意层，最后才会进入社会满意层。

(2) 客户满意的对象

从客户满意的对象来看，客户满意可以分为三种：

① 市场营销系统满意：即客户对市场营销系统与运行状况和从中所获得的所有利益所做的主观评价。比如：流通渠道是否通畅、高效；广告是否真实、清晰、健康；包装、标签是否符合要求与规定等。

② 企业满意。即客户对与企业交往所获得的各种利益的主观评价。

③ 提供物（价值组合与方案）满意。即客户对某一具体提供物（价值组合与方案）及其利益的主观评价。

另外，也可从客户对企业满意的内容来分，客户满意可以分为：企业的理念满意、行为满意、视听满意、产品满意、服务满意。

还可从购买过程的阶段来看，客户满意可以分为：购买前的满意、购买中的满意、购买后的满意。

4.1.2 客户满意的影响因素

客户满意是顾客对服务产品的感知价值与他的预期价值相比较后心理上出现的宽慰状态。因此，客户满意的影响因素是比较复杂多变的，既有消费者个体因素，也有企业的各项经营管理因素，大致来说，有如下一些因素。

(1) 影响客户满意度的主观因素

① 对服务属性的评价。例如一家度假饭店的重要服务属性包括游泳池、餐厅、房间的舒适性、服务人员的礼貌、价格等。研究显示，顾客在消费过程中会对上述属性进行评价，评价的结果直接影响其满意度。

② 消费者情感。积极或消极的感情和心情，会直接影响顾客对服务过程的体验和感知，并对满意度造成正面或负面影响。

③ 服务成功或失败的归因。当消费者被服务结果（服务比预期好太多或差太多）所震惊时，他们总是试图寻找原因，对原因的界定能够影响其满意度。

④ 对平等或公正的感知。公正感是顾客满意感的核心成分。例如消费者会自问：与别的顾客相比，我是不是被平等对待了？我为这项服务花费的金钱合理么？与我花费的金钱和精力比较，我得到的服务够不够好？不公正的待遇是顾客投诉和顾客流失的重要原因。

⑤ 顾客期望。是指市场上的顾客从各种渠道获得企业及产品、价格、服务等信息后在内心对企业及产品服务等形成一种“标准”，进而会对企业的行为形成一种期盼。期望的满足程度分别影响着客户的满意度和惊喜度。例如一位顾客去银行办理业务，他希望15分钟即可获得服务，结果只等待了10分钟就办完了业务，这时，他对银行的服务速度感到满意。如果营业员能在5分钟内为他办理好业务，他就会感到非常满意。如果等待的时间超过15分钟，他就会对银行的工作效率产生抱怨。

⑥ 顾客感受水平。由于顾客的经历、背景、需求等方面的差异性，不同的顾客对同一产品和服务的感受水平不一。

(2) 影响满意度的客观因素

① 价格。服务定价的高低，会通过顾客的期望对顾客满意感产生影响。服务定价的提高，会引起服务期望的提高，从而对服务质量更加挑剔，顾客满意的难度提高。过高和明显不合理的服务定价，会导致顾客对服务供应商产生欺骗、唯利是图的不良印象，对顾客满意感产生负面影响，甚至使双方之间的关系破裂。

② 环境因素。在同等的产品质量和价格条件下，好的消费或服务环境能够获得顾客较高的满意。

③ 顾客接触。公司同顾客的接触越多，出错的可能性就会越大。高接触频率的服务如酒店和航空服务，因为同顾客接触更多，发生服务失误和导致顾客不满的概率就更大。

④ 市场份额。更大的市场份额意味着更低的顾客满意。

⑤ 转换方便。一个品牌转向购买另一个品牌很容易的话，顾客的满意度则会受到影响。产品和服务复杂且难以替代的企业往往缺乏以努力工作留住顾客的动力，顾客满意度会低；

反之，其生产商会更加拼命工作，以避免顾客流失，顾客满意会高。

⑥ 企业和产品影响客户满意度。企业是产品与服务的提供者，其规模、效益、形象、品牌和公众舆论等内在或外部表现的东西都会影响消费者的判断。如果企业给消费者一个很恶劣的形象，很难想象消费者会选择其产品。同样，企业的产品与竞争者同类产品在功能、质量、价格方面比较后如果有明显优势或个性化较强，则容易获得客户满意。

2008年上半年凯美瑞以79601辆的成绩夺得中高级车市场冠军的杀手锏就是其卓越的品质和4S店提供的贴心和尊贵的“凯美瑞体验”赢得了众多车主的赞赏。

⑦ 服务和系统支持因素影响客户满意度。有研究表明，过程失误之后的满意度要低于结果失误之后的满意度，即虽然将核心产品做好很重要，但对顾客的满意度来说，服务的供应才是最重要的。如餐馆的食品可能不错，但是整个经历却可能令人沮丧，因为服务在餐馆中具有中心地位。

企业的营销与服务体系是否一致、简洁，是否能为客户带来方便，售后服务时间长短、服务人员的态度、响应时间及投诉与咨询的便捷性等都会影响客户的满意度。例如，公司如约送冰箱了吗？到达的航班与时刻表上显示一致吗？客户期望事情能进展顺利并且希望企业遵守承诺，但这种愿望却未能得到满足就会产生不满和失落的情绪。很多公司都是在这个层次上失败的。因为他们不能信守承诺，无法更好地满足客户对服务的外在或内在期望。相反，公司实施高标准的满足服务甚至超过了客户对服务供应的期望，就会取得令人羡慕的竞争优势。

凯美瑞的经销商们在售前、售中及售后都能为消费者提供一对一的尊贵服务给众多车主留下良好的口碑。“店里的人会帮我安排好保养时间，完全不用我操心。通过休息室里的电子可视化看板看到维修保养的每一步进度，让人觉得很安心。”一位凯美瑞车主对广州丰田的服务如此评价。因此优质的客户服务是提高客户满意度的保障。

如海尔在实施“星级服务”的过程中，还推出了“一、二、三、四”模式。具体说来，一即一个结果：服务圆满。二即两条理念：带走用户的烦恼，留下海尔的真诚。三即三个控制：服务投诉率小于十万分之一。服务遗漏率小于十万分之一，服务不满意率小于十万之一；四即四个不漏：一个不漏地记录用户反映的问题，一个不漏地处理用户反映的问题，一个不漏地复查处理结果，一个不漏地将处理结果反映到设计、生产、经营部门。正是靠着不断完善的“星级服务”，海尔才能不断向用户提供意料之外的满足，让用户在使用海尔产品时放心、舒心。

⑧ 客户接触面影响客户满意度。和客户接触的方方面面都会直接影响客户的满意度，那么和客户的接触面有哪些方面呢？包括企业的产品、市场活动、咨询热线电话、销售人员、销售渠道、技术支持人员、售后服务人员、电子邮件、书信来往、短信交流、传真沟通等。

⑨ 销售人员的言行影响客户满意度。众所周知，销售人员的言行在某种程度上直接决定消费者的行为。在很多情况下，哪怕是销售人员不经意的一句话、一个眼神、一个动作，都可能导致客户产生某种反感，所以，销售人员一定要通过客户行为的微小、细节之处，尽可能迅速地了解客户的性格、消费行为特征和心理变化。

曾经一位顾客在国庆节到某商场买鞋，原价是800元，按照5折促销规定，只需付400元就够了，这时销售经理走过来讲：“今天是节日，还可以折上再八折就付320元行了。”那位顾客很高兴，正当他拿着交款单准备去交钱时，一旁的营业员又画蛇添足地补充了一句：

"我们经理人很好的，要是我，我还不乐意优惠呢！"结果听完这句话，顾客丢下交款单转身就走人了。就是因为营业员这么一句无心之词让煮熟的鸭子飞了。从这则案例可以看出，销售人员应该时刻留心自己的言行，多采用夸奖模式以让客户高兴。比如，营业员应该这样讲："你是我们今天的幸运客户，希望鞋子和价格都能让你满意。"事实上，这样的"小恩小惠"在很多时候都能够起到不错的效果，关键就在于其抓住了客户的心理，让客户觉得占了很大便宜一样，非常合算。

⑩ 渠道影响客户满意度。客户的满意度与渠道管理息息相关。不仅仅产品的质量和售后服务会影响客户满意度，渠道对客户满意度和企业品牌形象的影响力也是不容忽视的。

有个客户买了一部手机，可是没用几天座充就坏了。他赶紧送到某维修网点去修理，可是售后人员无奈地告诉他说："很抱歉，这是你自己损坏的，得由你自己掏钱更换且本店没货，要到其他维修点的售后服务部更换。"这位客户非常不痛快，但还是买下了。可是没过两周，新座充又坏了。他直接打电话到公司总部投诉，结果答复是："很抱歉，我们公司的售后服务外包了，座充也不是自己生产的。所以，实在是无能为力。"那位客户被气得半死。由此可证明渠道的影响。

⑪ 企业形象是提高客户满意度的期望。客户对企业和企业的产品的了解，首先来自于企业的形象、品牌和口碑效应。当客户计划购买的时候，他们会非常关心购买什么样的产品，购买谁家的产品，这时企业的形象就起到了非常大的决定作用。通常，客户的第一选择总是脑中第一个出现的品牌的产品，一般情况下，客户是希望购买牌子比较硬、价格又不太贵的产品，也就是有高的价格性能比的产品。因此，可以说企业形象是提高客户满意度的期望。

⑫ 客户关系是提高客户满意度的法宝。大部分客户认为销售人员只是从自己的利益角度出发一味地推销产品，而不是帮助客户进行咨询的，甚至认为销售人员为了卖出产品可以不择手段，这就导致销售人员越卖力地推销产品，客户躲得越远。由此可以看出，销售人员和客户之间建立相互信任的关系是十分重要的。只要客户和销售人员之间建立了信任关系，那么不管以后销售人员如何推销自己的产品，客户都会认为销售人员是为客户着想。因此，可以说客户关系是提高客户满意度的法宝。

4.1.3 客户满意的衡量指标

客户满意的衡量指标是顾客满意度指数，也即客户满意度指标体系（Customer Satisfaction Index，简称 CSI)，大致可以分为三类。

（1）服务满意度指标体系

① 绩效：指服务的核心功能及它所达到的程度，绩效通常是结果导向。

② 保证：指核心服务功能提供的过程中的正确性及回应性，它强调的是服务过程中的态度，因此它是过程导向的。

③ 完整：涉及所提供的服务的多样性以及是否周到。

④ 方便：指有关服务的可接近性、简易性以及使用的灵巧。

⑤ 情绪：指核心服务功能以外的感受等内容。

（2）产品满意度指标体系

① 品质：包括功能、使用寿命、用料、可靠性、安全性、经济性。

② 设计：包括色彩、包装、造型、体积、装饰、质感、手感、质地。

③ 数量：包括容量、成套性、供求平衡。

④ 时间：包括及时性、随时性，价格［价格方面包括最低价位、最低价质比（即产品价位和质量的比值）、心理价格、商值（即产品价位与产品使用时间之比）］。

⑤ 服务：包括全面性、适应性、配套性、全纵深性、全过程性、态度、价格、方便性。

⑥ 品位：包括名牌感、风格化、个性化、多样化、特殊化、身份感等方面。

（3）人员互动满意度评价指标

在这个层面主要考察企业给予客户的信任感、尊重感和理解程度。主要包括以下内容。

① 礼仪：考虑客户的立场、与客户接触时外表干净而整洁、友善地接待。

② 沟通：用客户听得懂的语言表达、耐心倾听客户的陈述、向客户确认能解决的问题、邀请客户参与。

③ 了解客户的特殊需求、提供个性化的关心、认出老客户。

由于不同企业的具体情况不同，这里不可能提供一个全面、详细、具体而普遍适用的客户满意度评价指标体系，只能做一个初步的理论性探讨，提出客户满意度评价的大致框架，具体内容的充实需要结合具体的情况来实现，在有些情况下可能还要增加或减少一些指标以满足特殊的要求。就拿客户服务中心的工作来说，客户满意度的组成要素包括：客户打电话来没有遇到忙音；打入的电话没有让客户久等、转接或答应过后再打回来；所有的回答都很准确；咨询员能够快速准确地把握客户问题的关键；客户有没有被咨询员匆匆忙忙地挂断电话；客户对咨询员产生信任感；市场反馈很快被注意到，并及时得到处理，客户得到最新的信息；客户从咨询员那里得到一个意外的建议；与咨询员的交谈愉快等。

在确定了客户满意度指标体系后，企业还需要解决的一个技术性问题是如何决定各个指标之间的权重。很明显，每一个指标对客户满意度的影响程度是不一样的，有些指标的影响程度大，而有些指标的影响程度小。这种影响程度的差异有时还因人和因时而表现出来。有的客户非常在意的某些指标可能对其他客户来说并不是那么重要；有的客户在某种状况下非常在意的指标到了另外一种环境下却又变得次要。所以，企业应该在与客户充分交流的基础上来确定指标彼此之间的相对权重，这可以通过一些试验性的调查、访谈来实现。同时，对于一些重要价值客户，企业甚至可以像定制产品那样来定制指标权重，在持续的交往过程中，企业不仅要关注不同客户之间满意程度的比较、与竞争者客户满意程度的比较，更要注意客户满意程度的历史纵向比较，通过客户自身感受的提高来增强企业与客户之间良好的关系。

4.1.4 建立客户满意度测试指标体系

瑞典早在1989年就率先建立了国家层次上的顾客满意度测评指标体系，此后，世界各发达国家如美国、德国、加拿大、日本、韩国、欧洲一些国家都纷纷建立了具有自己特色的国家顾客满意度测评体系，作为衡量经济增长质量的一个客观经济指标。中国目前没有统一的客户满意度测试指标体系，但在局部区域或某些行业已建立并成功运行顾客满意度测评。如商务部发布的《商业服务业顾客满意度测评规范》（SB/T 10409—2007），其标准文本中的一个核心内容就是商业服务业顾客满意度测评的指标体系，适用于中国境内的批发和零售业、住宿和餐饮业以及居民服务和其他服务业开展的顾客满意度测评，采用了三级指标体系，八个二级指标，在每个二级指标下，分别设立相应的三级测量指标共29个。如表4-1所示。

表 4-1　三级测量指标

一级指标	二级指标	三级指标
顾客满意度指数	企业/品牌形象	企业/品牌的总体形象、企业/品牌知名度、企业/品牌特征显著度
	顾客预期	总体质量预期、可靠性预期、个性化预期
	产品质量感知	总体产品质量感知、产品质量可靠性感知、产品功能适应性感知、产品款式感知
	服务质量感知	总体服务质量感知、有形性质量感知、可靠性质量感知、保证性质量感知、响应性质量感知、关怀性质量感知
	顾客满意度	总体满意度、实际感受同预期服务水平相比之下的满意度、实际感受同理想服务水平相比之下的满意度、实际感受与同层次竞争对手相比之下的满意度
	顾客抱怨	顾客抱怨与否、顾客投诉与否、投诉处理满意度
	顾客忠诚度	重复接受服务的可能性、向他人推荐的可能性、价格变动忍耐性。
	价值感知	质量一定下对价格的评价、价格一定下对质量的评价、与同层次竞争对手相比之下对价格的评价

4.1.5　常见的客户满意度测试方法

4.1.5.1　获得客户满意度信息的渠道

为了提高客户满意度测试的效果，企业有必要收集较多较好的客户满意度的信息，获得客户满意度信息的渠道越多，越畅通，对企业越有利。具体的测试渠道如表 4-2 所示。

表 4-2　测试渠道

渠道	说明
问卷和调查	定期邮寄或发放问卷，征求客户的意见；委托有关的机构对客户进行调查；采用其他一些社会学方法收集客户意见
直接沟通	与客户直接沟通是获取客户满意度信息的最佳方法
客户投诉	客户投诉可反映客户对企业的真实态度，应引起重视
行业研究结果	不少行业都有自己企业或协会对市场的研究结果，值得企业重视
新闻媒体报告	由专人对各种新闻媒体进行监视，收集报刊、广播、电视上有关的客户满意与否的信息，特别是负面投诉
重要的相关团体	利用中介企业获取客户的意见，如驾驶员协会对汽车的意见，利用某种产品客户的联谊会之类的团体，从中获取信息
消费者协会报告	可以从消费者协会直接获取年度综合报告和专题报告

4.1.5.2　常见的客户满意度测评方法的选择

客户满意度测评人员可以根据不同的目的、自身技术力量的限制及预算的高低，选择最合适的满意度测评方法，常见的方法如下。

(1) 简单易行型

如：“请你对某产品的满意程度做出选择：很不满意、不太满意、一般、比较满意、很满意”。这种直接询问方法效率高、容易回答，容易了解到消费者对竞争品牌的总体评价，但是由于问题过于简单，受访者没有时间仔细考虑被调查产品的实际情况，影响评价真实性。

（2）结构方程模型

通过大量的前期工作，例如，客户焦点小组访谈、客户需求分解、客户预调查、行业专家拜访、购买消费现场观察等多种手段，构建起一个基础模型。通过客户调查，对采集到的数据进行多种统计处理、分析和检验，根据相应的结果对模型进行必要的调整，继而应用到客户满意度分析中。

（3）线性回归统计分析技术

这种方法可以计算出满意度驱动因素对满意度的影响大小。影响大小可以解释为：当满意度驱动因素提升1分，满意度在现有的基础上可以提升多少分。当满意度的驱动因素非常少，而且这些因素相互之间的影响不强时，这种方法不失为一种简单有效的方法。

（4）双重评价型

“请问某品牌洗衣粉的溶解性能怎么样，可以打几分?”

这种方法需要调查设计者找到一些影响满意度的驱动要素，然后让受访者为被调查品牌在驱动要素上的表现打分，同时确认该驱动要素的重要性程度，有利于了解客户对某品牌产品和服务的满意度高低，易于把握对满意度驱动要素的评价以及重视程度。

（5）双重评价改进型

这种方法是基于上一种方法改进而来的。具体方法是：假定全部因素的重要性合计为100，受访者在对每个调查因素给予重要性权重，最终需要使得权重和为100。当驱动因素的数量较多，例如，多于6个时，受访者就很难准确地分配好权重。而在实际生活中，某产品和服务的满意度驱动因素常常在10个以上。

4.1.5.3 测评级度的设计

一般情况下，客户满意程度可分成7个级度或5个级度。

7个级度：很满意、满意、较满意、一般、不太满意、不满意和极不满意。

5个级度：很满意、满意、一般、不满意和极不满意。

根据心理学的梯级理论，对7梯级给出的参考指标如表4-3所示（注：5梯级的参考指标类同）。

表4-3 7梯级的参考指标

7梯级	指标	分述
很满意	满足、感谢	客户的期望不仅完全达到、没有任何遗憾，而且大大超出了自己的期望，客户会主动向亲朋宣传，介绍推荐，鼓励他人消费
满意	赞扬、愉快	期望与现实基本相符，客户不仅对自己的选择予以肯定，还会乐于向亲朋推荐
较满意	肯定、赞许	客户内心还算满意，但按更高要求尚有一段距离，而与一些更差的情况相比，又令人安慰
一般	无明显情绪	没有明显正、负情绪的状态，不好也不差
不太满意	抱怨、遗憾	客户虽心存不满，但也不会做过高要求
不满意	气愤、烦恼	希望通过一定方法进行弥补，有时会进行反宣传，提醒自己的亲朋不要去购买同样的商品或服务
极不满意	愤慨、投诉、反宣传	找机会投诉，还会利用一切机会进行反宣传以发泄心中的不快

4.1.5.4 客户满意度测评的操作流程

客户满意度测评的操作可以从设计与使用客户满意度调查表、客户满意度信息的收集、客户满意度信息的分析与利用等步骤进行。

(1) 设计与使用客户满意度调查表

了解客户的需求和期望，制定产品和服务的质量标准；计算客户满意度指数；识别客户对产品的态度；通过与竞争者比较，明确本企业的优势和劣势。

(2) 测评内容

“客户满意度调查表”中的测评指标，如美誉度、指名率、回头率、抱怨率等。

(3) 测评权重设计

客户针对每一项指标测评，给出满意度的等级或原始分数，以中间分换算成原始分数。调查表中的测评指标、测评指标数量及所占的分值比率可根据调查表对象的不同而进行适当调整。

(4) 客户的识别

可以是企业外部的客户，也可以是内部的客户。

(5) 测评手段

对内部客户，可采用问卷调查、不记名意见箱、面谈访问等方法；对外部客户，可采用面谈、邮寄问卷调查、电话调查、电子邮件调查、网上调查等方法。

(6) 预调查

对设计好的问卷进行预调查，一般抽取480个样本，采用面谈或电话采访形式，了解客户对产品和服务的态度以及对调查表的看法，继而进行修改。

4.1.5.5 客户满意度调查的主要方法

(1) 问卷调查

问卷调查法是主要的，也是最常用的一种满意度的调查方法，在明确了解谁是客户时，企业通常采用这种方法。这时多半使用印刷好问题和答案的问卷进行调查。如银行或信用卡发行公司，将所有客户都建档管理，航空公司销售机票需了解购票者的姓名等，都属于了解谁是客户的情况，这些公司就可对客户进行问卷调查。但是像食品产业或日用品生产厂家等，无法掌握特定客户，或难以掌握客户的确实资料，调查起来就比较困难了。在测定满意度时就需要另谋他路了。

(2) 样品测定

样品测定是在不确定客户，亦即没有客户资料情况下的调查方法。在这种情形下，利用大量样品来调查，是测定满意度常用的方法之一。

没有客户资料的情形在消费品行业居多，因此从公司的角度看不见客户，但是由客户的角度，却可以看见几乎所有的人都以某形态，在使用某一公司的产品或服务。这时，可随机选取大量样品（一般人），请他们回答对用过产品的公司的满意程度。

(3) 潜在性使用者调查

利用“潜在性使用者”来测定满意度是最近较为流行的一种调查方法。

例如：测定某公司的服务满意度时，配合该公司顾客的年龄层结构，从一般人（非调查员）中选出21岁至30岁3人、31岁至40岁6人，41岁以上5人，然后让他们实际接受该公司的服务，再根据实际体验的感觉，站在顾客的立场来评价服务的好坏。

要使调查结果接近实际的客户满意度，调查的人数必须尽可能多，但是在实施上有其限度，因此，不妨配合公司客户的结构（如年龄、性别、职业等），选择属性最接近的调查人员来实施。这可说是客户无法特定化时的有效方法。

(4) 询问顾客

这是一种最直接的调查方法。通过询问来明确影响客户满意的因素有哪些，如何获得并量化这些因素。一般提问要涉及这些问题：影响购买和使用的客户满意因素有哪些？在这些满意因素中，哪些因素能成为满意指标？每一个满意指标对购买和使用的影响程度如何？上述数据可以从哪些渠道获得？应该采用何种方式采集数据？采集数据时应注意哪些问题？

询问客户时还有一点是不可疏忽的，就是除了了解与客户之间的接触点外，还要稍微改变角度，去发掘问题点和质疑点，或许可以由此发现许多意想不到的事实。其实在日常生活中，很多人已经在自觉和不自觉地利用这个模型来提高客户满意度了。

比如：当你买衣服时，销售人员会关切地询问你在哪里上班，想在什么场合穿等问题，这实际上是在获取重要情报。因为这些问题的回答，基本上将决定你对哪些指标最看重。如果你是白领，显然价钱不是关键，而品牌和款式可能是你最看重的，他们自然会给你推荐名牌的流行款式。这样通过询问需求有针对性地推荐，自然让你满意，你也就自然舍得掏钱买衣服，甚至成为“回头客”和义务推销员，源源不断地买衣服。

(5) 内部访谈

要知道与客户之间有哪些具体的接触点，亦有必要详细询问公司内实际与顾客接触的员工，以了解销售人员如何与顾客接触、售后服务人员如何与顾客沟通等。也可以询问曾实际与公司员工接触过的客户。

有一家公司在测定客户满意度时曾发生过以下情形：有一位顾客反映：“贵公司的销售人员经常来拜访，但是却从未提供我们所需的资讯或建议，只是浪费我们的时间而已。”这家公司平时要求销售人员要经常拜访客户，这位客户所说的销售人员的确执行了公司的命令，但是不仅没有提高满意度，反而造成相反的效果。

在这种情形下，公司就必须调查销售人员是否提供了顾客所需的资讯，并通过问卷中的问题确实地去了解。通过内部访谈，可以了解企业员工对所要进行的项目的看法。可以说，内部访谈是发现企业问题的最佳途径。

4.1.5.6 客户满意度信息的收集

客户满意度信息的收集工作，不仅是客户服务部的工作，还需要其他部门成员，如售后服务部、营销部人员的共同协作。

客户服务部：负责将客户的资料输入公司客户管理电脑系统；将接到的客户投诉意见进行登记；每年定期向客户派发或邮寄“客户满意度调查表”，收集客户对公司产品质量、交付、服务等方面的意见（“客户满意度调查表”应在发出的一个月内收回，并保证回收率超过50%）。

品管部：每月对客户退货情况进行总结，填写“客户退货统计月报表”。

售后服务部：在客户处维修后，应填写“售后服务维修报告单”。

营销部：负责收集与本公司产品有关的客户组织的报告、权威机构的调查报告、产品监督机构的公告、行业协会的调查结果、新闻媒体的报告等，并做好分类整理。

4.1.5.7 客户满意度信息的分析与利用

(1) 信息总结

客户服务部对前一阶段的服务情况（包括服务取得的成果、存在的缺陷、客户意见、产品损坏情况、客户投诉次数、交货准时性等）进行季度性总结并填写“服务总结报告”。

(2) 调查统计分析

进行客户满意度调查后，客户服务部需要对收回的“客户满意度调查表”按照产品、型号规格或客户的类别进行分类整理和统计分析，计算出每个测评指标的原始分数和平均分数、客户满意度以及客户平均满意度。

(3) 分析报告

根据对客户满意度调查表的统计分析及从其他渠道获得的客户满意度信息，如新闻媒体的报道、权威机构的调查报告、行业协会的调查、客户投诉等，整理出《客户满意度调查结果及分析报告》。

该调查报告中应包含每一项测评指标以及客户满意度统计结果；特殊统计数值说明；其他需要说明的情况；分析结论，提出整改意见等内容。

(4) 改进及预防

发现客户满意度下降、某些评估指标分值很低、客户有明确投诉或建议时，应适当要求有关部门采取改进、纠正和预防措施。

实训 19　设计一份调查问卷，用加权平均法分析客户满意度

1. 实训目的

通过调查问卷的设计，懂得权重在计算客户满意度指数中的重要性和计算方法，掌握加权平均法计算客户满意度指数，通过客户满意度指数的分析，不断改进企业的客户服务工作，从而不断提高客户满意度。

2. 实训内容

(1) 分组（10 人一组）讨论影响顾客对商场经营满意度的因素有哪些?

(2) 各组汇报，看看各组之间考虑的因素是否齐全、合理、有启发?

(3) 教师点评、归纳影响该商场的客户满意的因素，以此为依据每一组设计该商场的客户满意度调查表。客户满意度程度按 5 梯级设计：即很满意、满意、一般、不满意、极不满意，分值分别是 10，8，6，4，2。例如：你对该商场的服务态度满意吗?

A. 很满意　　B. 满意　　C. 一般　　D. 不满意　　E. 极不满意

3. 角色演练

(1) 计算权重

教师要求学生对某一商场的客户满意度设计一份调查问卷，了解客户对该商场在商品质量、商品品种、服务态度、价格水平等指标方面的需求的满意程度。并给每一个需求指标的重要性赋予一定的分值（赋分多少，完全由学生自己确定，可在 1～10 分之间确定，每一个组算出该项指标的重要性平均值），并在此基础上算出各项需求指标的权重。

某项需求指标的权重=(该项需求指标的重要性分值÷所有需求指标的重要性分值之和)×100%

(2) 计算满意度指数

每一个学生都要完成本组所设计的客户满意度调查表，计算出每一个需求指标的满意度分值（即以组为单位，计算出每一个需求指标的平均满意度分值），然后将每个满意度分值乘上相应的权重，从而计算出该项需求指标的满意度指数的加权值，最后把所有需求指标的加权值相加就得出一个一个加权值合计数，这个合计数就是客户对该商场的满意度指数。

4. 案例思考

表 4-4 和表 4-5，是某超市的客户满意度指数的计算，请根据这两个表回答有关问题。

表 4-4 计算权重

需求	重要性分值	权重/%	需求	重要性分值	权重/%
地理位置	9.4	13.7	员工帮助	8.3	12.10
商品范围	9.2	13.41	停车	7.9	11.52
价格水平	9.1	13.27	员工形象	7.3	10.64
商品质量	8.9	12.97	总计	68.6	
结账时间	8.5	12.39			

请问：顾客对该超市的哪些需求比较重要，重要性越大，权重是否就越大？

表 4-5 计算满意度指数

需求	满意度分值	权重/%	加权值
地理位置	9.2	13.7	1.26
商品范围	7.9	13.41	1.06
价格水平	8.8	13.27	1.17
商品质量	9.1	12.97	1.18
结账时间	7.4	12.39	0.92
员工帮助	7.7	12.10	0.93
停车	8.6	11.52	0.99
员工形象	8.5	10.64	0.9
总计			8.41%
满意度指数			84.1%

请问顾客对该超市哪方面的满意度较高？假如你是该超市的经理，你准备从哪些方面加强管理，进一步提高顾客的满意度？

4.2 产品满意管理

客户满意包括产品满意、服务满意和社会满意三个层次；其中产品满意是指企业产品带给顾客的满足状态，主要是产品的质量满意、价格满意。

4.2.1 产品的整体概念

市场营销中的产品概念是一个整体概念，即凡与产品有关的、能够满足客户需要的一切东西，都属产品的范畴。明确产品整体概念有利于全面满足顾客的需求，有利于创造特色，有利于开发新产品，最大限度地提高顾客满意度。

产品整体概念包括三个层次：核心产品、形式产品和延伸产品。

核心产品是整体产品概念最基本的层次，它代表消费者在使用产品的过程中和使用后可获得的基本利益，是顾客购买的目的所在。如衣服的保暖、面包的充饥、洗衣粉的洁净，可乐的解渴等就是指的是这些产品的核心利益。

形式产品是核心产品的转化形式，包括质量水平、产品特色、产品款式、品牌和包装。

延伸产品是顾客在购买产品时所得到的附加服务和利益的总和。它包括提供产品的说明书、保证、安装、维修、送货、技术培训等售前、售后服务。事实证明，我国许多优质产品滞销的根本症结，恰恰出在产品非物质形态——形式产品、附加产品的环节上。

如国产彩色胶卷，就其质量而言，已能满足广大业余摄影者的需求，价格又仅是进口卷的一半，是一个竞争力极强的产品。然而由于生产厂家缺乏整体产品概念，产品的包装和宣传策略都没有美国“柯达”、日本“富士”和“柯尼卡”等进口胶卷做得好，致使国产胶卷的产品、价格优势没能转化为消费优势。于是橘黄的“柯达”、翠绿的“富士”在中国偌大的胶卷消费市场中分割了大量利润，这就是产品概念的差异在销售市场上的巨大反差。

当代世界最富权威的营销专家李维特断言，“未来竞争的关键，不在于工厂能生产什么样的产品，而在于产品所提供的附加价值。”而附加价值就是指产品的包装、服务、广告、顾客咨询、融资、送货、仓储、品牌、品位、消费者精神需要等。

星河湾地产的建筑质量之高已经为人们所共知，几乎每一个来到星河湾的参观者，都会被其自然优美的园林环境以及简约精致的建筑打动，然而星河湾的营销负责人表示，建筑的品质只是“品质地产”的一小部分，而其中最深层次的内涵，则是在建筑质量基础上营造的品位生活。开发商表示，精细的建筑、精致的园林、高档的建材，都只是一种手段，星河湾的“品质地产”，就是要坚持品质与品位的全面升级，为了打造星河湾的高品位生活形象，星河湾组织了一系列高品位高品质的艺术沙龙，并推出品质阶层生活形态报告，在全省甚至全国范围树起“品质地产”大旗。而品质地产就是开发商赋予星河湾的附加价值。

2008年上半年，凯美瑞获得了中高级轿车批发量和上牌量的“双冠王”，刷新了国内中高级轿车市场的记录。优良的产品品质、强大的销售渠道、优质的售后服务等都是凯美瑞夺冠的主要因素，广丰第一店的销售人员说，到店看车客人对凯美瑞大气厚重的外观、豪华舒适的内饰、优异的动力性能都极为满意。服务细节更是打动了很多买主。韩女士最初是陪朋友去广丰4S店做维护保养的，专业贴心的售后服务不仅让朋友赞不绝口，也打动了一旁的韩女士。成为凯美瑞车主两年来，韩女士如愿以偿地享受到了尊贵贴心的星级服务，还和店内的许多工作人员成了朋友。用韩女士自己的话来说，“每次来店里就和回家一样自在，在俱乐部里喝一杯香浓的咖啡，听听音乐，身心得到放松之余，我的车也得到了悉心保养。”“到了需要保养的时间，就会收到店里发来的短信提醒，预约好之后，他们会帮我安排好保养时间，一到店里就可以开始了，休息室里有个电子可视化看板，抬头就可以看到维修保养的每一步进度，还可以透过透明落地玻璃，实时监控保养维修的作业状况。”每次看到自己的爱车被悉心呵护，韩女士总会发出这样的感慨：“我对汽车技术不太了解，可是看到他们认真仔细的做着保养工作，我就觉得很安心。”凯美瑞带给市场的不仅仅是一款卓越的产品，而且是高端的品质、先进的渠道和优质的服务，为国内精英人士创造了一种个性化的舒适生活方式。正是凯美瑞对产品整体概念的高水平应用使其坐稳中高级车No.1地位。

4.2.2 产品质量的层次

日本质量专家Kano博士认为产品的质量可以分为三个层次：当然质量、期望质量和迷人质量。具体内容如下。

当然质量也叫基本品质，是指产品和服务应当具备的质量，对这类质量顾客不做任何表述，因为顾客认为这是产品和服务所必须提供的，如电视机的清晰度，汽车的安全性，衣服的保暖，汽车发动机发动时正常运行，食品的安全等，客户会认为这些是理所应当的。顾客认为这类质量特性的重要程度很高，如果当然质量能够满足客户，并不会显著增加顾客的满意度，但反之，当然质量不能满足顾客的话，会导致顾客的极度不满。食品安全是餐饮业服务质量的底线，环境再优美、价格再优惠也无法平息食物不洁引起的愤怒。当然质量和顾客满意度为非线性相关。

期望质量是指顾客对产品和服务有具体要求的质量特性，如汽车的省油，服务的快捷性、高可靠性。在市场调查中，客户谈论的通常是期望质量，顾客的期望品质需求得到满足或表现良好的话，客户满意度会显著增加；反之，当顾客的期望质量得不到满足或表现不好的话，客户的不满也会显著增加。

企业应在满足客户基本品质需求的基础上，尽力去满足客户的期望型需求。通过提供客户喜爱的额外服务或产品功能，引导客户加强对本企业的良好印象，使客户达到满意。顾客对产品和服务的这种质量特性的期望，以及企业在这种质量特性上的业绩都容易度量，这种质量与顾客满意线性相关。

迷人质量也叫魅力质量，是指产品和服务所具备的超越了顾客期望的、顾客没有想到的质量特性，具有魅力质量的产品和服务更加吸引客户，易于培养客户忠诚，形成竞争优势。这类质量特征（即使重要程度不高）能激起顾客的购买欲望，并导致顾客十分满意，如：3M 公司的“方便帖”，索尼公司的随身听等皆是典型例子。

4.2.3 产品满意的内容

产品满意就是指企业产品带给内外顾客的满足状态，包括产品质量满意、产品设计满意、产品包装满意、产品品位满意和产品价格满意等，具体说来产品满意的内容有以下几方面。

① 品质：包括功能、使用寿命、用料、可靠性、安全性、经济性。

② 设计：包括色彩、包装、造型、体积、装饰、质感、手感、质地。

③ 数量：包括容量、成套性、供求平衡。

④ 时间：包括及时性、随时性。

⑤ 价格：包括最低价位、最低价质比（即产品价位和质量的比值）、心理价格、商值（即产品价位与产品使用时间之比）。

⑥ 服务：包括全面性、适应性、配套性、全纵深性、全过程性、态度、方便性。

⑦ 品位：包括名牌感、风格化、个性化、多样化、特殊化、身份感等方面。

4.2.4 产品满意的辩证关系

根据顾客满意的定义，顾客满意度是顾客对产品和服务的期望与顾客对产品与服务的感知的效果的差距，亦即顾客满意是顾客期望与感知效果的比较结果，顾客期望是属于顾客心理范畴的概念，而感知效果既取决于企业提供的产品与服务实绩，又取决于顾客的感知水平（感受性），还取决于当时双方关系的情景。因此，顾客满意是顾客的一种心理感受，是一个复杂的心理过程，不同的顾客其心理过程皆不一样，即使是同一顾客在不同的情景消费同一产品和服务，其满意度也会不一样。顾客满意与否不是绝对的，它具有如下五个基本特征。

① 主观性：顾客的满意程度是建立在其对产品和服务的感受上，感受的对象是客观的，而结论是主观的。顾客满意的程度与顾客自身条件，如知识和经验、收入状况、生活习惯、价值观念等有关，还和媒体宣传有关。

② 相对性：顾客对产品的技术指标和成本等经济指标通常不熟悉，他们习惯于把购买的产品和同类型的其他产品，或和以前消费经验进行比较，由此得到的满意或不满意具有相对性。

③ 个体性：客户满意有鲜明的个体差异。张三十分满意的提供物，李四可能十分不满意，因此不能追求统一的满意模式，而应因人而异，提供有差异的满意服务。

④ 层次性：处于不同层次需求的人对产品和服务的评价标准不同，因而不同地区、不同阶层的人或一个人在不同条件下对某个产品或某项服务的评价可能不同。

⑤ 阶段性：任何产品都具有寿命周期，服务也有实践性，顾客对现有产品和服务的满意程度来自于过去的使用经验，是在过去多次购买和提供的服务中逐渐形成的，因而呈现出阶段性。如企业产品在成长期阶段和衰退期阶段的营销策略往往是不同的，那么自然会引起顾客的满意度水平的不一样，成长期阶段的客户满意度一般会高于衰退期的满意度。

实训20　分组讨论企业改进产品质量满足客户需求的典型案例

1. 实训目的

根据产品的整体概念所包含的三个层次，企业要改进产品的质量，不仅仅是改进产品的核心功能，而且更要重视产品的形式层次和附加层次的改进和创新，结合某一产品的质量改进进行讨论，提出产品质量的改进方法，以便更好地获得顾客满意。

2. 实训内容

(1) 6人一组分组，讨论“洗衣机”这个产品整体概念中三个层次所包含的内容。

(2) 小组汇报，看看各组之间有哪些可借鉴的标准。

(3) 教师点评、归纳。

3. 角色演练

教师请几位同学分别扮演企业销售员和顾客的对话，演练企业销售员如何根据客户的需求进行“洗衣机”的产品质量的改进，获得顾客满意的过程。

4. 案例思考

奔驰公司是汽车行业的领先者，奔驰现有140多个品种，3700多种型号，能满足任何不同的需要。然而，在奔驰公司的发展初期，却没有这么多的品种和型号，有的只是其一贯坚持的以客户满意为己任的经营理念。

有一天，一个年轻人来到奔驰公司：“我想买一辆黑边灰底的小轿车。”销售人员说：“先生，很对不起，现在我们没有生产你说的那种车，这里有几十种颜色，你不重新考虑一下吗?”那个年轻人很失望地走了。这件事很快被公司创始人卡尔·本茨知道了，他对那个销售人员十分不满，本茨要求销售员必须找到那位想买车的年轻人，并让他告诉那位年轻人，让他两天后来取车。

两天后，那个年轻人一进奔驰公司的大门门，就看到了他所要的那种颜色的车。但他还是不满意，他说：“我想要的车不是这种规格的。”这次接待年轻人的是一位经理，虽然觉得年轻人太不近人情了，但他毕竟是经理，什么都忍得住，便热情地问年轻人需要什么规格的，并保证一定满足要求。年轻人说出了他理想中的规格，还把具体的车型、样式都描述了一遍。经理认真地记录下来，然后告诉他：“三天之后，请来公司取车！”三天后，年轻人来了。车已经准备好了，年轻人也很高兴。接待他的，还是那位经理。经理想：这回该能够把他打发走了吧？没想到，年轻人试开了一圈后，却说："要是能给车子安装个收音机就好了，那我开车出去的时候还可以听到动听的音乐，这样多好啊。"这次，经理对他的要求显得有些吃惊。因为当时收音机刚问世不久，应用不多，而且很多人认为在汽车上安装收音机容易导致车祸。经理谨慎地问："先生，您真的很想安装一个吗？"年轻人点了点头，"那您下午来取车，好吗？"下午，年轻人终于买到了他中意的车……

根据案例所述内容，思考并回答以下问题。

① 奔驰公司根据客户的特殊需求，不惜生产成本来改进产品，是否值得我们学习？为什么？

② 年轻人对汽车提出的改进要求涉及产品整体概念中的哪些层次？

4.3 服务满意管理

服务满意要求企业在产品售前、售中、售后以及产品生命周期的不同阶段采用相应的服务措施，并以服务质量为中心，实施全方位、全流程的服务。

4.3.1 服务质量评估模型

4.3.1.1 服务质量的概念

从理论上认识，服务质量是服务工作能够满足被服务者需求的程度。服务质量的高低受服务水平、目标顾客和连贯性的影响，即当一项服务满足其目标顾客的期望时，服务质量就可以认为是达到了优良水平，而目标顾客的期望决定着服务水平乃至服务质量的高低。连贯性则是服务质量的基本要求之一，它要求服务提供者在任何时候、任何地方都保持同样的优良服务水平。

4.3.1.2 服务质量的特征

考察服务质量应从服务质量的特性开始。从被服务者的需求来看，服务质量的特性可归结如下几方面。

① 功能性：是服务质量特性中最基本的一个特性，指企业提供的服务所具备的作用和效能的特性。

② 经济性：是指被服务者为得到一定的服务所需要的费用是否合理。经济性是相对于所得到的服务质量而言的，即经济性与功能性、安全性、时间性、舒适性等密切相关。

③ 安全性：是指企业保证服务过程中顾客的生命不受危害，健康和精神不受到伤害，货物不受到损失。

④ 时间性：是指提供服务的及时、准确和省时三个方面。

⑤ 舒适性：在满足了功能性、经济性、安全性和时间性等方面的需求情况下，被服务者期望服务过程舒适而轻松。

⑥ 文明性：属于服务过程中满足精神需求的质量特征。被服务者期望得到一个自由、亲切、受尊重、友好、自然与谅解的气氛，是全部服务需求特性中的一个极为重要的方面。

4.3.1.3 服务质量的评估

服务具有无形性和质量差异性等特征，又是通过服务人员与顾客的交往在"真实瞬间"共同完成的，因此，评估服务质量不存在统一、具体的且由服务提供者制定的标准。服务质量的高低并非取决于服务水平，而是由接受服务的顾客对服务质量的评估所决定的。

(1) 服务质量的评估过程

美国营销学家派拉索拉曼等三人在顾客评估服务质量问题上提出了“差距理论”，认为顾客的感知服务质量（Perceived Service Quality）高低决定了顾客对服务质量的评估，而顾客的感知服务质量取决于服务过程中顾客的感知（Perception）与顾客对服务的期望（Exception）之间的差异程度。当顾客实际感受到的服务质量符合甚至超过他们预期的服务质量时，他们的感知服务质量就好；当他们实际感受到的服务质量不及预期的服务质量时，他们的感知服务质量就差。

从顾客实际经历的服务质量来看，可以把服务质量分为两个组成部分，服务结果的质量和服务过程的质量。服务结果的质量是服务的技术质量（Technical Quality），是服务的产出，是企业为顾客提供的服务结果，顾客购买服务主要就是为了得到服务结果。比如说理发店为顾客完成头发的清洗修剪、医院为病人治好疾病等都是顾客得到的服务结果。服务过程的质量是服务的职能质量（Functional Quality），是服务质量管理的重点，同时也是服务质量管理和改进中的难点。

(2) 服务质量的评估标准

企业服务质量的高低由顾客对感知服务质量的评估所决定，在评估企业服务质量时应围绕“顾客”这一中心，对顾客期望和顾客实际感受的服务质量都要进行充分调查了解。派拉索拉曼等学者建立了服务质量评估模型（SERVOUAL）来评估企业的服务质量。他们将顾客感觉中的服务质量归结为五大要素。

① 可感知性：指服务产品的“有形部分”，如各种设施、设备及服务人员的形象等。顾客可以借助这些有形的、可视的部分来把握服务的实质。可感知性是顾客感知质量中核心和关键的内容。

② 可靠性：指企业准确无误地完成所承诺的服务。可靠性实际上是要求企业避免在服务过程中出差错，因为服务差错给企业带来的不仅是直接的经济损失，而且可能会失去很多的潜在顾客。

③ 反应性：指企业随时准备愿意为顾客提供快捷、有效的服务。对于顾客的各种要求企业能否给以及时的满足将表明企业是否把顾客的利益放在第一位。服务传递的效率反映了企业的服务质量。研究表明，在服务的传递过程中，顾客等候服务的时间是关系到顾客的感觉、顾客印象、服务企业形象以及顾客满意度的重要因素。

④ 保证性：指服务人员的友好态度与胜任工作的能力，它能增强顾客对企业服务质量的信心与安全感。当顾客同一位友好、和善且知识渊博的服务人员打交道时，他会认为自己找对了公司，从而获得信心和安全感。友好的态度和胜任能力两者是缺一不可的，尤其是在服务产品不断推陈出新的今天，服务人员更应拥有较高的知识水平。

⑤ 移情性：移情性不是指服务人员的友好态度问题，而是指企业要真诚地关心顾客，了解他们的实际需要（甚至是私人方面的特殊要求）并给以满足，使整个服务过程富有“人情味”。

4.3.1.4 服务质量的评估模型和方法

以上述服务质量的评估标准为基础，服务质量评估模型（SERVOUAL）分析了造成各类服务失败的五大差距，如图4-1所示，具体说明如下。

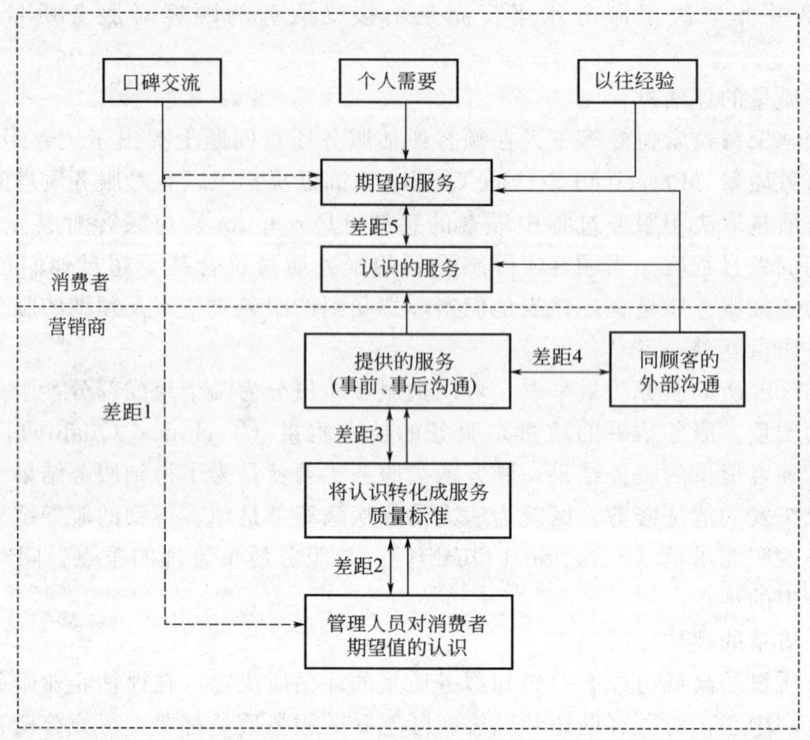

图4-1　造成服务失败的五大差距

(1) 顾客期望值与管理人员认识之间的差距

在现实生活中，管理人员并不知道消费者真正需要什么，例如，饭店经理很可能认为顾客希望在饭店吃好一点，喝好一点，而顾客实际上更注重饭店的卫生与环境的舒适。

(2) 管理人员认识与服务质量标准之间的差距

这一差距是指服务质量标准与管理者对质量期望的认识不一致。比如，餐馆经理感到顾客需要一种卫生、舒适的就餐环境，但他却无法确定什么样的环境才是顾客真正需要的那种卫生和舒适。

(3) 服务质量标准与提供的服务之间的差距

由于训练不当、能力不强或其他诸多的原因，服务人员无法按质量标准提供服务。另外，服务质量的具体标准有时是互相冲突的，这也会影响按标准提供服务。例如快速的服务与仔细周到的服务常常是两个冲突的质量标准。

(4) 提供服务与外部沟通之间的差距

顾客的期望值经常受到公司广告和营销人员宣传的影响。例如，酒店的宣传册展示的房间富丽堂皇，但客人到达后发现房间残旧，因而感到失望。这就是外部沟通造成了顾客期望值的扭曲。

(5) 认识的服务与期望的服务之间的差距

在不同的环境下，顾客对于服务质量的期待是不同的。如果服务人员不注意这种区别，刻板地运用通常的服务标准，就会使自己认为的“标准服务”与顾客所期望的服务之间产生差距。例如，一对热恋的情侣可能希望在一个安静舒适的环境里互诉衷肠，可是服务人员根据热情周到的服务标准不断询问他们的需求，结果热情的服务不仅不会得到好评，反而会被认为不懂礼貌。

4.3.2　建立服务指标体系

科学的服务指标体系，能够客观如实地反映企业为客户提供的各项服务工作的情况，能够体现企业的服务水平，更好地反映客户的满意度，了解并不断满足客户的需求，科学指标体系的建立，通过科学管理，能够不断促进企业服务水平的提高。服务指标体系的建立，要根据不同行业、不同企业的具体情况而建立，如电信企业的服务指标体系与酒店业、物流公司、快递公司、物业管理公司等的服务指标体系就不会相同。

下面就以电信公司的客户中心的服务指标体系为例来说明服务指标体系的建立。客户服务指标体系应分为外部度量标准和内部度量标准两大部分。外部度量标准衡量客户进入客户服务中心的方便程度。包括对咨询员的满意程度，对问题解答的满意程度和完成整个服务的满意程度。内部度量标准则包括了平均回答问题的速度、客户排队的时间、客户一次呼叫就解决了问题的百分比和客户的放弃率等。这些明确了的服务指针，可以使员工清楚知道公司和客户对服务水平和质量的要求。加强管理阶层和前线员工对服务质量的承诺和责任。外部度量标准和内部度量标准共同构成电信公司的客户服务指标体系。下面是其主要服务指标。

（1）服务水平指标

服务水平指标预示着客户服务中心是否存在问题，并应建立在不断监听的基础上。目前电信行业大多数的标准是：80％的电话都是在20秒钟之前作出的回答。如果服务水平高于目标值，意味着电话量较原计划少，或电话的长度较原计划短。也可能是安排值机的咨询员人数太多，造成人力的浪费。如果服务水平低于目标值，则需要结合其他度量指标寻找原因。有可能是话务量预测得不准，员工的实际工作率太低，没有安排好不同技能组的队列和优先级，或者午餐、休息的时间安排出现了问题。

（2）呼叫放弃率

放弃电话是指已经被接通到中心，但又被呼叫者在咨询员接听之前自动挂断了的电话。放弃率是指放弃电话数与全部接通电话数的比率。系统应能够每日、每周和每月为中心提供此一数据，同时必须确定“短时放弃”的时间长度是多少，“短时放弃”按通常标准20秒或者更少。呼叫放弃率指标目前电信行业大多数的标准为3％，建议在3％～5％之间。由于这项指标完全依赖于客户，因此可能会因为客户打电话时的动机和紧急程度及电话是否是免费电话等因素而不同。如果呼叫放弃率过高，则可能客户平均等待的时间过长使客户难以忍受，也可能工作内容的变化或客户不满意情况增多。这时就应该结合平均等待时间、平均通话时间等几项指标确定产生的原因，采取相应的措施，或增加咨询员、或加大自动声讯服务的内容和比例等来解决。

（3）事后处理时间

指一次呼叫电话接听完后，咨询员完成与此呼叫有关的整理工作所需要的时间。这个指标应按班组和个人来进行统计，制成日表、周表和月表，来与过去的记录进行比较。可以针对每一个咨询员，她把呼后处理所需的动作都做一遍，认真观察并评价每个动作，看是否所有程序都必需；鼓励坐席人员在谈话时做好信息处理，减少事后处理时间。行业平均事后处理时间为60秒，建议目标是30～60秒。

（4）平均通话时间

指与客户谈话的时间和事后处理时间的总和。它因客服中心工作性质、提供的服务内容的不同而不同，其平均通话时间的努力目标也不同。从全行业来看，平均通话时间是8～5

分钟。如果这一指标的时间过长可能表示人员过剩，会引起费用增高。过低则可能服务不够细致，不能使客户满意。

（5）平均持线时间

平均持线时间是指咨询员让客户在线上等待的平均时间。客户持线时间的长短直接影响到呼叫者的情绪乃至满意程度。同时过长的持线时间表明咨询员回答客户问题时业务不够熟练，或因系统原因不能很快地进入所需要的资料领域。这个指标应该尽可能地控制在一个较低的水平上，目前全行业平均持线时间为60秒，建议目标范围应控制在20～60秒之间。

（6）平均排队时间

平均排队时间是指呼叫者被ACD（Automatic Call Distribution，自动呼叫分配设备也称排队机，更确切地说它是呼叫中心整个前台接入系统逻辑功能的描述：把接入的呼叫转接到正确的坐席员桌前）列入名单后等待坐席人员回答的时间。类似于现在的人工服务应答时限指标。这个指标具有不同行业的特殊性，目前全行业的平均排队时间为150秒，建议的目标范围在30～90秒之间。排队时间在建立整个服务水平的总目标上是个关键因素，如果排队时间为零，意味着企业付出大量的人力让咨询员坐在坐席上等电话到来，这是很不经济和缺乏效率的。但如果排队时间过长，势必会使呼叫放弃率加大，客户的满意程度下降。

（7）监听分值

监听分值是由质量检查员对值机的咨询员的质量进行检查，并根据检查情况做出等级评价。如保证每个咨询员每月至少4小时的被检查时间，检查过程中发现可能对客户造成影响的差错要及时更正，每月要将检查中发现的问题汇总、反馈，同时对每一名被检查的人员都要进行打分，并计入月考核。

（8）一次性解决问题的呼叫率

一次性解决问题的呼叫率是对客户服务中心解决客户问题能力的衡量指标，它是指不需要呼叫者再呼、也不需要咨询员回呼，就将问题解决了的电话的百分数。系统可经过一定的处理后在呼后处理的过程中产生出这一信息。目前整个客户服务中心行业的平均百分比为85%之间。这个度量标准对客户的满意程度也十分敏感，也就是说，客户对能否第一次就解决他们的问题非常看重。而客户服务中心要保证这项指标维持在一个高水平上，不仅需要高水平的管理、高素质的员工，更离不开公司各个部门的支持与协作。

（9）转接呼叫率

转接呼叫率起到类似于客户服务中心内部的一次性解决问题的呼叫率的作用，是由值机咨询员转给其他人员接听的电话的百分比，衡量着每个咨询员解决问题的能力。从整体上反映了客户服务中心整体的管理水平和工作能力。此标准的全行业平均百分数是3%，并且转出的电话应是转给级别更高的专家或权威人士。

对于这项指标，首先要使每个坐席有能力回答呼叫者的问题；如果客户一定要转电话，应该将客户的资料等情况一并转过去，减少客户重复问题的时间，减轻客户的不满。同时管理者要按照客户问题的分类和咨询员技能分组情况合理安排，保证客户的问题尽可能由对其技能较强的咨询员来接听。

（10）坐席人员流动率

坐席人员流动率指标是从人力资源管理角度衡量客户服务中心服务工作的一个指标，它是指离开中心的咨询员人数在全体工作总人数中的比例。

以上是一部分客户服务中心的内部度量指标，此外还有实际工作率、平均放弃时间、咨询员利用率等，这些指标与客户的满意度指标一起共同构成了客户服务的指标体系。

4.3.3 训练服务意识

顾客服务经历三个阶段。第一阶段是以产品好坏为标准的阶段。顾客购买时没有太多的选择或顾虑，惟一考虑的是产品是好是坏，能否耐用。第二阶段是以喜欢不喜欢为标准的阶段。第三阶段是以满意不满意为标准的阶段。这一阶段感受就是一切。现在的商品品质大同小异，价格也不是主要因素，顾客购买时也不太注重品牌，而是注重品味了。企业的服务是否令顾客满意是决定顾客买不买的重要因素。现在的顾客已处于第三阶段，顾客要的是什么？顾客要的是关怀、满意、兴奋甚至是惊喜。惊喜的顾客最满意！如何让顾客满意你的服务呢？下面介绍满意服务意识的训练。

4.3.3.1 满足客户需求的服务

(1) 迅速响应客户需求

当面对客户的需要时，最好的办法就是以最快的速度解决客户的问题，响应客户的需求，有一次，一位客户到沃尔玛商店寻找一种特殊的油漆，而沃尔玛商店没有这种商品。于是油漆部门的经理亲自带这位客户到对面的油漆商店里购买，这使得客户和油漆商店的老板都感激不尽。

(2) 满足客户多样化的需求

众所周知，客户的需要是多样的。能想客户所想，就能赢得更多的客户。

麦当劳为了满足不同客户的需求，采用了各种各样的办法，最终赢得了众多的客户，缔造了庞大的“快餐帝国”。美国高速公路上的食品生意，几乎为麦当劳一家独揽。原因是设在高速公路两旁的麦当劳，会事先把卖给乘车客户的食物包装妥善，如装有汉堡包的塑料盒、包着薯条的纸袋、塑料刀叉匙、餐巾纸、吸管等，均用一个大纸袋包好交给客户，以免在车上倾倒或溢出来。麦当劳还有许多针对孩子的需求服务，如专门设有儿童游乐园，供孩子们边吃边玩。游乐园里播放快餐店用重金聘请的著名小丑演出的电视节目，这些逗乐的节目，常使小孩们笑得前仰后合，非常开心。

(3) 关注客户的需求变化

要让客户满意，就必须随时关注客户的需求变化。

梅西百货公司是世界最大的百货公司，历经一个多世纪而长盛不衰，它的成功要诀是：随着客户需求的变化而变化，投其所好。

1885年，美国人罗兰·梅西在纽约创办了梅西百货公司。创建初期，客户的生活水平不高，购买能力还很有限。于是他给公司定下了宗旨：给客户最廉价最满意的商品。因此受其吸引的客户潮水般地向梅西百货公司涌去。在那里，客户省下了钱，梅西百货公司也赚了大钱。

随着经济的发展，客户中拥有银行存款的渐渐多了起来。梅西百货公司于1901年建立了梅西银行，同时创立了这样一种制度：客户只要把一笔钱存进梅西银行，便可以得到一张信用卡，持这张信用卡，就可以在梅西百货公司的任何一家商店自由购物。这一举措方便了客户，大受客户的欢迎。

到了20世纪70年代以后，梅西百货公司发现：自己最大宗的客户是中等收入的人士，特别是这类家庭的主妇。她们受过较高的教育，对于现代家庭和时装世界有较多的了解；她们很忙碌，因而不愿意花费很多的时间来买东西等。针对这些特点，梅西公司制定出一系列行之有效的服务措施：第一，商店的所有出口，都设在显眼和方便的地方，有宽敞的停车场。梅西百货甚至设计出新式结构的商店，客户想到第几层买东西，便可以驾车停到那层楼旁的停车场；第二，为了在商场里展示出更多种类的样品，好让客户有更大的选择余地，梅西百货开展送货到家服务，让客户选定货样，然后从仓库提货直接送到客户家中，以减少客户的麻烦；第三，梅西百货公司跟随客户购买习惯的变化而调整自己的营业时间，每周6天，上午10时到晚上9：30。

到了20世纪90年代，为了适应现代生活的特点，梅西百货公司在商店内设了电影、音乐会、戏剧等观赏室，以方便客户购物、娱乐两不误；他们还赞助举办音乐会、跑马比赛等；把店的一楼改成娱乐中心；在商店中建立活动室，举行当地居民聚会、时装表演等活动；在商店旁开设修理中心。购物完毕，汽车或其他需要修补的物品也修理好了。

客户的需要是会随着消费潮流变化而变化的，梅西百货公司主动、及时地迎合客户的这种需求，不仅使得自己在波澜壮阔的市场竞争中始终站在潮头，占据主动地位；而且大大地提高了客户满意度，培养了一大批忠诚的客户。

(4) 持续提供优质的服务

持续提供优质服务是很重要的。企业或服务员必须重视持续的优质服务，如果只求销售，而不考虑客户得到产品后的需求，就极易给客户造成一种印象——销售员在为销售而服务，这样就不利于建立一种长期的友好合作关系。

小到一个不起眼的小酒馆，大到赫赫有名的奔驰公司，都深知持续为客户提供优质服务的重要性。奔驰公司一直秉承的一条经营原则是：售前的承诺和奉承不如售后的无微不至、无处不在的服务。在德国本土，奔驰公司就设有1700多个维修站，雇有5.6万人做保养和修理工作，在平均相隔不到25千米的公路上，你就可以找到一家奔驰车维修站。国外的维修点也很多：全欧洲2700多个，全世界5000多个。近一个世纪，奔驰公司正是凭借不断为客户提供优质服务的“三服务”经营战略（即保证满意的售前服务、无处不在的售后服务、领导潮流的创新服务），不断发展壮大的。

(5) 为客户提供个性化服务

所谓个性化服务就是做与别人不一样的服务。比如，同是电话转接，大部分公司使用的是自动电话转接，假如你采取人工转接，客户完全有一种不一样的感觉。

在国外，个性化服务已经非常盛行。布鲁克斯兄弟服装公司在纽约旗舰店使用先进的精密身体扫描仪，用来为客户提供绝对合身的服装，标准尺寸的服装反而成了积压的库存，对于大多数有消费能力的客户来说，买几件确实合身的衣服，即使多花点钱也值得。

个性化服务不仅能让客户满意，更可以帮助企业进行换位思考，站在客户的角度来分析产品问题，更能分析客户行为和市场趋势，这势必能提升企业的核心竞争力。

(6) 尽可能地为顾客提供方便

现在是一个快节奏、高效率的时代，人们每天要处理或应付许多的事情。他们没有太多的时间花费在一些无聊的事情上，他们每分每秒都在想着什么事是最有生产力的，什么事是没有价值的。他们普遍感觉时间不够用。所以，在为顾客服务时，首先要考虑的是如何节省顾客的时间，如何为顾客提供便利的服务。

美国有一家连锁超市，超市附近设一餐厅。顾客可以在该餐厅把所买的食品进行加工，针对一些忙得连下车时间都没有的顾客，则开一扇便民窗，方便开车族。在超市里设有银行分行、花店、摄影店、录影带出租、干洗服务等，一应俱全。超市的这些措施为顾客提供便利的服务，节省了顾客的时间，因而赢得了千千万万的顾客不断上升的消费。

（7）惊喜服务

为客户创造惊喜是满意服务的最高目标。

菲利普·罗曼诺开了一个意大利餐馆，他采用了另类的促销手段：每月在某个星期一或者星期二提供一次免费用餐。当客户享受完精美的饮食和完善的服务正准备结账离开之后罗曼诺随机宣布免费的决定，这时候客人们都有一种不可置信的超惊喜。罗曼诺指出，这种使客人惊喜的做法将会花费罗曼诺一个月总收入的3.3%。但是这样带来的效果远远好于使用3.3%的打折策略，这实际上就是将一次完善的饮食服务转化为一次难以忘记的体验。菲利普·罗曼诺在不知不觉中，给客户带来了惊喜。因此不断吸引着新老顾客。

（8）快捷服务

随着时代的进步和科技的发展，快速满足顾客的需求已成为企业竞争的一个焦点。在市场竞争激烈、产品同质化的情况下，服务的差异往往决定一个企业的命运。因此，企业要想获得成功，就要在服务上下工夫，用为顾客提供更快速的服务宣传自己，以此将自己同别的企业区别开来，只有这样，才能将用户变成企业的忠实顾客。

摩托罗拉公司以服务快速到位而著称。自1998年开始，对其中国的手机用户提出了一项在手机保修服务中前所未有的、令人放心的承诺：所有摩托罗拉手机的保修，在其全质量特约快速服务站。从受理到完成，享受到1小时的快速服务。专业快速服务的核心是保证所有摩托罗拉手机的保修在1小时内完成，摩托罗拉工程师介绍说，之所以能做到这一点，是因为维修人员采用快速、灵活的维修方法来实现的，这样就能保证极大地方便用户。摩托罗拉是作出在1小时之内实现快速服务目标的厂商。这种被称为“专业快速服务”的手机保修方式，是市场上的独创。为保证这种专业快速服务的有效实施，摩托罗拉在全国范围内开展了快速专业服务和异地联保维修服务，自1998年3月在广州建立全国首家提供快速服务站以来，摩托罗拉已经在全国各地建立了131家特约快速服务站。

4.3.3.2　感动客户的服务

作为市场人员，要努力做使客户感动的服务。只有真诚的服务，客户才会感动，客户感动了就不怕没有市场。

有一天，有一个法国农场主驾奔驰车从农场出发到德国去。到了一个法国荒村时，汽车发动机出了故障。他向奔驰公司求援。农场主沮丧地坐在车里发呆，等待奔驰公司修理人员的到达。一个小时过后，天空传来了飞机的声音。原来，奔驰汽车修理厂的检修工人在工程师的带领下坐飞机赶来了！工程师一下飞机马上投入检修工作。他们一边安慰法国农场主，一边动手检修。农场主一边看着他们修，一边心里盘算这得要多少修理费，人家是开飞机来的，那成本可不低啊，万一他们要价太高，超过了口袋里的现金怎么办呢？

汽车很快就修好了。

“多少钱？”农场主有点胆怯地问。

“免费服务。”

“免费？”农场主不敢相信自己的耳朵。

“是的，免费，”工程师说，“出现这样的情况，是我们的质量检验没有做好，我们应该负全部的责任，为你提供无偿的服务是我们应该做的。”农场主满脸的惊讶！

让客户感动的服务可以从很多方面着手，下面列举一些。

（1）急顾客所急

服务就像“回音壁”，你越是爱你的客户，客户给你的爱也越多。反之，你越不喜欢你的客户，你也会得到越多不愉快的回应。因此，要想让客户对你的工作满意，你首先要让客户满意。急顾客之所急，往往能让顾客感动、感谢和感恩。

波音公司与意大利航空公司是多年的生意伙伴，有一年，意大利航空公司的一架DC9型飞机在地中海失事，急需一架新飞机，要求波音公司能在一个月内送来一架波音727飞机。

波音727客机属于中型飞机，在国际上很受欢迎，如果按照正常订购程序，至少要等两年，一个月内交货根本不可能。但是波音公司没有一口拒绝。其总裁威尔逊马上召集公司的高级员工研究此事。许多人都说：“还是回绝吧，一个月的时间太短了，如果不能如期交货，反而影响公司的声誉。”但也有人认为应该想尽一切办法满足客户的需求：“我们不能因为有风险就将客户拒绝在门外。如果不敢担风险我们就不是波音公司了。”

威尔逊非常满意大家的讨论，他指示有关部门提出一个可行的方案，来满足意大利航空公司的需求。还不到一个月，一架新的波音727型客机降落在意大利航空公司的停机坪上。原本没有抱太大希望的意大利航空公司感动不已。为报答波音公司的临危解难，意大利航空公司取消了向道格拉斯公司订购DC10飞机的计划，转向波音公司订购9架波音747大型客机。这笔生意的价值是5.8亿美元！这回轮到波音公司惊喜万分了。

(2) 服务多一点，满意多一分

服务无终点，企业或服务人员为客户提供越多的服务，就越能得到客户的喜欢和满意。

丽兹·卡尔顿饭店总裁强调为客户“多服务一点”、“再多服务一点”，而且完全出于至诚的热心、专注与体贴入微。为了替客户多服务一点，员工会主动为客户洗车、照顾宠物，代客户购买所需要的特殊用品，客户若对餐饮不满，员工可以立即将它由账单中划掉，也可以安排客户住进套房而只收单人房的费用……

长期以来，这种主动为客户服务，多服务一点的精神，已经成为丽兹·卡尔顿的企业文化，它不但提升服务的品质与客户的忠诚度，员工们也都为此引以为荣，感到自豪。任何新人进到公司，都能立即感受到这种气氛而全心投入。丽兹·卡尔顿饭店不但因此成为业界的佼佼者，而且是全球服务业追随学习的典范。

有个修自行车的师傅，生意十分火爆，周围其他修车的人几乎都没有生意做。不仅如此，很多人还愿意从很远的地方跑来让他修。是他的技术多么高超吗？其实跟其他人都差不多。原来，这位师傅有个习惯，每次修完车之后都要帮客户把自行车擦得干干净净，就像一辆新车一样。而这一点，客户并没有要求，也不在他修车工作的范畴之内，但他一直坚持这样做。

多做一点点不仅能让个人通向成功，更能让企业走向辉煌。

1971年，年轻的布伊诺刚从学校毕业完成医护训练，在贫困的城市里建立了一个小医院，为吸引病人前往这个医院看病，他给到该医院看病的病人送出了一系列的礼物。第一份礼物是凡是来医院做产前检查的孕妇，就可以免费得到一罐可乐，这家医院的病人大多是非常贫困的，对他们而言，能够喝一罐可乐，就是个天大的享受。第二份礼物是免费为病人提供接送任务的专车。这种极具关爱的行动，带给当地妇女很大的便利，立刻受到当地人的欢迎，进而得到了病人的感激。第三份礼物是免费讲授产妇育婴知识。只要妇女参加这类预防疾病的课程，就可获得一些食物，并可参加抽奖。奖品有婴儿床、高脚椅、尿布等，而且这一切都是免费的。第四份礼物是免费提供儿童读物。只要父母带孩童加入，就可以得到一些小礼物以及一些教导小孩良好卫生习惯的儿童书刊。供病人及病人家属免费取阅。第五份礼物是不分昼夜，随时都有专家医生的接待。第六份礼物是为边远地区的病人准备救护直升机以及救护车。充分显示了该医院的强力医疗救援体系，以科技来挽救生命，和死神赛跑的医疗精神。这所有的一切都是免费的。事实证明，他送出的这些礼物，为他的医院赢得了众多满意的、忠实的顾客。

(3) 想顾客之所想

对于任何一个力求发展的公司来说，任何一个客户都是最有价值的资产。从与客户的第一次接触到以后的每次联系都要善待客户，珍惜客户，处处为客户着想。

杰克是英国的一家企管咨询公司的业务主管。有一天，天气异常寒冷，离上班时间还有一个钟头，杰克很想到公司附近找家咖啡屋喝杯热咖啡。找到了几家，冲了进去，结果所获得的回答都是“还没开始营业。”或者是“八点钟再来吧。”等回答。杰克几乎要泄气了，准备放弃之余，又走进一家咖啡店，问：“开始营业了吗?”对方说：“开始了，请进、请进，外面风冷。”其实这家咖啡屋离营业时间也还有20分钟，但是店员能够设身处地替顾客着想。把杰克招呼进去，并且告诉杰克说：“先生，不好意思，您的咖啡还在准备中，请先看一看报纸，等一下。”说着递过来一份都市早报，“在哪里工作？上班路程远吗？这天气挺冷的，要多穿衣服啦。”和室外的寒冬相比之下，这家贴心的咖啡屋，令人倍感温暖。10分钟后，一杯热腾腾的咖啡送到杰克的面前。“先生，不好意思，让您久等了，请慢用。”杰克心里大为受用，相比前几家咖啡屋的做法，杰克甚为感动，并打定主意，以后都到这家咖啡屋来消费。用完咖啡后，请老板结账，老板微笑地对他说：“先生，您是本咖啡屋今天的第一位顾客，我们又耽搁了您一些时间，我们决定，您的咖啡只需付一半的费用，以表我们的歉意。并谢谢您光临本店。”这样的服务可以称作是一种“温暖人心的”的服务。了解顾客的心情，了解顾客的处境，并对其实施服务，顾客会感动不已。

(4) 让客户快乐

最好的服务就是带给客户欢乐！只有欢乐的员工，才有满意的客户。

美国西南航空公司就精于此道。他们的空中小姐总是会说些幽默的话或做些滑稽的动作让顾客感到空中之旅是快乐的。更夸张的是，在一次航行中，首席执行官赫伯·凯勒尔试图使西南航空公司成为一个愉快的工作场所。他和员工们无拘无束地闲谈，他们称呼他“赫伯大叔”。鼓励乘务人员扮演滑稽小丑以及做像击鼓传令那样的小游戏。一些飞机乘务员在复活节的晚会上穿着小兔服装，在感恩节穿着火鸡服装，在圣诞节戴着驯鹿角，凯勒尔自己还经常穿着小丑套装或小精灵戏装扮演各种角色。这就是美国西南航空公司“幽默服务”的几个小场景。就是靠着这种别具一格的服务，西南航空公司在美国各大航空公司中一枝独秀。

(5) 对客户永怀感激之情

“请”和“谢谢”是与客户建立密切关系以及提高客户忠诚度的有力言辞，这些话不仅容易说出口，也非常值得努力去说。与客户创造一种互相愉悦的环境，多说“请”和“谢谢”就是一种非常好的方法。在成交后除了要给客户寄一封感谢信之外，还要在次日上午打电话向客户再次表示谢意。另外，你也可以在成交的当天，回到办公室，马上给客户传真一份感谢信，感谢信要设计得非常精美，带给客户一个温馨愉悦的感觉。

在销售成功之后，不仅业务人员本人要打电话感谢客户，同时还要请老板亲自给客户打电话。因为身份的特殊，客户有一种被尊重的感觉。

美国电子公司总裁莱里·哈托在这一点上做得非常出色。他会亲自给客户拨电话，他说："我是电子公司的总裁，我非常感谢你们的生意合作，您是我们最重要的客户之一，我也非常乐意与您交往。你们对我们的服务有什么意见？或有什么问题要和我讨论？欢迎随时打电话给我。"

世界销售训练大师汤姆·霍普金斯平均每天要寄5～10封感谢信给那些没有参加他的研讨会的人，给那些没有投资购买他们录音带训练课程的老板，还有其他人。一天寄10封感谢函等于一年要寄3650封，10年就是36500封，汤姆·霍普金斯说："我每寄出100封的感谢函就能做成10笔生意。也就是每100名潜在客户在感谢的情况下有10位会成为忠诚的客户。"因此，作为一名优秀的市场人员，不仅要感谢现在购买你的产品或服务的人，而且还要感谢没有购买你的产品或服务的人。因为，每个人都是值得感谢的。你要感谢他抽出时间与你见面，感谢他能接听你的电话，感谢他听你的产品介绍。感谢他们让你知道了他不买你产品的原因，让你找到你与别人的差距在哪里。

（6）送客户一些小礼物

"投之以桃，报之以李"永远是人的一种心理定律。你送给客户一些小礼物，虽然这些小礼物不值多少钱，对于客户来说也没有什么实际意义，但这种方式让客户感觉到很舒服。物是不以价值的多少来衡量的，它融进了送礼之人很多的感情因素，它代表的是一分祝福，一分感谢。

Kate有一位朋友是做绿色食品行业的，在Kate没成为他的客户之前，经常给Kate打电话，问候工作状况、身体状况，向Kate祝福之类的，但从不跟Kate提产品之事。虽然，Kate明知道他有意向自己推销他的产品。有一次，Kate搬家。搬家的第二天，他敲门而入。手捧鲜花，面带祝福的笑容，在闲聊客套几句之后，他送给Kate一个名片夹和一束鲜花。这位朋友长久以来的联络和赠送礼物，让Kate觉得不向他买点东西都是一种罪过。所以，Kate主动提出向他买东西，Kate也就成了他忠诚的客户。每当Kate用到那个名片夹的时候，都会想到那个卖绿色食品的朋友。

（7）努力让顾客感觉舒适

舒适愉快的感觉，是每个顾客在使用产品或享受服务时所追求的目标。顾客在接受服务的过程中感到舒服，满意度自然就高了。

美国有一家小型美容公司。里面有一间像住家一样舒适的等候室，有舒适的坐椅、电视机、咖啡桌、当期的杂志甚至鲜花。并且他们还有一位漂亮、谈吐优雅的小姐陪你聊天，为你讲笑话，聆听你的倾诉，使你内心的不愉快通通释放。他们真正从顾客的角度来工作、来服务。

在伦敦，当顾客在剧院前排队时，有街头艺人为顾客助兴；在邮局等候时，可以观赏卫星电视频道上播放的节目；医生的候诊室里则有杂志和提供信息的其他材料。

在北京有几家银行，为了缓解顾客在等待过程中所产生的急躁、无聊的心情，在顾客所排的队伍中放几把椅子，顾客可以坐着排队。同时还在柜台上面摆设一些鲜花，供顾客观赏之用，还有在柜台上摆一些糖果，供顾客享用。在赏心悦目的人性化服务环境下，等待的心情也就不会太急躁。

4.3.3.3 魅力服务

所谓魅力服务，就是指服务员在为客户提供服务的过程中，要以自己良好的内在外在形象赢得顾客的喜爱和好感，从而获得客户的满意。

（1）饱含激情地服务

英国的一位前首相曾经说过："一个人要想成为伟人，唯一之途便是做任何事都要饱有激情。"激情是可以传递的。你以饱满的激情去为客户服务，客户的心情就会随着你而激昂起来。你的心情是低落的，传递给客户的心情也必定是低落的，你的心情是激昂的，传递给客户的心情也必定是激昂的。要想使客户对你的服务感兴趣，你必须首先激活自己的活力。客户喜欢和那些积极、灵活、机敏、饱含激情的人交往。要使你的客户对你满意，并让这位满意的客户跟你买更多的产品或者给你提供更多的客户名单，你就要以饱满的激情去为客户服务。

(2) 时刻展示自我最好的形象

销售员必须穿出自己的职业特点，一颦一笑、一举一动部要体现职业的素养，讲究得体的装扮、掌握必要的礼仪礼节，时刻保持仪容端庄，表现出充分的自信给客户留下良好的第一形象。

(3) 用人格魅力打动客户

卖产品就等于卖服务，展示自己的思想，挥洒人格的魅力。服务员在销售产品的时候切记：最重要的是展示自己的人格魅力。一个有人格魅力的销售人员，可以让客户感受到真诚和信任。

小夏是一家电脑公司的销售人员，沉默寡言的他，脸上还时常挂着羞涩的微笑。按照一般标准，小夏似乎并不是一个适合做销售的小伙子。但是，一次有一个公司要采购电脑的时候，小夏的表现给客户留下了深刻印象。炎炎酷夏，小夏和同事满头大汗，抬着电脑箱，满面含笑地来到某公司。小夏整整花了半天的时间才完成装机工作，但小伙子忙完之后一口水也没喝就走了，临走的时候还留下了一张名片，表示有问题随时可以找他。此后的几次售后服务工作中，小夏给这家公司的印象是真诚、肯干、实在，靠得住，于是这家公司后来又向小夏购买了一批电脑。如果按照一个优秀销售人员的标准来评价小夏，他真的没有什么特别之处，沉默寡言、口才平平，产品也没有绝对的价格优势，唯一能说明问题的，就是他比其他销售人员更重视客户。可以说，小夏以自己的人格赢得了客户的满意。

(4) 多些微笑

微笑是成功销售的资本之一，可以给人一种亲切、充满喜气的感觉。在销售与服务过程中，服务人员对客户的每一个微笑都会让对方感觉到你的善意、理解与支持。微笑能建立信任，能表示友好的意愿。销售时微笑，表明你对客户交谈抱有积极的期望。

奥格·曼狄诺说过："对人微笑，是高超的社交技巧之一，是一种文明的表现，它显示出一种力量、涵养和暗示，有微笑面孔的人，就会有希望，因为一个人的笑容可以照亮所有看到它的人。"

真诚的微笑能给他人带来快乐，有助于服务人员与客户相处得轻松愉快，但是千万不要匆忙地、轻易地把你的微笑传达出去。你应该在适当的时刻微笑，并保持适当的微笑程度。否则，你的微笑很容易在客户心中贬值，你的诚意也会大打折扣。

4.3.3.4 主动服务

成功就是70%的人脉加30%的知识。人脉就是钱脉，有良好的人脉关系，你的通道就会多。要维持良好的人际关系、建立新的人际关系，就要不断地、主动地跟客户联系。

大多客户都是被动的，每一个人都期望别人主动跟他联络。客户花钱购买你的产品或服务，客户没有义务主动找你联络。所以你要不断地以打电话、寄信、拜访、网上交流的方式与你的客户联系，表示你对客户的关心，你在乎他们的存在。

即使是不再购买你的产品的客户也要跟他们联络，你必须感谢他过去对你的支持，并请教他现在不再购买的原因。他会觉得你非常重视服务，跟你做生意会非常愉快，他可能会重新跟你做生意。

美国最大的超市沃尔玛流传着一条独特的服务原则，名叫“三米原则”。原则规定，凡进入服务人员视线3米以内的人，无论他是否已经开始真正的采买活动，都是这位员工的正式服务客户，可享受客户所享受的所有服务与关照，不得使其有被冷落的感觉。“三米原则”其实就是让客户享有被重视感。被人重视几乎是所有人内心的潜在需求。顾客在被关注、被重视的情况下，会有兴奋和欢愉感，在他眼里商品也会变得比平时更可爱而促使其更加慷慨购物。

4.3.3.5 诚信服务

一个企业要想基业常青，最有效的办法就是紧紧守住诚信：对员工重守诺言，对客户恪守信用。信用是一笔财富，是一份巨额“保险”，是你后退的桥梁，更是你前进的助推器。

联邦快递公司一直遵守着以诚信为客户服务的原则。有一次，载运货物的飞机已经起飞后，服务人员才发现还遗留了一个小包裹没装上飞机。正当执行经理想以其他的理由向客户解释或采取赔钱的方式解决时，公司的创始人之一史密斯先生认为不能欺骗客户，要讲求信用，即便花上数千美元也在所不惜。他坚持雇用私人飞机把这个小包裹送到客户手中并向客户说明，表达歉意。有了良好的信誉，联邦快递公司很快发展为全球最大的包裹运输公司。

我国的奥康集团宁可亏本也要守护信誉的做法，也让外国公司感叹！一次，奥康集团接下了意大利客户的一笔订单，双方谈好产品单价为24美元，并签订了合同。但在产品投产时，他们发现在核算成本时将皮料的价格算得过低，若按实际成本计算，每双鞋的价格至少还要增加一美元。当负责人将情况汇报给总裁王振滔，并请示是否与外商洽谈加价时，王振滔表示：既然签了合同，就是亏本了，这笔买卖也要做。消息传到客户的耳中，对方主动提出增加一美元，但被王振滔婉言谢绝。他说，多赚一美元少赚一美元并不重要，重要的是恪守信用。客户大为感动，当即将原来10万美元的订单追加到100多万美元，并表示：以后要和奥康集团建立长期合作关系，下更多的订单。

在金钱和信用之间，他们都选择了信用，这样做非但没有让他们失去金钱，反而赢遍了“天下”！

4.3.3.6 细节服务

(1) 熟记顾客长相或姓名

世界上最美妙的声音不是动听的音乐，而是从别人嘴里叫出自己的名字。因此业务人员能够熟记顾客的长相和能称呼顾客最喜欢用的名字，顾客一定会非常高兴，顾客会有一种受重视的感觉。

在瑞士的日内瓦，有一家拥有两百年传统历史的旅馆。一般旅馆，都必须出示ID确认卡，或者是告知房间号码才能拿钥匙，但是这家旅馆就省掉这项麻烦。只要你曾经在该店入住过，下次再到该酒店住宿时，只要办好住宿登记之后，柜台的服务生凭顾客长相就能够将钥匙准确无误地递给顾客。这些做法让所有住客感到惊讶，原来那些服务生对曾在该酒店住宿过的客人长相和姓名都是记得住的。当客人来到该酒店时，排成一列的服务员对顾客微笑、点头、弯腰：“桂子小姐，欢迎您再次光临本店。”当你离开宾馆时，从老板到职员，都在走廊门厅处站着：“再见，史密斯先生，一路平安。……再见，查理夫人，欢迎下次再来。”态度亲切得甚至超过欢迎顾客到来时。

美国一位私立学校的校长，他把记住学校上千位学生的名字当成作业，每天练习。如果是新来的学生，他还没见过，就靠他们的照片来记他们的名字。每学年的第一天，他就站在校门口，在每位学生下车时，分别叫出他们的名字，并且寒暄一番。他这种做法不仅让新生的陌生感减少，而且让爱子心切的家长也特别的放心。在这位校长任职的 12 年中，该校的注册率几倍增加，使得学校得以扩充教学设施，成为该区最负盛名的明星学校，斐然的成果显然与该校长“记学生名字”的做法是分不开的。

(2) 触摸顾客的手

人类处理资讯的方法主要有三种：视觉的、听觉的、触觉的。握手无疑是一种最重要、最普遍的接触方式，大部分的人在一开始就会依照握手的态度来衡量一个人的个性、诚意以及人际关系。握手应该坚定有力，眼神专注，笑容满面，而不要伸出手来懒洋洋、羞答答的。

适当地接触到顾客的手是有好处的，可以把你的爱心和温暖经过顾客的手传到顾客的心里。令对方对你立即产生好感。试想一下：当银行出纳员将找零直接放入顾客的手中，而不是放在柜台上面时，顾客对银行的好印象是否会明显上升？答案是肯定的。国外曾有一个研究发现，将找零与收据直接交到顾客手中的餐厅服务生的小费收入明显增加。这些都说明了触摸的力量。

但是，在运用各种接触方法的同时，要注意顾客的喜好，如果对方感到不舒服或不自在，则要放弃这种方式或调整自己的举止。

(3) 真诚而坦率地赞美顾客

林肯曾经说过：“每一个人都喜欢被赞美。”每当你看到客户所做的事或所得到的成就值得赞美时，一定要把它提出来，并且告诉他们，你非常羡慕他所拥有的成就。他们就会增加对你的满意度。对你的顾客说一些赞美的话，这只需要花费几秒钟的时间，却能够增加人与人之间无限的善意。当然，赞美要出于真心，且要注意方式、方法，赞美要有实际的内容，避免大话、空话和套话。

实训 21　分组讨论企业提供满意服务的案例

1. 实训目的

提供满意服务的做法有很多，有些是通过满足客户需求，有些是通过感动顾客，有些是通过一些细致体贴的做法等来提高客户满意度的。服务人员要根据不同的服务对象和不同的服务内容而采取相应的服务策略。结合服务的实际情况进行讨论，理清思路，有助于提高客户的满意度。

2. 实训内容

(1) 10 人一组，讨论服务满意的做法有哪些。

(2) 小组汇报，看看各组之间有哪些可借鉴的标准。

(3) 教师点评、归纳。

3. 角色演练

教师请 4 位同学分别扮演酒店服务员和甲、乙、丙三个住宿客人。由甲、乙、丙三人分别向酒店服务员提出一些服务要求，考查酒店服务员的工作是否能得到客户的满意。

4. 案例思考

索尼公司长期以来一直致力于为全球消费者奉献与其产品同样卓越的优质服务，公司总裁兼首席运营官安藤国威先生把“客户满意”提高到公司文化的高度加以强调，索尼集团致力于成为全球“客户满意度最高的公司”。后来，随着索尼在华业务的不断拓展，索尼在中国的服务体系在实现代表业界最先进水平的标准化、网络化、科学化管理的基础上，致力于提供真正贴近客户、满足客户真实需求的人性化服务。2003 年，索尼在中国的服务体系更以努力倾听客户的声音，加深与客户的互动交流为重点进行了一系列、多层面的服务质量提升项目，以开创业界“五星级”服务标准为目标，为高科技、高标准的索尼服务再添人性化内涵。

“索尼互动中心”运用多种高科技手段以及多媒体互动方式，建立了专业化、系统化的客户服务管理系统。同时通过这个平台进行的诸如电话调查、用户信息反馈等更加广泛的交流，也使互动中心成为了解用户心声、倾听用户意见和要求的极好窗口。与此同时，为了增加直接倾听客户心声的机会，索尼（中国）以大投入发起并组织了“sony 与你同行”用户座谈会全国巡回活动，近两年时间，走遍了近 30 个城市，与近千名用户进行了面对面的交流。

2003 年，为更加真实全面地了解广大客户的心声，索尼开展了一系列提高服务质量，更新服务管理的活动，其中包括对超过 20% 的维修用户进行电话回访及用户调查，回访数量每月可达 6000 余户。同时网上的用户调查及用户意见征询系统也于 2003 年 10 月启动。通过真正地“倾听客户的声音”，使索尼切实了解了用户对索尼服务质量的第一手反馈，使索尼真正能做到“想用户所想”，达到进一步的自我改善与提升。

而从 2003 年 10 月开始，用户可以通过互联网享受网上的索尼维修查询和预约服务。同时诸如产品说明书、维修细则等产品及维修信息也可以在网上查询到。相应的索尼服务“一点通”项目也正式启动，即通过特约维修站增设一台联网电脑. 为到维修站的客户提供当时当地的网上查询、预约、信息共享的便利，同时通过网上调查等形式获得客户对索尼服务的意见及建议等反馈信息。“一点通”项目作为贴近客户的又一重大举措，将网络化与人性化有效结合，带给客户网络时代全新的服务理念与感受。

为方便客户，从 2003 年 8 月 1 日开始，索尼在全国所有的特约维修站均实现全年无休，365 天天天营业，各指定维修站也在 2003 年 10 月实施这一服务新标准。这一极大方便客户的举措无疑将索尼服务与广大客户的距离拉得更近。

依据上述案例资料，回答以下问题。

① 索尼的服务是如何全方位、多层次、多渠道开展的？

② 有些人认为索尼公司开展的一些服务措施更多的是在作秀，而不是在提高服务满意度，你是如何评价的呢？

思考题 4

1. 影响客户满意的因素有哪些？
2. 怎样理解客户满意的辩证关系？
3. 什么是产品的整体概念？
4. 常见的客户满意度测试方法有哪些？
5. 产品质量有哪些层次？

6. 如何训练良好的服务意识以提高客户满意度？

7. “一切服务从心开始”，你是怎样理解这句话的？

实践建议 4

1. 调查了解本校学生饭堂的服务质量，设计一份饭堂服务满意度调查问卷。

2. 有机会到一些大企业，如美的公司、海尔公司、丰田汽车公司等客户服务部，了解这些企业是如何让客户满意的？

3. 到一间五星级酒店参观，了解该酒店的服务指标体系包括哪些？

4. 谈自己的一次满意或不满意的消费经历。

5. 观察一家大型商场，列出影响顾客满意度的因素有哪些？其中哪些是顾客较满意的，哪些是顾客还不满意的因素？

6. 通过企业调研或资料搜集，选择一个国内知名品牌产品，分析这个产品的整体组成。

第 5 章　客户忠诚管理

在企业管理中，有效的客户关系管理带来的最大收益就是改进客户忠诚度，而客户忠诚度被认为是企业取得长期利润增长的途径。根据 Conference Board 2001 年针对全球 506 位 CEO 的调查显示，客户忠诚度以及维持率被列为企业管理面临的首要挑战。但客户的忠诚不是天生的，客户忠诚必须去培养、赢得。因此，系统地、有计划地对顾客进行忠诚管理，是企业具有战略意义的营销规划之一。

5.1 客户忠诚

客户忠诚通常是指顾客购买行为的持续性，是顾客对企业产品或服务的信赖和认可，坚持长期购买和使用该企业的产品或服务，在思想和情感上所表现出的一种高度信任和忠诚的程度，是客户对企业产品在长期竞争中所表现出的优势的综合评价。从购买行为上看，表现为指向性购买、重复性购买、相关性购买、推荐性购买四个特征。

客户的忠诚是企业通过多年向客户提供优质的产品或服务培养出来的。忠诚的客户对企业品牌情有独钟，即使其他同类企业出现了价格更为低廉的产品，顾客也不会轻易转买其他品牌的产品，是企业营销的主要对象之一。

在了解客户忠诚含义的同时，有必要了解另一个概念，那就是客户的忠诚度。客户的忠诚度是企业在进行客户忠诚管理中关注的重点，是指客户忠诚于企业的产品或服务的程度，是一个量化概念。

根据客户忠诚度的情况，客户忠诚的层次可以为四层。

第一层次：无忠诚感。对企业漠不关心，仅凭偶然性因素，根据产品外形、价格、服务、宣传等原因而购买。

第二层次：对企业感到满意或习惯。熟悉企业的产品或服务，并对其留有良好的印象，有消费需求时，比较习惯性地选择去购买。

第三层次：对企业品牌产生一定的偏好情绪。了解企业品牌，从心理上对企业的产品或服务高度认可，在同类产品中特别偏好企业品牌的产品，与企业之间建立了一定的感情联系，可以说有一定的忠诚度。

第四层次：高度忠诚，对企业品牌有强烈的偏好和情感寄托。对企业的产品或服务特别喜爱，有强烈的情感寄托，对企业品牌忠贞不二。

从以上四个层次可以看出，客户的忠诚度越高，客户的购买行为越稳定。所以提高客户的忠诚度，是企业的重要任务。

5.1.1 忠诚客户的价值

国际顶尖管理大师佩珀斯和罗杰斯博士，根据顾客对企业的价值，把顾客分为三类：最有价值顾客、最具增长性顾客、负值顾客。忠诚客户无疑是属于第一类。

忠诚客户是与企业建立了良好关系的消费者，他们是企业最有价值的顾客，对企业的稳定发展具有不可低估的作用。具体而言，忠诚客户的价值主要体现在以下两个方面。

(1) 为企业带来较稳定的、可观的利润

利润是企业追求的最终目的，顾客忠诚度则是企业利润的主要来源。美国运通公司负责信息管理的副总裁詹姆斯·范德·普顿指出，最好的顾客与其余顾客消费额的比例，比如：在零售业来说约为 16∶1，在餐饮业是 13∶1，在航空业是 12∶1，在旅店业是 5∶1。可见，忠诚客户占据了企业绝大部分的销售份额，是为企业带来利润的主要人群，值得企业花大力气去培养。

另据研究表明，来自忠诚客户的利润会随着时间的增加而逐步增长。美国哈佛商学院赫斯克特等服务营销专家对信用服务与汽车保险等服务行业忠诚顾客的利润增值进行了统计分析，如表 5-1 所示。

表 5-1　忠诚顾客的利润增值

行业	第 1 年	第 2 年	第 3 年	第 4 年	第 5 年
汽车保险	21	42	44	49	55
工业洗衣	144	166	192	222	256
工业分销	45	99	121	144	168
汽车服务	25	35	70	88	88

(2) 为企业宣传品牌，赢得新的客户，节约争取客户的成本

经济学家在调查了世界 500 强企业时发现：忠诚顾客不但会主动重复购买企业的产品和服务，节约企业的营业成本，为企业带来可观的利润，还能为企业节约大量的广告宣传费用。因为他们在日常生活中会自愿地、下意识地担当“义务宣传员”，向熟悉的或身边的人推荐企业的产品或服务，为企业传播品牌。而且，往往这种口耳相传的宣传比企业花钱进行的商业广告更具感染力和说服力，能为企业赢来更多的客户。

5.1.2　客户忠诚的分类

对于客户忠诚的类型，不同的行业对客户忠诚分类有所不同，营销界有很多种分类方法，比较常见的有以下几种。

(1) 根据消费者对于产品和服务的需求、对于品牌的态度和满意度分类

全球著名的战略咨询公司麦肯锡对客户忠诚提出了多维度细分的方法，即根据消费者对于产品和服务的需求、对于品牌的态度和满意度，按照客户忠诚度由高到低，将客户忠诚细分为六种类型。

① 感情型忠诚客户：喜欢公司品牌，认为符合自己的品位、风格，很少再去推敲消费决策。

② 惯性型忠诚客户：消费习惯固定，较少推敲消费决策。

③ 理智型忠诚客户：经常重新对品牌进行选择，反复推敲消费决策。

④ 生活方式改变型客户：客户自身需求的改变，改变了消费方向。

⑤ 理智型客户：通过理性的标准选择新的品牌，经常反复比较消费。

⑥ 不满意型客户：因曾经的不满意购买经历而对品牌进行重新考虑。

以上的客户类型中，前三种是企业的忠诚顾客，可以进一步提高他们的忠诚度；后三种客户正在或准备转向其他企业的产品或服务。

(2) 根据顾客对企业提供的忠诚计划给予的评估分类

有的营销人员偏向于通过顾客对企业提供的忠诚计划所给予的评估，将客户忠诚划分为五种类型：垄断型、节约型、激励型、习惯型、忠实型。

(3) 根据客户的行为态度分类

根据客户的行为态度来分，可把客户忠诚划分为三类，即：行为忠诚、意识忠诚和情感忠诚。

另外，凯瑟琳·辛德尔博士则把客户忠诚分为垄断忠诚、惰性忠诚、潜在忠诚、方便忠诚、价格忠诚、激励忠诚、超值忠诚七类。

企业在针对客户制订营销计划时，要考虑到本行业不同类型的忠诚客户，并在提高客户的忠诚度上有的放矢，才能够收到应有的效果。

5.1.3 客户忠诚的影响因素

客户忠诚是对企业提供的产品或服务所表现出的一种信任程度，是对企业综合优势的认可。客户的忠诚是可以培养的，但也会受到很多因素的影响。当外在的环境和条件变了，客户的忠诚也会随之改变。当今的社会，市场竞争越来越激烈，谁获得了消费者，谁就占据了市场，而影响消费者的选择，建立起客户对企业的忠诚度，有着诸多方面的影响因素，具体如下：

(1) 客户价值选择

随着社会的发展，丰富的产品让客户的选择越来越多，而客户对产品的要求也越来越高。从客户的价值变迁而言，大致经历了三个阶段：一是理性消费阶段，仅考虑产品的价格和实用性。二是感觉消费阶段，除考虑价格和质量要求外，还考虑了对产品喜欢与否。三是感情消费阶段，在这一阶段客户追求的是购买产品所带来的满足程度，重视对消费整个过程满不满意。

(2) 客户满意度

满意是指实际效果与期望值进行比较所获得的一种愉悦、满足的心理感觉。客户满意度是一种感觉状态水平，源于客户对产品或服务可感知的绩效与期望进行的比较。当实际绩效高于期望值，客户满意度就高；当实际绩效不如期望值，客户就会不满意。比如：客户听说了某品牌商品非常好，于是前往购买该公司的产品，但购回后却发现使用效果比想象中的差，客户自然而然会觉得不满意。因此，企业能否满足客户的个性化需求，为客户提供优质的服务，是当今企业能否保持竞争力的主要因素，客户满意度也成为企业经营管理过程中最为关注的问题。

(3) 客户让渡价值

客户的预期绩效可以用客户让渡价值来表示。客户在消费过程中的选择和满意程度是紧密相连的，要了解消费者是否能够选择企业的产品或服务，并且最终对企业产生忠诚感，有必要来了解一下客户的让渡价值。

客户让渡价值是菲利普·科特勒在1994年提出的，是指客户总价值与总成本之间的差额部分，即：客户总价值－客户总成本＝客户让渡价值，如图5-1所示。其中客户总价值是指客户从企业提供的产品或服务中获取的全部利益，它包括四方面。

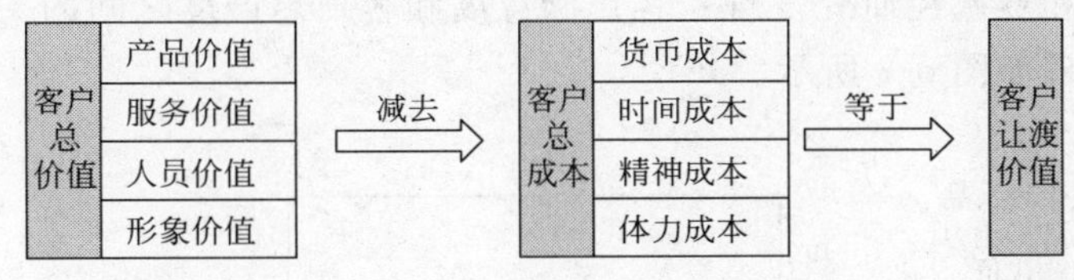

图 5-1　客户让渡价值

① 产品价值：指产品的质量、功能、款式等，是满足客户需求的基础。

② 服务价值：指企业提供的售前、售中、售后服务情况，是建立客户忠诚度的重要因素。

③ 人员价值：是企业员工与顾客接触过程中体现出来的工作作风、能力、责任感和整体形象，很大程度上决定企业对顾客的服务质量，对顾客向企业产生忠诚度有巨大的影响作用。

④ 形象价值：指企业及产品的总体形象在公众中产生的价值。形象价值也会直接影响顾客的忠诚度。

客户总成本是指客户从企业获得全部利益所付出的整体成本，也包括四个方面的因素。

① 货币成本：指客户为购买产品所付出的货款及交通费等附属费用。

② 时间成本：指客户求购产品过程前后所花费的时间。

③ 精神成本：指客户在购买产品中耗费的心理代价。

④ 体力成本：指客户在购买产品全过程中所消耗的体力。

客户让渡价值是一个综合性指标，企业要获得客户的高的忠诚度，必须要有高的客户让渡价值。即一方面要提高客户的总价值，如：提高产品的质量，改善产品外观，加强对企业人员的培训，树立企业良好的品牌形象等来吸引顾客。另一方面要降低客户的总成本，例如：降低产品生产成本或流通环节，从而降低销售价格；设置方便顾客的服务网点，节约客户的时间、体力等，让客户能用更少的付出获得更优质的产品和服务，从而进一步提高客户的满意度。

总而言之，客户让渡价值是影响客户忠诚度的核心因素，只有提高客户让渡价值，才能让客户全方位地感受到真正的满意和物有所值，从而促进企业和客户的关系，让客户建立起对企业高度的忠诚。

5.1.4 满意度与忠诚度的关系

你是否认为：客户满意度越高客户忠诚度就越高？不少人会这么认为，但事实并非完全如此。根据清华大学中国企业研究中心对全国 40 多个不同行业 390 多家企业的调查，许多客户满意度比较高的企业其客户忠诚并不高。

客户满意度不等于客户的忠诚度，两者之间既有联系也有区别。客户满意是客户在消费后心理产生的满足感和态度，这种满意并不会带给企业后续的利润；客户的忠诚则是一种持续交易的行为，表现为客户日后会重复消费，能够直接为企业持续创造利润。客户满意度只代表过去，客户忠诚度则可以预测未来。客户满意度是客户忠诚度的基础，没有客户满意度就谈不上有客户忠诚度，客户满意度经过累积可能最终转化为客户忠诚度，使客户成为企业最有价值的客户；但客户满意度不一定最终能转化为客户忠诚度，它可能受到竞争环境的影响。这种影响是怎样的呢？

美国学者琼斯和赛塞经研究发现：客户满意度和客户忠诚度之间的关系受到了市场竞争情况影响，具体表现如图 5-2 所示。

低竞争区
垄断或缺少替代品
强大的品牌影响力
高昂的改购代价
有效的常客奖励计划
专有技术

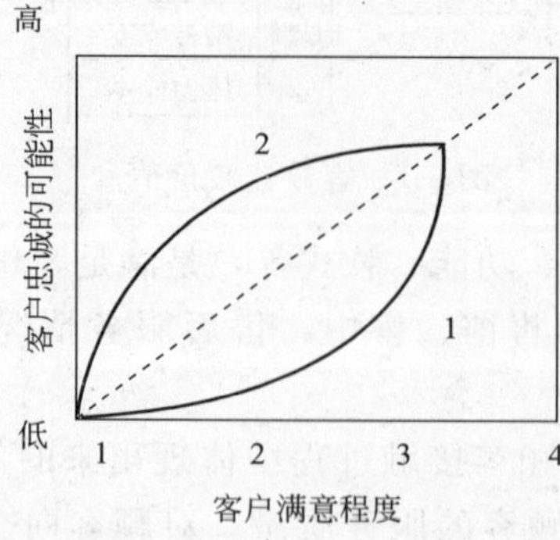

高竞争区
相似性强,差别小
消费者改变购买风险小
替代品多
改购代价低

图 5-2　客户满意度和客户忠诚度的关系

从图 5-2 可以看到，在高竞争区（曲线 1），客户的满意度必须达到一定的区间，客户的忠诚度才有较明显提高，即顾客只有在达到非常满意的情况下，才会对企业产生忠诚感；而在低竞争区（曲线 2），客户的满意度直接且快速地影响着忠诚度，但这实际上是客户对产品或服务选择范围小（或者是别无选择）的缘故，并非是真的对企业忠诚。当所处的环境改变为高度竞争区的时候，即有许多同类优质产品或服务可以选择的时候，这些客户很大程度上会选择其他产品或服务。所以，客户满意度并不是客户忠诚度，只有当客户非常满意时才会成为忠诚客户。当企业处于低竞争区的时候，要懂得居安思危，提高产品的服务质量和水平，使客户真正满意、忠诚。只有这样，当外部竞争环境发生变化的时候，才能够处变不惊，从容应对，留住“忠诚的客户”。

实训 22　分析案例中的客户忠诚类型

1. 实训目的

通过本次实训，让学生更进一步弄清客户忠诚的类型，便于认识忠诚客户的价值，有效地进行客户工作。

2. 实训内容

（1）分四大组讨论下面资料中的客户忠诚类型。

英国裤袜国际连锁公司的主人米尔曼开始只经营男士领带，且营业额不大。后来她发现不仅是男士，而且妇女也要求购物方便、快捷，她们往往不愿为购买一双长筒袜而挤进百货商场，而愿意只花几分钟在一家小店购得。米尔曼对顾客的这种心理摸得很清楚，十分注重经营速度、方便顾客和周到服务。尽管价格上略高于百货商场，但周到的服务足以弥补价格较高的不利因素，而且还绰绰有余。米尔曼 1983 年 4 月在伦敦一个地铁车站创建第一家袜子商店时，资金不足 10 万美元，经过几年的经营，现已成为世界上最大的妇女裤袜零售专业连锁公司，在英国已有上百家分店，在欧美其他国家有 30 多家分店。销售额已近亿美元。米尔曼公司的发展，靠的就是向顾客提供快捷、方便和周到的服务……

在美国得克萨斯州利昂时装店有一名叫塞西尔·萨特怀特的女销售员，已经 67 岁了，她一年销售的鞋子价值 60 万美元，她自己的年收入达 10 万美元。由于她的出色服务质量而被称为传奇人物。顾客总是慕名而来，也满意而去。走进这家商店，经常看到不少妇女在等她，在她的顾客中，有政府女职员，有在公司工作的女职员，也有女律师、女医生，还有政府官员和企业界巨头的夫人。她们不仅每隔一定时间就到塞西尔那里去买鞋，而且当准备出差或旅行时也去她那，以觅一双舒适美观的鞋。妇女们喜欢去她那里买鞋并非那里的鞋特别时髦，也不是店里的设施特别讲究，而是塞西尔给予她们的那种特殊的、情意绵绵的关注和服务，当她接待顾客时，会使顾客感到好像她生活中除你之外再没有任何人似的。如果这双鞋你穿着不合适，她是不会让你买的，如果另一双鞋穿在你脚上不好看，她也决不会卖给你，而且，她有时会跪在你脚下，帮你穿上脱下。塞西尔这样做，自有她的服务观念：人们都希望生活中有些令人高兴的事，而大部分妇女，她们到我这里来，所需要的正是热情周到的服务。这种服务观念像一块强大的磁石，吸引了众多忠实的顾客……

(2) 每组选代表汇报讨论分析结果。

(3) 教师点评、归纳。

3. 角色演练

请几组同学分别扮演销售人员和不同忠诚类型顾客之间进行的销售场景，让班级的其他同学看完后判断顾客的忠诚类型。

4. 案例思考

Forrester 咨询公司于 2004 年 12 月 9 日发表的一份报告中称，几乎约半数的美国企业称，在 IBM 出售其台式机和笔记本电脑业务后，他们准备考虑购买惠普或戴尔的产品。

早些时候，IBM 以 17.5 亿美元的价格将其 PC 业务卖给了联想。尽管 IBM 的官员信誓旦旦地表示这不会或几乎不会造成业务流失，可像 Forrester 等一些市场调研厂商的分析师们却发出了不同声音。

在于 2004 年 12 月 9 日发表的一份报告中，Forrester 咨询公司的高级分析师罗伯特和一些同事表示，约半数（准确地说是 48%）的 IBM 的台式机、笔记本电脑潜在客户将考虑转向戴尔或惠普。根据 Forrester 的数字与“信息周刊”的即时调查，30%的客户表示不会改变 PC 供应商，另有 18%的客户则还没有作出决定。罗伯特表示，人们认为，客户对 IBM 的忠诚度——尤其是对 ThinkPad 笔记本电脑的忠诚度很高，但调查数据显示，事实恰恰相反。

事实上，IBM 潜在客户的忠诚度低于戴尔和惠普的潜在客户。只有 29%的戴尔潜在客户考虑转向其他 PC 供应商；在惠普的潜在客户中，这一比例是 41%。罗伯特发现，企业客户对品牌的忠诚度已经让位于价格。IBM 在台式机和笔记本电脑市场上的策略是不打价格战。

罗伯特说，IBM 的对手中获利最大的要算是惠普了。在可能流失的 IBM 潜在客户中，约 43%的客户会转向戴尔，39%的客户会转向惠普，18%的客户会同时考虑这三家公司。按出货量计算，戴尔和惠普将瓜分 IBM 流失的客户，而惠普的市场份额增长幅度会更大一些。但罗伯特表示，惠普争取 IBM 客户的工作比想象的要困难一些，它必须向企业客户表明，它对 PC 业务的支持要好于戴尔和 IBM。相比之下，戴尔的策略就很清楚，即它专注于 PC 业务。

请问：IBM 台式机和笔记本电脑的客户属于哪些忠诚类型？

5.2 培养忠诚客户

在市场竞争日益激烈的今天，忠诚客户的数量是衡量企业占据多少市场份额的主要指标，是企业长期获利高低的决定性因素。顾客忠诚除了有利于企业巩固现有市场，降低营销成本，使企业拥有长期盈利能力外，还使企业在激烈的竞争中得到了更好的保护。因此，每个企业都很关心如何培养忠诚顾客。

在电子商务领域，因为网络交易的用户多、信息量大、交易快捷等特性，以及客户的相对隐蔽等，培养顾客的忠诚要比传统客户相对困难。但正是如此，能否培养电子客户的忠诚度，更是电子商务企业是否拥有竞争优势，从而决胜千里的关键因素。电子商务企业要具体分析影响其顾客忠诚的原因，制定培养客户忠诚的策略、措施。

5.2.1 获得客户忠诚的策略

策略是一种高度，一种思路，企业在致力于培养忠诚客户之前，要先充分了解客户的特点，做好充分的规划。围绕企业核心利益，以客户需求为主体，制订适合本企业的客户的忠诚策略，如图 5-3 所示。

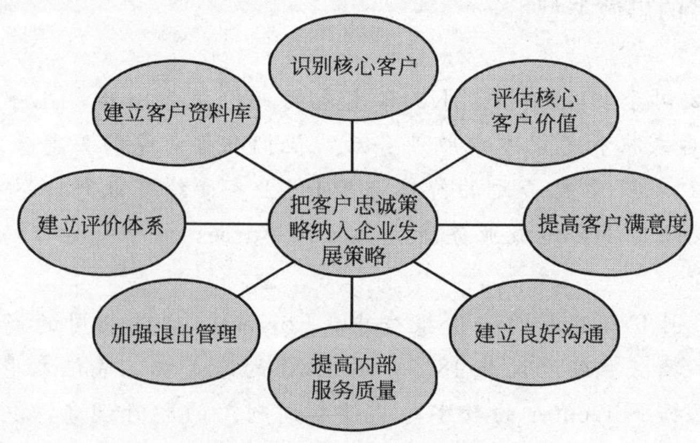

图 5-3 客户的忠诚策略的制订

（1）把客户忠诚策略纳入企业发展策略

汤姆·科林格认为，如果公司的战略意图没有包括增加或改进客户忠诚的目标，那么所有的赌注都会丢掉。在经济社会蓬勃发展、信息技术日新月异的今天，企业都在飞速发展。每个企业都要不断审视自身的战略方向。客户忠诚度的建立要和企业的发展紧密联系在一起，用客户的忠诚度作为企业发展的方向标，把客户忠诚策略纳入企业发展策略。

（2）建立客户资料库

企业在日常与顾客接触的过程中，收集顾客相关资料，并据此建立起客户的资料库。企业可以根据客户的资格库，进行市场细分和份额统计。

为提高顾客忠诚而建立的数据库应具备整合性、动态性、可识别、可分类利用等特征。以便企业统计、分析、利用，从而明了顾客的喜好和购买行为习惯，提供更具针对性的个性化服务。

（3）识别企业的核心客户

帕累托定律表明，20%的顾客带来 80%的销售利润。只有与核心顾客建立关系，企业的营销资源才会得到最有效的配置和利用，从而明显地提高企业的获利能力。

通常认为识别核心顾客最实用的方法是回答三个互相交叠的问题：

① 哪些客户对本企业最忠诚、最能使本企业盈利？

② 哪些客户最重视本企业的产品和服务？

③ 哪些客户更值得本企业重视？

(4) 评估核心客户价值

被企业确定为核心客户的人员，对企业今后多长时间内、或多长时间后将能够产生多大的价值，与企业投入的成本对比利润率有多高，需要进行评估。

(5) 提高客户满意度

客户满意度是客户忠诚度建立的基础条件，客户要对照客户让渡价值，从各个环节提高服务质量，降低客户总成本，切实提高客户的满意率，从而提高客户对企业的认同感，进而提高忠诚度。

(6) 与客户建立良好沟通

想要提高客户的满意度和忠诚度，首先要知道顾客需要什么、满意什么、抱怨什么。根据有关数据表明：因为没有解决顾客的问题，可以造成89%顾客离去；通常在25个不满意的顾客中只有一个人会去投诉，其他24个则悄悄地转移到了其他企业的产品或服务上。所以企业要尽量能建立良好的沟通渠道，倾听客户的意见、建议，妥善处理客户的问题、投诉，并把其作为工作改进的依据。

(7) 提高内部服务质量，重视员工忠诚的培养

公司花费了庞大的资金去经营的品牌，可以由提供服务的从业人员轻易地毁去。任何一个服务人员处理不当，立刻会使大量的客户与潜在客户流失。所以强外须安内，企业整体营销战略、提高客户忠诚度的实现，绝大部分是通过企业员工去达成、去体现的。因此，企业要加强内部员工培训，提高内部服务质量、水平，加强企业员工的凝聚力和归属感。这样企业员工对外才能更好地开展工作，服务客户，宣传企业的品牌形象。

(8) 加强退出管理，减少客户流失

对于不再购买本企业产品的客户，企业并不能听之任之，要有管理的意识。正确的做法是要认真分析顾客退出的原因，总结经验、教训，利用这些信息改进产品和服务。并堵塞可能影响其他客户流失的漏洞，减少流失率。

(9) 建立评价体系

对客户忠诚培养战略的正确与否，企业要建立起评价体系，并阶段性进行评价，检验其合理性，以此促进下一阶段的工作。

5.2.2　培养忠诚客户的战术

据有关资料显示，随着当代互联网技术的迅速普及，电子商务的迅速发展，以及信息的高度传播，顾客将变得越来越聪明，对各种产品和服务的期望值也越来越高。而市场的全球化让企业间的竞争越来越激烈，各种促销手段层出不穷，互联网也由于其便利和可选性大而增大了顾客的“不忠诚”。在这种情况下，要培养客户的忠诚度难度也越来越大，更加需要采取合适的措施战术，来获取客户的青睐。

5.2.2.1　提高客户忠诚度的十大原则

根据前面所了解的影响客户忠诚的各种因素，培养忠诚客户，要考虑到客户价值选择、客户满意度及客户让渡价值等方面的因素。对此，有人提出了提高客户忠诚度的十大原则。

(1) 控制产品质量和价格

产品的质量和价格是消费者首先考虑的要素之一，也是保持客户忠诚度的基本条件。因

此，节约产品的制造成本和流通成本，以相对合理的价格来吸引消费者，并且保证产品的质量优势，是吸引消费者的不二法门。

（2）了解企业的产品

这是为提高服务质量而做准备的。企业的服务人员只有充分了解产品的特性、功能、优势、适合人群等产品情况，才能更好地向客户介绍、推荐产品，满足客户求购过程中的各种了解需求，取得客户的信任，促进客户忠诚建立。

（3）了解企业的客户

知己知彼，百战不殆。在为客户提供服务中，如果能够了解顾客的基本情况，清楚顾客的需求，解答顾客的疑问，及时解决顾客提出的问题或抱怨，为顾客介绍合适的产品，会让客户感觉到企业的真诚服务，也会觉得产品或服务很适合他，从而对企业产生满意感。所以，企业要千方百计去了解客户，倾听客户的声音，分析客户的需求和期望，从而制订出适合客户的营销方法，最终赢得客户。

（4）提高服务质量

在现代的营销里，企业卖的往往已不仅仅是产品，更多的是伴随产品的各种售前、售中、售后服务。服务质量的好坏可以直接影响客户是否购买企业的产品。不少的消费者认为，服务做不好的企业，也将做不好产品。在同等优质的产品面前，消费者会选择服务好的企业产品。因此，企业除了要确保产品质量外，还要尽可能为客户提供周到、贴心、热情的服务。要知道，谁能赢得客户的心，谁就拥有了市场。

（5）提高客户满意度

客户满意度在一定意义上是企业经营“质量”的衡量方式。通过客户满意度调查、面谈等，真实了解企业的客户目前最需要的是什么，什么对他们最有价值。掌握、关注客户的潜在需求，并提供所需优质的服务，从而提高客户对企业的满意度。

（6）超越客户期待

在了解客户的基础上，突破常规，提供让客户惊喜的产品或服务，让客户所感受到的超过所期望的。

（7）满足客户个性化要求

根据不同客户的需求特点，提供不同风格的产品或服务，满足不同类型客户追新求异、符合自身特点的个性化需求。

（8）正确处理客户问题

客户的抱怨说明企业在某些方面仍有不足，企业要正确应对客户提出的问题，消除客户误解或取得客户的理解，满足客户的合理需求。只有这样才能留住客户，挽回客户的信心，并且借此建立客户的满足度。有研究显示：一个最好的顾客往往是受过最大挫折的顾客。得到满意解决的投诉者，与从没有不满意的顾客相比，往往更容易成为企业最忠诚的顾客。如果采取回避的做法，则问题依然存在，客户也会流失。正确地处理客户问题，既向客户展示了企业的责任感，也促进了企业自身的发展。

（9）让购买程序变得简单

客户付出的总成本越低，让渡价值越高。购买程序简单化，可以节约客户的非货币成本，如体力、精力、时间等。购买程序越简单，越能赢得客户的心。电子商务的发展之所以突飞猛进，其中的一个原因就是其购买程序简单快捷。

（10）服务内部客户

内部客户是指企业的员工，是企业的客户之一。企业要先为内部员工提供良好的服务，让内部员工能更好地工作、学习、提高，才能更好地去服务外部客户。

这些原则，紧紧围绕客户忠诚的培养条件，具有较强的针对性，是培养忠诚客户的有效战术。

5.2.2.2 用好会员卡

为了更好地吸引客户，加深与消费者的情感联系和对消费者的了解，企业往往会制订忠诚计划来吸引和加深客户对企业的忠诚度。近年来，以累计积分为主要形式的忠诚计划在各行各业广泛应用。这些忠诚计划主要有独立积分、联盟积分、联名卡和认同卡、会员俱乐部几种模式。

(1) 独立积分模式

这是由客户购买本企业产品和服务，或推荐其他人购买，企业提供积分，并根据积分额度给予奖励或回馈的一种模式。这种模式比较适合于容易引起多次重复购买和延伸服务的企业。现在许多服装店、百货公司或大型超市等都采用这种独立积分模式。

(2) 联盟积分模式

所谓联盟积分，是由多个企业合作共同使用同一个积分系统，使客户能用一张卡在不同的商家消费、积分。联盟积分对消费者而言，使用更方便、更具有吸引力。既能减少携带积分卡，又能更快使积分奖励兑现。

目前世界上最成功的联盟积分项目是英国的NECTAR，积分联盟由NECTAR这个专门的组织机构设立，本身并没有产品，只靠收取手续费赢利。项目吸引了包括Barclay银行、Sains Bury超市、Debenham商场和BP加油站等很多企业加入。顾客凭NECTAR卡可以在特约商户消费，或者用Barclay银行卡消费者，都可获得相应积分，并凭借积分参加抽奖或者领取奖品。NECTAR因此把消费者对他们的忠诚转变成对特约商户的忠诚，并由此向特约商户收取费用。在很短时间内，NECTAR就将5880万英国居民中的1300万变成了自己的客户，并从中取得了巨大的收益。

(3) 联名卡和认同卡模式

联名卡是银行与盈利性机构合作发行的银行卡附属产品，其功能等同于信用卡。一般以某一特定群体为对象，较具商业导向。常见的有中华航空信用卡、百货公司联名卡等。

如：美国航空公司（American Airline）和花旗银行联名发行的Advantage卡就是一个创立较早而且相当成功的联名卡品牌。持卡人用此卡消费时，可以赚取飞行里数，累积一定里数之后就可以到美国航空公司换取飞机票。

认同卡是银行与非赢利团体合作发行的信用卡。持卡人主要为该团体成员或有共同利益的群体，如运动协会（如美国橄榄球协会NFL）。

(4) 会员俱乐部模式

会员俱乐部模式一般在单个消费者创造的利润非常高，客户群集中，密切联系消费者有利于企业业务扩展的情况下采用。这种模式对促进企业与客户的沟通，了解客户需求，建立客户对企业的情感有较好的效果。

以上的忠诚计划各有优缺点，企业要根据自身的特点，选择合适的忠诚计划。

另外，针对忠诚客户目标市场的细分情况，有些企业还根据不同的发展阶段，制定了分级忠诚计划，共分为三级，如表5-2所示。

表 5-2 分级忠诚计划对比

忠诚计划级别	实施手段	表现形式	客户忠诚度
一级	价格刺激、额外的利益	折扣、累计积分、赠送商品、发放奖品	低
二级	建立顾客组织	建立顾客档案、俱乐部、顾客协会	较高
三级	为客户提供有价值的资源	俱乐部等(提供稀缺资源,显示会员的特权)	高

一级忠诚计划：又被称为频繁营销。企业通过价格刺激（折扣）或额外的利益（累计积分、赠送商品、发放奖品等）奖励经常来光顾的顾客。这个级别的忠诚是非常不可靠的，使用的方式容易被模仿，客户容易被转移，也可能会降低企业的服务质量。

二级忠诚计划：通过建立顾客组织（顾客档案、俱乐部、顾客协会等），了解消费者较详细的潜在需求，使企业能更好地提供适合客户的个性化需求的产品和服务，从而满足客户需求，培养忠实的顾客。这个级别的客户忠诚度较高。

三级忠诚计划：通过花大力气为会员提供不能通过其他来源得到的有价值的资源，显示会员的特权，满足客户特殊需求，增加对客户的吸引力。其客户忠诚度很高。

哈雷·戴维森摩托车的拥有者都具有明显的共性，向往大自然，追求自由的生活，他们常常喜欢聚在一起，比试爱车、兜风旅游。因此，哈雷所有者团体就设计了一系列有针对性的活动，将这一团体变成了“哈雷·戴维森”之家。除了提供紧急修理服务、特别设计的保险项目、第一次购买哈雷·戴维森摩托车的顾客可以免费获得一年期的会员资格，在一年内享受35美元的零件更新等服务外，该团体还向定期会员提供一本杂志（介绍摩托车知识，报道国际国内的骑乘赛事）、一本旅游手册、价格优惠的旅馆，经常举办骑乘培训班和周末骑车大赛，向度假会员廉价出租哈雷·戴维森摩托车。目前，该公司占领了美国重型摩托车市场的48%，市场需求大于供给，顾客保留率达95%。

以上不同级别的忠诚计划，企业在实际情况中往往进行了灵活交叉运用。如既成立了会员俱乐部，定期举办活动，又向每位会员派送了积分优惠卡，让会员们享受了财务和社会活动的双重优惠。

5.2.2.3 对中间商构建“双赢”战略

中间商和渠道对产品品牌的态度将直接影响到企业自身的生存，因此，企业应该在产品发展的不同阶段对中间商和渠道采取不同的培养政策。在产品“入市期”，企业首先要制定长远的发展规划，对中间商的要求不一定是“最强”和“最好”的，也不能“有款就发货”，应根据自身品牌的定位设定选择的标准。实践证明，与企业一起发展成长的中间商是“最忠诚的客户”。同时，企业与经销商制定“双赢”和“共难”的战略合作伙伴关系，共同投入，并公开企业一年的经营计划，避免把风险全部转嫁到中间商身上，给渠道以信心。在“发展期”，随着商品品牌的发展壮大，此时是厂家和中间商获得利润最高的一段时间，此期间维系客户忠诚度的方法已不再是加大双方的沟通，而是转变为加强利润分配的管理监控，给渠道合理、公平的利润分配。在“成熟期”，随着产品市场价位的透明，中间商的利润逐步下降，他们的忠诚度也开始转移。这时企业为了品牌的继续生存，首先应该做到的是“同品牌新产品的推出”，并加大广告促销的投入，用行动宣传品牌的研发能力；同时加强渠道监管，可以适时地取消“定量返利”。

5.2.2.4 合理控制提高客户忠诚度的成本

提高客户忠诚是需要成本的，在实施客户忠诚计划过程中，涉及的费用至少包括：会员注册费、客户沟通费、管理行政费、计划维持所涉及的物资、活动费等。这些费用如果没有进行合理的计划，得到有效的控制，就会变成企业的负担。

大家知道，忠诚计划最终目的是提高企业的利润，如果忠诚计划的实施成本过高，便脱离企业的初衷。所以企业在制订培养忠诚客户的计划时，不仅要考虑忠诚度提高的有效性，也要考虑到实施的成本。

实训 23 分组讨论企业培养忠诚客户的典型案例

1. 实训目的

通过本次实训，让学生进一步了解忠诚客户培养的策略，知道企业应该如何培养忠诚客户，了解培养忠诚客户的战术。

2. 实训内容

(1) 分四大组讨论下面资料中的公司的忠诚客户的培养策略。

MaBelle钻饰是香港利兴珠宝公司推出的大众钻饰品牌，公司自1993年成立以来，已经在香港开设了多家分店，成为深受时尚人士青睐的钻饰品牌。

MaBelle的母公司利兴集团成立于1949年，刚开始时从事宝石进口和批发生意，在全世界各处搜购优质宝石和玉石，销往亚洲市场。从1966年开始，利兴由原有的宝石及玉石生意，改为专注进口和批发钻石生意，旗下拥有Mabros、Falconer等高端的钻饰品牌。

1993年，利兴集团的高层经过市场调查，发现几乎市场上所有的钻饰品牌都在中高端竞争，大众市场基本上为空白。于是，他们推出了MaBelle钻饰，成为香港首间开放式的钻饰连锁店，专售价格相对便宜的钻石首饰。MaBelle以款式多样、时尚为主要卖点，将流行元素融入传统的钻石。独特、自由、轻松的购物模式，将钻饰在香港普及化。当年推出的千元价格的“黄钻”，更是在香港创造了钻饰消费的潮流。

虽然MaBelle是大众钻饰品牌，但是公司高层人士清醒地意识到：价格绝对不能成为MaBelle的核心竞争力。顾客只因为价格便宜而购物，并不能令客人的忠诚度上升。不断创新的设计是MaBelle与其他品牌区别的主要特征，而与顾客建立情感上的沟通，赋予顾客与众不同的优越感，才能为企业创造更多的价值。

MaBelle和一般珠宝零售商和品牌相比，其最与众不同的地方就是MaBelle设立的会员“VIP俱乐部”。这个俱乐部通过为会员带去钻饰以外的生活体验，通过加强MaBelle店员与顾客之间的个人交流，以及会员之间的情感联系，将情感赋予了钻饰。

目前，MaBelle在香港拥有30多万活跃会员，这些会员大部分是20～40岁的白领女性和专业人士。一般来说，顾客购买了一定数额的MaBelle钻饰就可能注册为“VIP俱乐部”会员。公司对销售员工的要求是，必须定期通过电邮、电话、手机短信等方式和顾客建立个人关系，这种私人关系无疑增加了顾客对公司的情感。MaBelle还定期为会员举办关于“选购钻石的知识”以及“钻饰款式”方面的讲座，增加了顾客对企业产品的了解。MaBelle还经常为“VIP俱乐部”会员安排与钻饰无关的各种活动，根据公司掌握的不同会员的年龄、职业和兴趣等，邀请会员参与这些活动。例如，母亲节为妈妈们准备的“母亲节Ichiban妈咪鲍翅席”，情人节为年轻情侣筹办浪漫的“喜来登酒店情人节晚会”，为职业和兴趣相近的会员安排的“酒店茶点聚餐”，以及节假日为年轻会员安排的“香港本地一日游”等活动。

总体来说，香港的生活节奏非常快，人们学习、工作很紧张，人际交往比较少，这些活动不但给会员提供了难忘的生活体验，而且还帮助他们开拓交际圈，通过俱乐部结识了不少朋友。很多会员参加过一些活动后，都邀请自己的亲友也加入 MaBelle 的俱乐部，真正起到了“口耳相传”的客户忠诚效果。

（2）每组选代表上讲台汇报讨论结果。

（3）教师点评、归纳。

3. 角色演练

请几位同学分别扮演销售人员和顾客，演练一级忠诚计划的实施过程（学生课前准备好相关资料）。

4. 案例思考

八十多年前，刚刚起步的 Stop & Shop 公司只是一家为邻居提供方便的杂货店，今天它已经成为英格兰最大的连锁超级市场集团，在世界的六个国家拥有 350 家商店。这家食品超市巨人仅在美国的子公司就雇用了 56000 名员工，2003 年的销售额达到了 100 亿美元。

Stop & Shop 提供各种食品、果蔬及杂货等商品，同时在超市中还有不同的专业店，包括药房、熟食店和娱乐中心等。Stop & Shop 制胜的解决方案就是一个，即改造企业，让客户更方便地选购食品及杂货。

像大多数的零售连锁店一样，Stop & Shop 将吸引和保留客户放在最优先考虑之列。从以往的顾客消费分析中，Stop & Shop 了解到，来店顾客的生活十分忙碌，他们没有足够的时间来排队结账，或比较通道上的商品，或有耐心找到很难发现的商品。因此，只有那些能够让他们高效地完成购物的超级市场，才可能赢得他们的满意，并最终获得他们的忠诚度。

顾客消费分析还揭示，消费者们希望从他们的消费预算中获得最大收益。因此 Stop & Shop 在商店内实施了“忠诚卡”制度，持卡人也可获得额外的优惠，商店同时也获得了有价值的交易数据，这一制度效果甚佳。尽管该店已在结账台和直邮计划中为客户提供了有针对性的赠券，但要更多地帮助客户，还需要有更精确针对顾客的、成本更低的方法，“忠诚卡”正好可以实现这一目标。Stop & Shop 的信息系统总监 Susan Shahroodi 说：“我们以前的销售努力是针对购物后的顾客设计的，现在不同了，我们希望能够吸引还在通道中的顾客，并帮助他们积极地做出购买决策。”

Stop & Shop 正在使用一个能帮助顾客更有效地管理店内时间的解决方案，即帮助顾客迅速找到所需的商品，并降低结账等待时间。从长远看，Stop & Shop 还希望能努力提高销售，让顾客在穿越通道时，通过相关的、有针对性的宣传，了解更多的信息。这样，顾客们将节省时间，同时，这也是该零售商促进销售额不断增长的方法之一。

请问：Stop & Shop 是如何提高顾客的忠诚度的？

5.3 预防客户流失

有数据显示：企业获取一个新客户的成本是保留一个老客户的 5 倍，一个企业如果每年降低 5%的客户流失率，利润每年可增加 25%～85%。所以，有效预防客户流失，相当于给企业创造可观的利润。

5.3.1 客户流失调查分析

客户流失是企业管理者头疼的问题。一般美国公司每 5 年便会流失一半的客户，每 4 年会有一半的员工跳槽。客户的流失使企业不得不投入比保留老客户多出 5 倍以上的成本去发展新客户，却仍然得面临利润率的急剧下降。

造成客户流失的原因很多，但总体而言是客户的需求不能得到满足，根源主要来自于两方面：一是企业自身的原因，二是客户方面的原因。如图 5-4 所示。

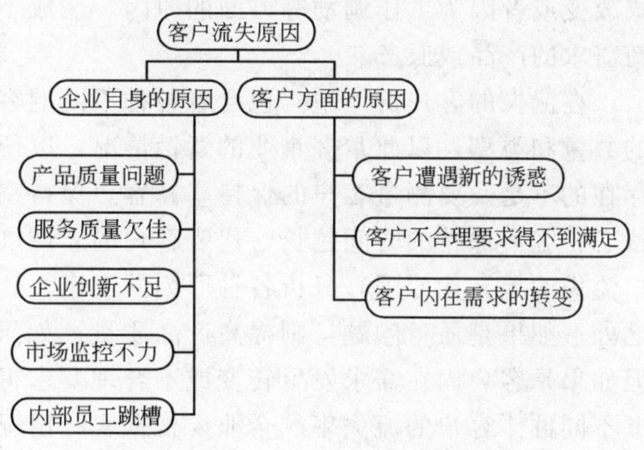

图 5-4　客户流失原因

（1）企业自身原因分析

① 产品质量问题。产品质量是营销金字塔的底座，产品质量不佳，客户最基本的购买需求得不到保证，最直接的反映是客户利益的受损，客户肯定不满意，会马上“弃暗投明”。

② 服务质量欠佳。据调查统计，对顾客服务不好，将造成 94%的顾客离去。服务是客户购买产品时最主要的附加值，如果客户在购买的过程中，企业员工某一环节的服务质量跟不上，比如态度傲慢，工作效率低下，处理问题拖拉等，则会让客户情感受到伤害，并对企业及其产品产生不信任，也会直接导致客户流失。

例如：一顾客根据商场促销人员的建议，购买了某品牌的迷你 DVD，该品牌产品宣称可保修三年。顾客在使用一年后，DVD 出现了一个小故障，于是准备送企业保修。却被告知，如果要保修，顾客必须亲自把 DVD 送到距离 40 多公里外的维修站，而且必须一个多月后才可取回。这样的售后服务让顾客后悔莫及：今后再也不买该品牌的产品了！

③ 企业创新不足。任何产品都有自己的生命周期，且当今世界，新技术新产品不断涌现，客户的选择范围很大，视野也很开阔。如果企业固步自封，不能跟随市场推陈出新，进行产品的升级换代，客户在企业产品范围内找不到符合时代发展的喜欢的产品，则很容易“移情别恋”。

④ 市场监控不力。企业对市场没有控制好，造成商品的流通领域混乱，价格、营销方式手段不规范等，打击了客户信心，从而造成客户的流失。

⑤ 内部员工跳槽。企业员工的跳槽率普遍很高。很多企业由于在客户关系管理方面不够细腻、规范，客户与企业之间的关系往往成为客户与业务员的关系，企业自身对客户的影响相对乏力，一旦业务人员跳槽，老客户就随之而去。与此带来的是竞争对手实力的增强，企业面对内部客户和外部客户的双流失。

（2）客户方面原因分析

① 客户遭遇新的诱惑。在市场的激烈竞争中，琳琅满目的商品和服务为客户提供了多元的选择，众多的促销方式想尽办法打动消费者的心。为能在市场上获得竞争优势，竞争对手们往往会不惜代价以优厚条件来吸引那些资源丰厚的客户。客户的选择是自由的，当有其他企业提供了更大的客户让渡价值时，客户可能会因此而改变选择。

② 客户不合理要求得不到满足。个别客户自恃购买力、实力强大，为获得厂家更多的优惠，以“主动流失”进行要挟，当企业满足不了他们的不合理要求时，客户只好“真正流失”。

③ 客户内在需求的转变。由于客户自身的客观条件改变，例如消费观念改变、生活方

式改变或者因为工作调动等方面的原因，造成了自身需求的连锁变化，从而选择其他满足其新需求的产品或服务。

在流失的客户群体中，包含着各种不同的客户类型、原因等。企业要密切关注流失客户的数量和类型，以此掌握企业的营销情况，以便及时有针对性地调整相关的策略措施，改善存在的不足。要测量客户的保持率。客户保持率可以间接反映客户满意度，反映企业的营利状态。客户保持的时间越长，代表客户的忠诚度越高，企业的营利能力越强。要区分导致客户流失的差异化原因，分析各种原因的比率。这可以让企业分清原因，对症下药，改善不足之处。如果是质量问题，则提高产品质量；如果是服务问题，则改善服务水平，以此类推。但如果是客户内在需求发生转变或不合理要求得不到满足，企业则可以不必过多理会。要掌握不同群体客户的流失率。企业要根据实际情况分析流失的客户群体是属于老客户还是新客户；是优质群体还是劣质群体；是青少年、中年人还是老年人；是女性还是男性等，以此判断：为何会造成此群体流失，原因是什么？是否值得挽回？如何挽回？

如果在流失的客户中，优质客户的数量有上升的趋势，要引起企业的高度警惕，这极可能是企业面临危险的信号。要听取客户的反馈意见。客户的心声反映了真实的想法，这对企业来说是非常宝贵的。企业要通过设立客户反馈机制等各种各样的方法，听取客户的心声，获取对企业发展最具价值的信息。要测算挽回客户成本。企业可以根据成本和客户群体挽回有可能产生的价值（经济效益和社会效益）进行比较，以此判断是否采取挽回行动。

5.3.2 客户流失挽回

世界著名的信用卡公司 MBNA 的年度报告封面上写着：成功在于获得合适的客户并且留住他们。也许你会认为，客户流失可以用发展新客户来弥补。但实际上，由于争取新客户前期必须投入大量的成本，而旧客户的流失也使企业丧失了原来相对稳固的利润，所以客户的流失等同于增加营销费用和利润的流失，给企业带来沉重的负担。企业仅仅关注新客户的增长是不够的，还要通过有效的途径，主动去预防、减少、挽回客户的流失。

(1) 预防客户流失

针对客户流失的主要原因，企业可以未雨绸缪，防患于未然。

① 把好产品质量关，做好质量营销，提供让顾客信赖的产品，发现质量问题及时、主动修补，让客户感受企业“视质量为生命”。

② 树立“客户至上”服务意识，为客户提供满意、贴心的服务。

③ 加强创新，紧跟社会发展需求，及时调整更新产品和服务，推出更多引领消费潮流的新品，为客户带来耳目一新的购物感受，提供更多元的选择。

④ 加强市场监控力度。加强市场巡查，建立与经销商畅通的联系，及时发现问题采取措施处理，保证流通渠道的有序运作，有效降低经营风险，留住客户。

⑤ 与客户建立良好关系。客户包括内部客户和外部客户，企业要致力提高其忠诚度。感情是维系客户关系的重要方式，可通过日常拜访、节日问候、有针对性的专访等方式加强与客户的沟通联系。

⑥ 建立完善的客户关系管理体系，增加企业实体与客户的沟通与联系，减少员工跳槽而导致的客户流失。

⑦ 增加客户的让渡价值，增强企业产品的市场竞争力。

⑧ 强化与客户的沟通。通过了解客户的意见和需求，及时调整企业的经营策略。

（2）争取即将流失的客户

当客户的流失危机摆在面前，企业应采取合适的态度、措施，主动提出适合优质客户的鼓励方案，争取把客户留下来。

① 正面应对问题，不要推诿。故意拖延问题的处理，从而增加客户获取相关服务和补偿的困难，最终使客户知难而退的办法，虽然可以让企业减少麻烦，但却严重伤害了客户的感情，极易造成客户的流失。负责任的企业应该积极处理好各种问题，并承担起自身责任问题的解决，这才能最大限度地留住客户，保持客户满意度。

② 避免正面冲突。在服务过程中，企业人员要摆正态度，处理与客户的冲突，用耐心、诚心和专业的态度去化解矛盾。不要指责客户，使客户难堪，更不要激化矛盾。与客户发生的正面冲突，会很大程度直接导致客户的流失。而企业人员专业的服务态度，将会给顾客留下深刻的印象，可以帮助挽留客户。

③ 重视客户的抱怨。据统计，通过较好地解决客户投诉，可挽回75%的顾客；尽最大努力去解决用户投诉的，将有95%的顾客还会继续接受服务。

（3）挽回流失客户

对于已经流失的客户，企业可以根据流失分析得出的结果，区别对待。对于优质客户，一方面，企业可进一步改善提高客户的让渡价值，加强产品和服务的市场竞争力，把客户重新吸引过来。另一方面，可继续关注客户的情况，仍然建立适当的沟通渠道与客户保持联系。如寄送新品信息、促销信息、问候信息等，让客户感受到企业的存在和发展。

实训24　分析案例中的客户流失挽回做法

1. 实训目的

通过本次实训，让同学们了解诸多客户流失的原因，知晓企业挽回客户流失的处理方法，帮助同学们提高分析问题解决问题的能力。

2. 实训内容

（1）分四大组讨论下面资料中的银行是怎样进行客户流失挽回的。

现改名为美国第一银行的原M银行是一家信用卡公司，在20世纪80年代初期，该公司的客户流失相当严重。为了扭转这一危机，公司通过开展客户满意服务以维持客户忠诚度。为此，M银行开始针对流失的客户进行询问调查，这些问题包括他们为何离开？他们的问题何在？他们对信用卡公司有何要求等。通过调查了解到客户的需求，认识到客户离开他们的原因就是未能满足其需求。M银行将收集到的信息调整后，制定行动方案并开始执行，他们经常检讨产品和服务，以期符合客户日益变化的需求。结果，M银行的客户流失迅速下降，并成为同行业中客户流失率最低的公司。

（2）每组选代表上讲台汇报讨论结果。

（3）教师点评、归纳。

3. 角色演练

请几位同学分别扮演不同行业的某企业中，出现客户流失现象后，相关工作人员讨论的挽回客户流失的专题会议的过程，或者把会议结果汇总后形成的做法，向全班同学公布，看有哪些异同。

4. 案例思考

美国强生公司生产的泰诺止痛药，是国际同类产品中的第一品牌。1982年前，在美国成人止痛药市场中占有35%的份额，年销售额高达4.5亿美元，占强生公司总利润的15%。但在1982年9月29日至10月1日期间，芝加哥地区竟接连有7人因服用该产品而死亡，在医疗部门与警方调查之后发现，死者服用的泰诺止痛胶囊竟然含有剧毒的氰化钾成分，一时间舆论大哗。很快，泰诺的销售额下降了87%。

事件发生后，强生公司迅速采取了一系列措施。首先，公司配合警方全力封锁泰诺产品生产厂流水线，收回和封存了市面上的全部泰诺止痛药。同时，强生公司抽调大批人马对所有泰诺止痛药进行检验。在进行检测的800万颗药剂中，发现受污染的只有一批药，总计不超过75颗，并且全部在芝加哥地区。后经警方查证为有人刻意陷害。不久后，向胶囊中投毒的人被拘捕。

事后，善于“借势”的强生公司并没有将产品马上投入市场，而是推出了三层密封包装的瓶装产品，从而排除了药品再次被下毒的可能性。同时，强生再次通过媒体感谢美国人民对泰诺的支持，并发送优惠券。这一系列有效的措施，使泰诺再一次在市场上崛起，仅用5个月的时间就夺回了原市场份额的70%。

请问：美国强生公司是通过什么方法挽回流失客户的？

5.4 双赢战略意识*

晚清红顶商人胡雪岩在总结从商经验中说到：大凡世界上的事不外乎四种，第一种利己利人，第二种不利己利人，第三种利己不利人，第四种不利己不利人。第一种事情尽可能去做……我做的事情虽多，但多朝着利己利人的方向去做，所以总能无往不胜。胡雪岩所提到的利己利人，正是体现了现代双赢的思想。现在，“双赢”这个词汇频繁地出现在各种经营管理领域中，逐步成为企业经营的一种新观念，也成为许多企业奉行的原则。双赢战略意识的建立，为现代竞争带来了全新的思路。

5.4.1 双赢战略

双赢（win-win）一词是博弈理论中的专业术语，也叫互赢、共赢或竞合，指的是合作的双方均能获得利益，都是赢家。强调的是双方的利益兼顾，即所谓的“赢者不全赢，输者不全输”。双赢战略是一个组织实体坚持贯彻双方利益兼顾的原则，开展各项经营合作活动的全局计划和策略。

自觉把“双赢”作为协调竞争所遵循的原则和追求的目标，积极调整竞争心态和竞争策略，才能实现竞争主体的持久发展和社会的长远进步。比如，企业之间、地区之间、国家之间，通过资本、信息、科技、人才等方面的交流与合作，实现优势互补，不仅使自身获得发展，同时促进对方的发展。

双赢战略是继CI战略（企业形象战略）和CS战略（客户满意战略）之后导入中国的一种战略，是一种新的竞争趋势。双赢关系模式是一种竞合关系，它强调在合作的供应商和生产商之间共同分享信息，通过合作和协商协调相互行为。

(1) 双赢战略的基本特征

双赢具有互利性、长远性、共享性、合作性、交叉性等特征。具体如下。

① 互利性：是双赢战略的基本特征，也是企业实施该战略的出发点。

② 长远性：实施双赢战略最终的目标是让合作双方都赢得利益，使彼此得以持久、健康发展，它不是企业短期的行为，而是一项长远的发展战略。

③ 共享性：双赢战略要获得合作双方的一致认可，并分享双赢的基本理念，共享相关的信息。双赢战略如果得到落实，合作双方都将可以分享合作的成果。

④ 合作性：双赢的前提是合作，有合作才有双赢。

⑤ 交叉性：在双赢的合作过程中，合作双方在管理、业务方面会有一定程度交叉。如生产厂家管理着经销商、消费者；对经销商而言，厂家也是管理对象，在未来的营销结构当中，管理会互相交叉。

（2）双赢战略的作用

实施双赢战略，能给合作双方带来资源、信息、渠道等方面的共享互补，同时还能减少企业的市场风险和成本。

① 优势互补：合作双方都有自己的优势和弱项，在合作的过程中，看重的是用对方的优势来弥补自身的不足。

② 资源共享：在寻找互利互惠的合作基础上，加强合作双方的资源共享，这也是实施双赢战略的目的之一。

③ 分担风险：不确定的顾客需求和越来越快的技术更新速度迫使企业在竞争中支付日益高昂的成本。尽管如此，企业却必须不断开发新产品，以满足市场上的潜在需求。事实证明，世界一流的企业已经极少孤注一掷地进行研发与销售。他们在多次的实践中学会了通过战略联盟的方式共同分担耗资巨大的研发、销售项目，降低经营风险，从而提高成功的可能性。

④ 降低成本：由于很好地进行了资源共享和优势互补，企业节省了许多方面的投入和费用，进而得以降低成本。

⑤ 共赢市场：合作双方通过相关手段和方式，来满足各种正常合理的利益需求，最终能够实现共赢市场的目的。

（3）双赢与竞争的关系

在企业经营管理中，有人强调“和谐高于一切”，有人提倡“竞争才能生存”，而实践证明，和谐与竞争的统一才是企业经营的最高境界。在竞争中共同创造价值，是现代企业应该形成的共识。

双赢和竞争之间并不矛盾。竞争是一种追赶，有了竞争才会进步，才会有前进的动力。但竞争并不是你死我活，单纯的竞争只能导致关系恶化，加大彼此的消耗，使成长停滞。只有互相合作，在合作中竞争，在竞争中平衡，才能真正做到双赢。诺贝尔经济学奖获得者莱因哈特·赛尔顿教授有一个著名的“博弈”理论：假设有一场比赛，参与者可以选择与对手是合作还是竞争。如果采取合作策略，可以像鸽子一样割分战利品，那么对手之间浪费时间和精力的争斗不存在了；如果采取竞争策略，像老鹰一样互相争斗，那么胜利者往往只有一个，而且即使是获得胜利，也要被啄掉不少羽毛。这说明了“双赢则皆利，两败必俱伤”的道理。市场经济是竞争经济也是协作经济，不论对个人还是对集体，取长补短、携手共进，才是在合作中竞争的目标。

双赢促进了企业的成功，也推动了市场的蓬勃发展。正如获得2005年CCTV中国经济年度人物的伊利集团董事长兼总裁潘刚在答记者问时所言：我们的双赢理念越来越多地体现在与经销商合作过程中的每个环节，并最终体现在合作成果上。我们的合作越来越默契，双方的管理水平和业务能力都有了非常大的提高，我们的战略意识和创业梦想也一起上升到了一个更高的层次。

5.4.2 双赢战略意识与企业管理

双赢战略意识是一种经营理念，是企业经营的哲学。在当今这个提倡“双赢”的年代，树立双赢战略意识具有重要的意义，应该成为企业总体战略的组织部分，并贯穿在企业经营管理的整个过程当中。企业只有拥有双赢的战略意识，才能与竞争对手、合作伙伴和客户实现长久共存并不断发展，实现各自的愿景。

深圳华为是著名的民营企业，他们很早就树立了双赢的战略意识，并为企业带来了蓬勃发展。他们在企业文化中制订了公司的双赢发展理念如下。

企业在经营活动中不仅要考虑自己的利益，同时也主动地考虑顾客的利益。要在企业中贯彻“我有利，客无利，则可不存；我利大，客利小，则客不久；客我利相当，客久存，我久利”的双赢理念。要始终记住客户的增长是企业发展的源泉。所以像同仁堂这种百年老店能经久不衰，就是因为它不仅考虑双赢，而且还提出宁可自己吃亏，也要让顾客满意的理念。

华为公司把合作双赢的理念全方位地实际应用到经营管理中：

一方面，华为公司与客户和供应商建立稳固的合作关系，加强与国际、中国主流运营商的战略合作，改善与主要供应商的合作关系，提高供应链的响应速度和服务优势。另一方面，他们特别扩大与友商的多层次合作，共同构建面向未来的、多赢的、共同生存的安全发展模式，实现分工合作、优势互补，更好地为全球客户创造价值。

在过去的几年中，华为公司启动了与友商在技术、产品和市场等方面多领域多层面的合作，以互相依存，共同抗御风险。与西门子成立了合资公司，专注于TD-SCDMA的研发、生产、销售和服务，共同推动TD-SCDMA的进一步发展。与摩托罗拉在上海成立了UMTS联合研发中心，旨在为全球客户提供功能更强大、全面的UMTS产品解决方案和高速分组接入方案（HSPA）。

在管理方面，从1997年起，同IBM、HayGroup、PwC和FhG等世界一流管理咨询公司合作，引进了集成产品开发（IPD）、集成供应链（ISC）等流程，并在人力资源管理、财务管理和质量控制等方面进行了深刻变革，引进业界最佳实践经验，建立了基于IT的管理体系。

在技术方面，华为公司也与世界一流公司（如Intel、Texas Instruments、Freescale Semiconductor、Qualcomm、Infineon、Agere Systems、Microsoft、IBM、Sun Microsystems和HP等）进行合作和建立联合实验室。

以合作促发展，合作双赢实现了华为的成就与辉煌。在今天的商业环境下，分工合作、互利共赢、共同发展已是大势所趋。企业在进行生产经营活动和制订企业战略时，应通过对企业外部大环境和内部小环境的分析，了解发展过程中面临的机会与挑战、优势与劣势，掌握社会发展的大趋势，根据分析情况制定适合企业的战略目标，树立双赢战略意识。如此，双赢战略意识将引领企业在激烈的市场竞争环境保持优势、更好地实现自我发展。

实训25 分组讨论双赢战略意识的意义

1. 实训目的

通过本次实训，让学生建立现代企业的发展需要树立双赢战略的意识，并理解企业树立双赢战略意识的重要意义。

2. 实训内容

(1) 分四大组讨论下面资料中的企业采取双赢合作战略的意义。

在中国邮政与中国联通的联合发展业务推进会上，双方一致认为：合作规模在不断扩大，合作领域也在不断拓展，合作方式不断创新，合作效果日益明显。双方一致表示：继续打造联合战舰，努力把中国邮政与中国联通的战略合作推向一个新的高度。深化双方合作，要不断拓展邮政与联通的合作领域和业务范围。要加快推进邮政与联通县（乡）级分支机构的业务合作，继续扩大邮政代办联通业务的网点数量和覆盖面。结合邮政“三进工程”，在部队、社区、学校等具备条件的地区，尽快开办邮政办理联通IP超市、移动公话、193注册等业务；在市场潜力大、人口密集、位置优越、设施齐全的邮政营业厅，尝试建立CDMA等联通产品的专卖店，以进一步提高渠道渗透率、上柜率和第一推介率。同时，要积极推动新业务的联合发展。各地要结合联通推出的“绿色飓风行动”，发挥“联通无限”业务优势，促进联通“彩E”、“互动视界”、“掌中宽带”等新业务的推广。此外，要采取积极有效的措施，稳定发展G网业务。要加快电信专厅、专柜、合作营业厅等基础设施建设，加快邮政专用信息网的应用开发，结合电子化支局建设，抓紧解决邮政与联通等电信运营商的技术接口问题，实现经营数据共享和计算机网络的互联互通。联通、邮政开展战略合作是一项高瞻远瞩的正确决策。通过各地不同的实践创新，双方资源的整合优势和市场的明显效果，实现了双赢，邮政已经发展成为联通业务的主要营销渠道之一，联通业务也成为邮政新的收入增长点。双方下一步的合作要深刻认识到联通与邮政合作的战略意义；要扎扎实实地做好合作工作，提高合作的市场竞争力；要积极探索创新，不断扩大合作领域。

(2) 每组选代表汇报讨论结果。

(3) 教师点评、归纳。

3. 角色演练

请通过各种渠道找一些可能实现合作双赢的企业资料，学生分成小组分析其合作的互利性、长远性、共享性、合作性、交叉性等特征。老师了解清楚情况后，请一些小组的同学上讲台汇报实现合作的论证过程。

4. 案例思考

某石油公司在开拓市场时，所在地系统外加油站数量众多，竞争十分激烈，经常大打价格战、服务战、促销战，双方为此都精疲力竭。当资源紧张时，个体加油站由于缺少资源，脱销严重，于是纷纷想从该石油公司进油。该公司既不一味将他们拒之门外，也没有马上供油给他们，而是向他们做出承诺，如果哪个加油站愿意加盟到该公司中，将保证他们得到充足的油源。

结果，80%的社会加油站跟该公司签订了长年加盟合作协议。几个月下来，该石油公司通过加盟站，不仅减少了众多的竞争对手，还省下了一笔收购和新建加油站的巨额费用，销量更是翻了一番。而加盟站货源得到了充足保证，并在石油公司的指导下，使其财务管理、安全管理、规范化服务以及站容站貌等方面都得到了极大改观，销量跟着增加，利润也随之增长。双方皆大欢喜。

请问：企业实施了双赢战略有何意义？

思考题 5

1. 什么是客户忠诚？忠诚客户有哪些价值？
2. 请简单介绍客户让渡价值。
3. 满意度与忠诚度的关系是怎样的？
4. 提高客户忠诚度的十大原则是什么？
5. 忠诚计划主要有哪些模式？
6. 造成客户流失的原因主要有哪些？
7. 如何预防流失客户？
8. 请解释双赢和双赢战略。
9. 阐述企业树立双赢战略意识的意义。

实践建议 5

1. 选择自己比较熟悉的商家，观察、分析其客户群体，并试着为该公司制订提高客户忠诚度的计划。

2. 选择自己比较熟悉的商家，通过观察、分析，为该公司进行客户流失分析。

3. 请通过各种渠道收集关于企业培养客户忠诚的有关资料。

第 6 章 客户投诉管理*

计划经济体制时期，企业生产什么、生产多少、为谁生产，是由政府计划的，消费者处于一种被动的接受分配商品状况，选择商品的自由度与主动性比较小，自然他们的消费权益意识也比较低，基本上不会“投诉”。但是随着改革开放的不断深入，市场经济体制的建立与逐步完善，已开始步入了消费时代，消费时代社会商品日益丰富，消费者的权益意识开始觉醒，消费需求越来越多样化，消费选择也越来越丰富。因此，在市场经济体制下的消费时代，对大多数企业来说，面临的问题不再只是生产产品，而是如何销售消费者需要的产品，如何给消费者提供满意的产品与服务等一系列“以消费者为导向”的市场问题，一旦企业销售的产品或提供的服务，与消费者所需求、所期望的出现偏差，就有可能引起消费者或者说是客户的“投诉”。

据中国消费者协会（简称中消协）的统计，2003 年全国内地 30 个省、自治区、直辖市的消费者协会（委员会）一共受理消费者投诉 695142 件。根据国家工商行政管理局发布的数据，在 2003 年各级工商行政管理机关通过 12315 渠道一共受理的消费者申诉达 754398 件。2004 年，根据中国消费者协会发布的数据，全国内地 30 个省、自治区、直辖市的消费者协会（委员会）一共受理的消费者投诉 724229 件，比 2003 年上升了 4.2%。

2005 年上半年，中消协方面受理的投诉量与 2004 年上半年相比，下降了 7.5%。2005 年上半年中消协受理的投诉问题，按性质分类数据如下：质量问题占 65.0%，价格问题占 6.7%，合同问题占 3.1%，计量问题占 2.9%，假冒问题占 2.1%，安全问题占 2.0%，广告问题占 1.8%，虚假品质表示问题占 1.4%，人格尊严问题占 0.3%，其他问题占 14.7%。

根据中消协的分析，下降有三大原因：一是在市场竞争中，越来越多的企业认识到保护消费者权益的重要性，加强了售后服务工作，做好了纠纷和解工作；二是维权渠道的多元化，分流了消费者协会受理的部分投诉；三是消费领域投诉的热点难点、新问题不断出现，给消费者协会的调解工作带来很大难度，一些投诉因为法律法规及经营者的问题无法受理和解决。综合考虑这些因素，总体的客户投诉量应是呈增长趋势。

6.1 客户投诉

什么是客户投诉？对这个问题可以说是仁者见仁，智者见智，不同时期、不同行业、不同机构对客户投诉都有不同的界定。以下是客户投诉概念的多种表述。

① 客户投诉就是客户用口头或书面的方式表示出的不满与抱怨。

② 客户投诉是指客户对所购买的商品或企业的服务所抱有的良好愿望和期盼值得不到满足，失去了心理平衡，由此产生的抱怨和想“讨个说法”的行为。

③ 客户投诉是指客户主观上认为企业所提供的产品和服务没有能够满足其期望，以及因为企业所提供的产品和服务存在缺陷而形成的不满或抱怨，并且通过口头或者文字的方式

直接或者间接地表达出来。

④ 美国COPC公司对投诉的定义是，对顾客服务提供商的产品、服务、员工或顾客服务代表的任何负面评论。

尽管对于客户投诉的定义是众说纷纭，很难有统一确定的定义，但它们都有一个最基本的特点就是客户对产品、服务等方面的不满意，不管这种不满意是客观原因造成的（企业的产品、服务的确存在缺陷或不足），还是主观原因造成的（企业的产品与服务与客户需求的、期望的存在差距）。客户满意代表着订单，代表着收入，任何一家企业都希望能够给客户提供满意的产品或服务，从主观上讲没有哪个企业希望看到客户投诉，但从客观的现实来说，即使企业自认为已经做得很完美了，几乎无可挑剔，但客户投诉却始终是存在的，且一旦发生是必须要积极面对、认真处理的。处理不好，将会使企业流失客户，造成损失；处理得当，则会留住老客户甚至会吸引新客户。而处理客户的投诉却不是那么容易的事情，它是一项非常复杂的系列工程。对于企业来讲，不同时间、不同客户、不同类型的投诉，都需要有不同的处理策略与技巧。

6.1.1 客户投诉类型

可以从不同的角度对客户投诉进行分类；对于某一起具体的投诉，也就能够从多个侧面来界定它。

（1）按投诉的严重程度分

按投诉的严重程度，投诉可分为一般投诉与严重投诉。

① 一般投诉是指投诉的内容、性质比较轻微，没有对投诉人造成大的损害或者投诉人的投诉言行负面影响不是很大的投诉。

例如：炎热的夏天中午，一位客人在饭店吃午饭，该饭店可能出于省电考虑或客人太多，尽管开着空调，但该客人还是感觉有点热，不凉爽，于是他向服务员投诉道："好热啊，怎么回事？你们空调到底开了没有，能不能开低点，这么热，怎么吃得下！"，这类的投诉属于一般投诉，是大家可能遇到的。

② 严重投诉是指投诉涉及的问题比较严重，对投诉人造成了较大的物质上或精神上的伤害，引起投诉人的愤怒进而做出不利的言行。

例如：黄小姐在某美容院开了张2000元的速效美白卡，可是做了几次之后，皮肤有灼热感，且起了很多红疹，于是跑到美容院要求退款并赔偿损失，否则将向媒体曝光或状告美容院，通过法律途径来解决。

当然二者之间也是有一定的联系，一般投诉如果处理不当，极有可能演变为严重投诉，相反，如严重投诉处理得比较有技巧，也可以将其化为一般投诉。

（2）按投诉的原因分

投诉的原因，可分为产品质量投诉、服务投诉、价格投诉、诚信投诉等。

① 产品质量投诉：是指投诉人对产品的质量、性能、安全等方面不满意而提出的投诉。

例如：刚买的一台新电视，图像不清晰，客户向商家投诉。

有关统计数据表明，每年在各类投诉比例中，产品质量投诉比例在是最大的，基本上占了整个投诉的一大半。

② 服务投诉：是指投诉人对商家提供的售后服务、或是销售员的服务方式、态度等方面不满意而提出的投诉。

例如：在商店挑选衣服时间的较长，售货员不耐烦地催促："你已经挑很长时间了，快点吧，我们要下班了。"客户感觉非常不礼貌、不受尊重，于是向经理投诉。

随着服务业的快速发展，服务投诉有逐年上升的趋势。

③ 价格投诉：是指投诉人认为他所购买产品或服务价格过高或者物非所值，因而产生的投诉。

例如：某客户在一家电连锁店买了一台洗衣机，第二天发现另一家电连锁店里同品牌、同款式的洗衣机足足比他买的那台少200元，客户非常气愤，便向原商家投诉，要求补回200元。

④ 诚信投诉：是指投诉人因购买产品或服务后，发现其实用价值或感受到的服务并非如售前或售中所宣传、承诺的那样而产生的投诉。

例如：某私营医院向患者宣称他们在治疗某病方面疗效非常好，可以做到"药到病除"，可是患者吃了一个月药后，病情并未好转，于是向卫生管理部门投诉。

近几年，诚信投诉主要集中在美容、医疗、中介等行业。

（3）按投诉的行为分

投诉可分为消极抱怨型投诉、负面宣传型投诉、愤怒发泄型投诉、极端激进型投诉。

① 消极抱怨型投诉：主要表现在投诉人不停地抱怨、数落这不满意那不满意的，投诉的重心在表达"不满意"。

② 负面宣传型投诉：主要表现在投诉人在公共场合或除商家外其他人面前历数、负面评论它的产品、服务等，其投诉的重心在"广而告知"商家的缺陷与不足。

③ 愤怒发泄型投诉：主要表现在投诉人情绪激动或失控，投诉的重心在以愤怒、敌对的方式宣泄"不满意"。

④ 极端激进型投诉：主要表现在投诉人以极端的方式与商家发生口角或做出一些过激的行为，不达目的，决不罢休，这类投诉一般称为客户冲突。

（4）按投诉的目的分

投诉可分为建议性投诉、批评性投诉、控告性投诉。

① 建议性投诉：是指投诉人一般不是在心情不佳的情况下投诉的，恰恰相反，这种投诉很可能是随着对商家的赞誉而发生的，即"尽管现在这样也不错，但那样做会更好"。

② 批评性投诉：是指投诉人心怀不满，但情绪相对平静，只是把这种不满告诉对象，不一定要对方做出什么承诺。

③ 控告性投诉：是指投诉人已被激怒，情绪激动，要求投诉对象做出某种承诺。

当然，这三类投诉也不是一成不变的，不被理睬的建设性投诉会进一步变成批评性投诉，进而有可能发展成为控告性投诉。

6.1.2 客户投诉分析

客户投诉分析是一项非常重要的工作，是圆满地解决客户投诉问题的关键。通常可以从以下几个方面着手。

6.1.2.1 投诉客户的性格分析，即"什么人"在投诉

对于性格的分类有四种不同的衡量标准：第一是感性，第二是理性，第三是优柔，第四是率直，依据这四个指标将投诉的客户分为四种类型：完美型客户、力量型客户、活泼型客户、和平型客户。

（1）完美型客户

完美型客户非常善于做理性的数字分析，而且他们非常追求完美，对人、对物、对事往往比较苛刻，他们是天生的批评家，逻辑严密，理论充足，有种咄咄逼人的架势，让商家在于理方面，都没有办法或没有理由拒绝这类投诉客户的要求。对这类投诉的客户，商家必须首先要表现出想切实解决问题的诚意，之后慢慢分析，依据目前的条件，可以达到解决的什么程度，晓之以理，动之以情，让客户逐步放弃他提出的一些过于挑剔的要求。

（2）力量型客户

力量型客户说话很率直，不在乎其中的细枝末节、来龙去脉，只要求处理的结果令他满意，而且意志非常坚决。这类客户也很理性，目标意识非常强，为达目的，不太关注别人的情感，在情感方面感觉是比较迟钝的，他们追求的就是工作效率和支配地位，不喜欢被驱动，被强迫，不要让他感觉你在强迫他接受什么处理方案，否则会激怒他。不过，他们过于追求办事效率，显得因此比较缺乏耐心。因此，对力量型客户的投诉处理反应一定要快，力争在较短的时间内处理问题或拿出解决问题的方案。

（3）活泼型客户

活泼型客户对人很感性，说话率直，喜欢先说了再做，不管是否能够兑现。他们性格随和，比较容易沟通，他们的表现欲望比较强，而且希望得到别人的认同和赞美，另外他们喜欢新鲜、新奇的感觉。因此，处理活泼型客户投诉之前，最好先跟他套套近乎，或“PMP”（拍马屁），把他的“心情”处理好，再处理投诉。

（4）和平型客户

和平型客户为人非常感性，这样的客户一般很少跟你说“不”，也比较容易相处，很少会与别人有冲突。处理和平型客户的投诉气氛相对其他类型的客户来说，是比较轻松的，但是不一定能容易解决，因为和平型客户非常有耐心，他不喜欢在太短的时间内接受某个处理方案，关键时期他会比较来比较去，优柔寡断，因此在处理和平型客户投诉时一定要注意站在他的角度，分析“这样处理是为你着想的”，且在必要时通过一些小小的“激将”法去推动他。

当然，人的性格类型具有多面性，很少有人属于单一类型，大多数人都倾向一种类型，同时具有至少两种类型的个性风格。因此，在处理客户投诉时，还需依据客户的多面性采取一些灵活的处理策略。

6.1.2.2　客户投诉的原因分析，即“为什么”投诉

做任何事情都需要寻“因”问“果”，客户投诉也不例外。

首先来寻“因”——客户为什么会投诉。其实，首先要肯定一点的就是客户当初既然与商家打交道，买他的产品或服务，说明他对商家是信任的，相信商家会给他提供满意的产品与服务，但后来发现情况并不是这样的，他心理就有抱怨，有不满，就会投诉。很明显，客户其实也并不希望有投诉发生，除了投诉比较费心、费力，还有就是投诉本身也是对他自己选择的否定，令他们非常不快乐，因为对于客户而言，他们也希望自己的购买是对的、是合理的、是正确的。

（1）客户投诉是出于产品或服务的质量原因

产品或服务的整体概念中最基本、最重要的就是产品或服务的使用价值及其质量方面，这也是客户购买产品或服务考虑的首要因素。如买空调首先希望它制冷功能好，买消毒柜首先希望它消毒、杀菌功能强等。如果客户购买的商品，存在功能缺陷、性能不全等质量方面的问题，投诉必然会发生。

例如：某先生在专卖店买了台空调，安装好投入使用后感觉制冷效果非常差，速度慢，于是他要求退货，而经营商却坚持维修，而某先生不同意，认为刚买的空调有问题就应该退货，与经营商争执无果后向消费者协会投诉。

中国质量万里行投诉办资料表明，2004年质量问题投诉受理总数为5757件，占全部投诉受理总数的56%。这表明，虽然经过多年的努力，但目前我国消费类产品质量状况仍不容乐观，质量问题依然是困扰消费者的首要问题。

(2) 客户投诉是出于产品或服务的价格原因

尽管因价格投诉的比例相对来说不是很多，因为再高的价格是你看了之后才买的，一个愿打一个愿挨，按理不会有什么投诉。那么为什么还会有价格方面的投诉呢？这主要体现在价格欺诈上，价格欺诈是指运用虚假、模糊、虚夸、虚构标价或隐蔽附加条件、用醒目的字眼误导消费者等不诚实的定价行为。

例如：某女士在一商业街闲逛，走到一品牌服装店前，一行醒目的的大字“无论大小、款式一律55元”，该女士喜出望外，因为她平时也留意到这个品牌，质地、款式都比较满意，只是认为价格有点偏高，差不多都在300元以上，突然看到这么好的机会，就走进店内挑了六件衣服并刷了卡，等刷完卡签完名后才发觉她的平均每件衣服都在150元以上，她感觉非常吃惊，明明写的是55元，怎么突然多出了这么多钱，于是问售货员是怎么回事，售货员带她到门口宣传牌处再仔细看，才发现是55元起，只不过是“起”字号比其他的字号小多了，客户当时非常恼火，这明显是价格欺诈行为，要求退款。而售货员认为是客户自己没有看仔细，且刷卡时金额已有显示，如有疑问客户为什么还要按密码确认支付，坚持不退款。于是双方争执不休，最后客户打电话到工商部门、消费者权益协会投诉。

(3) 客户投诉是出于期望的服务落差原因

实物商品属于有形的物质，而“服务”则是软体的“精神产品”，消费时期商品供过于求，同时，科技的进步与普及不可避免地使同类产品之间的“质”与“形”上的差距越来越小。因此，企业在做好产品质量的同时，还必须确立“服务制胜”的战略，以周到、优质的服务作为自己的竞争优势。如何理解服务呢？国外一些老牌企业将服务细分为五个层次：第一，企业希望提供的服务；第二，企业能够提供的服务；第三，企业实际提供的服务；第四，客户感受到的服务；第五，客户期望得到的服务。这五者之间，任何一个层次未能做好，如服务设施落后或项目欠缺（硬件服务），服务方式或态度不佳，或者表现出对客户的不信任、不耐烦及其他不当的评价、议论（软件服务）等，客户的投诉都有可能发生。

下面是中外两则商家在服务设施或项目方面做得非常到位的典型案例。

案例1：加德维百货大楼是世界上最著名的大型商场之一。7层的大楼，总建筑面积7万平方米，营业面积4.3万平方米，拥有2500名职工，经营的商品有25万多种，每天接待10万名顾客。加德维大楼附有20个风味餐饮部，还有一家可供300人同时就餐的高档饭馆和一家可以向140人同时供餐的快餐店。大楼还附有一栋6层楼的立体停车场，可停放车辆100多部。加德维百货大楼开展的服务活动有40项，其中主要有：200马克以上的商品，免费送货上门；皮鞋快修；刻字部；顾客衣帽存放间；自动式物品存放箱；顾客休息厅；宠物临时照管处；公用电话、照相部；邮票、信封、信纸自动售货机；复印室；银行代理处；代售车、船、飞机票；代售影剧票；失物招领处；代客艺术包装礼品；服装裁剪和小修理；汽车修理；急诊室；代办保险业务；代销彩票；成衣加工；门帘、窗帘、沙发套制作；工具租赁等。不难看出，加德维百货大楼推出的许多服务项目，有的并非独创，但真正值得称道的是，项目较为齐全，涉及的服务面极广。

案例 2：华润万家花都购物中心面积达 2.5 万平方米，该店目前共规划有八个品类中心，分别是：数码港、大家居中心、体育休闲中心、红酒中心、休闲食品中心、个人护理中心、婴儿护理中心、玩具中心。“品类中心”将方便顾客的购买过程，区域形象上的独特设计带给人以鲜明、简洁之感。

与以往大卖场相比，花都购物中心增加了许多特色商品，以满足消费者不断提升的生活品质的需求：特色食品——主要来自日、韩、中国台湾的特色食品，丰富当地消费者的选择。精品红酒——为顾客提供优质的中、外品牌葡萄酒，如拉菲酒庄、奥比昂酒庄、拉图酒庄出品的红酒，在这里都找得到。数码产品——为消费者提供一个开放式的数码体验区，让消费者零距离接触商品，获得极佳体验。

华润万家花都购物中心的另一大亮点还体现在特色服务的强化上。商场为不同顾客量身订制了休息室，贴心备置！男士休息室——购物中心特意在二楼设置了“男士休息室”，太太可以随心所欲地逛街，而男士可以在这里喝茶、聊天、看杂志。女士休息室——女士们购物疲倦了，可以来到“女士休息室”，整理一下战利品、顺便到化妆台前补补妆，让自己保持靓丽的形象继续享受购物的乐趣。母婴休息室——这里为带着宝宝来逛街的女士提供了一个方便、安静的休息场所。妈妈可以在这里给宝宝哺乳、为孩子清洗、换尿片，也可让宝宝小睡一会儿。另外，购物中心还引进了麦当劳、千色店、耐克、周大福、反斗动漫城等多家主力店，餐饮、娱乐商铺面积达到了总营业面积的 40%。华润万家将致力于把花都购物中心打造成为本地消费者首选的时尚、高品质休闲场所与交流平台，进而成为城市时尚生活的推动者。

接下来，为你假设下列的购物经历，试谈谈你购物后的心情与想法？

情景假设：假如你开着车从老远的郊区去近郊的一家商场购物，结果因商场的停车场过小而必须停到很远的地方需再步行 10 分钟才能到商场；因你一星期才购物一次，买的东西比较多，到了商场只有购物篮，不够装，但四处找不到一辆购物车；购物时间长，途中肚子饿了，买了碗盒饭，又找不到地方可座，只得站着吃，有失斯文；购完物后外面正下着大雨，因车停在很远的地方，顾客想借把雨伞，商场却没有免费的雨伞可借，只得又进出排队买伞。购完物后，你又得拎着大包小包步行 10 分钟到停车场。

客户服务投诉除了部分是由于硬件服务不到位原因造成，还有很大部分是因为服务方式、服务态度造成的。因客观条件限制，商家的硬件服务跟不上或不够水准，但如果服务态度足够好的话，客户大都会体谅，甚至会同情。但如果一旦服务不好或是恶劣的话，的硬件再好，客户也不会原谅，会投诉到底的。

例如：商场服装楼层的管理人员接到顾客王小姐的投诉，她很愤怒地说：中午 11：00 的时候，外面下着大雨，她来本商场某专柜选购衣服，但挑了很久也没有选购到合适的衣服，于是准备离开。没想到刚一转身就听到这个专柜两位导购说：“真是的，一上午没有见到一个，好不容易来了一个人，还是随便看看的，真是浪费我们的时间。”顾客听到这句话后，自尊心受到了伤害，十分生气，便和导购员理论起来：“你以为我没有钱吗？我有的是钱，就是看不上你们的衣服，怎么啦，想强卖吗？”因对导购行为的极为不满，随即来到商场的管理处投诉。

（4）客户投诉是出于诚信方面的原因

诚信投诉主要体现在商家不遵守合同或承诺；通过广告或推销员的口头宣传，夸大产品的价值功能，不合实际地美化产品；或者是随意承诺兑现不了的服务。

案例："美体之旅"换来疼痛伤心，美容无效退款五千

爱美之心人皆有之。但不少消费者为了追求美而听信美容美体的虚假宣传，导致身体受祸。近日，某市工商局就调解了一起花费近万元做美容护理却只受痛不管用的投诉。去年8月份，张女士陪朋友到市区某美容会所做皮肤护理，老板娘陈某不失时机地拿出一些宣传册，向张女士宣传美容美体的特效，称她们引进的设备是最好的，数十项美容项目也是最先进的，美容师是从国外学习回来的医师等。美容会所还承诺，护理18次，每星期3～4次，15天后有明显效果。张女士动了心，当即与朋友凑了9000元钱，开始了她的"美丽之旅"。从8月27日到9月10日，张女士先后6次做行了丰胸、卵巢、肝脏、面部等护理。15天很快就过去了，张女士不但没有感觉到效果，被护理之处反而疼痛难受。张女士要求美容会所停止护理，并退还所交款项9000元，但遭到了拒绝。无奈之下，张女士向市工商部门投诉。工商人员调查后发现，该美容会所个别护理项目存在虚假宣传行为。经过工商人员的教育和调解，经营者退还张女士5000元。

(5) 客户投诉是出于顾客自身原因

顾客投诉也不一定全是商家的原因，有时是顾客自身的使用方法不当或者理解有误而造成的。这类原因造成的投诉，并不能因不是商家的原因，就可以免为其责，不处理或不认真处理，而是首先要注意与顾客沟通好，帮助他们消除误解，并做好安慰工作，条件许可不妨送个小礼物什么的。顾客自身原因造成的投诉，如果处理得当，令到客户满意，很容易培养、提高客户的忠诚度，为商家积累或者是开拓客户源。

案例：48岁的李女士最近刚搬到新房，配置家居家电的事由她负责，某日，她在一家家电连锁店门前，看到这样一行醒目的广告：当天购物金额满10000元，有机会获赠21英寸液晶电视一台。李女士粗略一看，将它理解成了只要当天购物金额满10000元都可以赠送一台21英寸液晶电视，觉得很合算，便将家里计划要买的电冰箱、空调、洗衣机等家电全在这家连锁店当天买下了，买完后拿着小票去服务前台领电视机，但服务员告诉她并不是一买满10000元就有得送，而是先抽奖看能不能抽得到，李女士一听傻眼了，你这不是耍人吗？于是投诉到客户服务中心，客户服务中心人员过来给解释广告语，特别是"有机会"，机会就是抽奖，并不一定就有，可李女士手气背，什么都没抽到，于是客户服务中心人员额外赠送了一台豆浆机给她作为安慰奖，李女士非常满意，表示以后有什么家电要买的，她还会选择这家连锁店。

6.1.2.3 客户投诉的心理动机与需求分析

心理是人们对外界事物的一种客观反映，客户投诉心理是客户对所要购买产品或已经购买的产品不满意后产生的一种心理活动。了解客户的投诉心理，可以做到知己知彼，有利于化解怨气，解决问题。客户投诉时心理动机与需求一般有以下几种。

(1) 求发泄的心理

当客户遭遇不满时，心情绝对是非常糟糕的，这时他的一个最基本的心理需求就是要将不满传递给商家，把自己的怨气、抱怨发泄出来，以取得心理上的暂时平衡。耐心地倾听，使客户不快的心情得到释放和缓解是最好的处理方式；切忌打断客户，让他的情绪宣泄中断，郁积怨气，因为客户的发泄目的在于取得心理上的平衡，恢复心理状态。另外，还要尽可能制造愉快的氛围，感染或引导客户走出低落的情绪。因此，很多公司在招聘客户服务人

员时非常强调要有开朗、乐观、活泼的个性，因为他们容易营造宽松、愉快的气氛，有利于缓解投诉客户的心情。

案例：张女士在炎热的夏天买了一台空调，但过了三天，空调就不制冷了，打电话叫商家过来拆走，换台新的（仍处于包换期），但商家却安排在两天后，因为装空调的太多了，忙不过来。恰恰在这两天天气很热，该女士热得睡不着觉，影响白天上班工作效率，忍无可忍之后直接去找商家大吵大闹，发泄了一顿。遇到这种情况后，客服人员马上向她道歉，之后给她递支冰水，请到经理室，关上隔声门，等她把气出完后，给她提出解决方案：立即换台新空调，并承诺在6小时之内送货安装。最后，张女士终于心情平静下来，接受了商家的处理方案。

（2）求尊重的心理

有些客户情感比较丰富，他们在接受产品或服务后产生了挫折和不愉快，进行投诉时，总希望他的投诉是对或有道理，希望得到同情、尊重和重视，并希望商家能向其表示道歉及立即采取相应的措施。因此，对待抱有尊重心理的投诉客户，只要客服人员耐心多一点，态度好一点，诚意强一点，行动快一点，是比较容易处理的。但如果漠然处之，则极易引起客户的不满和反感。

案例：张先生在某家电连锁店购物，因感冒觉得店内的空调开得太低，太冷，便到客服中心建议能否将空调温度调高点，因为他身体不舒服，但接待他的客服人员一边对着电脑一边听他讲，甚至连头都没抬起来过，客服人员心不在焉的态度，让他感觉非常不受尊重，于是向客服经理投诉。

（3）求补偿的心理

客户投诉的目的在于补偿，是因为客户觉得自己的权益受到了损害。当然客户期望的补偿并不仅仅是指物质上的，还包括精神上的，这类客户属于就事论事理智型的，他们在遭遇不满后，基本上不会情绪失控进行吵闹，而是理智地分析要求补偿的理由，提出自己的补偿需求。

（4）求认同心理

客户在投诉过程中，一般都努力向商家证实他的投诉是对的，是有道理的，并希望获得商家的认同，这也是为什么总是强调客服人员要抱着“客户永远是对的”理念的一个原因，无论客户提出什么样的投诉都有它的道理，而且在客户看来，商家应是先要有“承认错误”的态度，才可能有“改正错误”的行动。因此，在处理抱有求认同心理的客户投诉时，首先在态度上要谦虚、要显得有诚意，不应发生争辩，让客户觉得你有抵赖意思。

（5）求表现心理

有些积极活跃、好为人师的客户喜欢提一些建议性的投诉，他们希望通过这种方式获得一种成就感，这类客户往往存在着潜在表现的心理，“你们怎么可以这样做，你们应该如何如何”等。对抱有求表现欲望的投诉客户，应先承认他们提出建议中一些合理部分，满足他的成就感，并且向他表示感谢、尊重之意，维护他的尊严和形象，当然，对涉及“吹毛求疵”的建议，可以委婉地谢绝。

案例：王先生约几个生意朋友在某酒店用餐，该酒店可能是出于对客户关注的考虑，要求房间的服务员如没什么事要呆在房间随时听候客户吩咐，王先生觉得酒店的聚会吃饭中有很多隐私的话题，在一个陌生的服务员面前谈，非常不方便。于是他向客户经理投诉建议，能否请换一种服务方式，请服务员站到门外去。客户经理表示他们的安排确实有考虑不周的地方，感谢王先生的提议，并吩咐王先生房间的服务员到门外守候。

(6) 报复心理

自我意识过强，情绪易波动的客户投诉时，一般对于投诉的所失、所得有着一个虽然粗略却是很理性的经济预期，当客户对投诉的得失预期与企业方提供的相差过大，或者客户在宣泄情绪过程中受阻或受到“伤害”，某些客户会演变成报复心理。

抓住客户投诉的心理动机，满足客户的心理需求，帮助客户解决实际难题，才能真正做到解决客户的投诉。

实训26 分析案例中的投诉类型

1. 实训目的

通过本次实训，能够透过现象看到本质，准确地分析和判断案例中的投诉类型，便于有效、圆满地解决客户投诉。

2. 实训内容

(1) 先阅读下面的7则案例。

① 王先生在某家电专卖店买冰箱，导购员向他推荐一款冰箱，说是采用新技术，静音且省电，可是用了一个星期后，王先生感觉冰箱制冷效果不太好，速度慢，于是找到商家要求换货，商家不同意，说是“要想马儿好，又想马儿不吃草”，如同鱼和熊掌不能兼得一样，既然省电环保，当然是不会速效制冷的。但王先生说，导购员是故意向客户突出优点，隐藏不足的误导，当时除了向王先生大力宣传它的节能环保优点外，并没有如实提醒他制冷效果会慢些等不足的地方，知道了这个不足后，王先生认为他们家不适合这款冰箱，要求商家换其他制冷效果好一点，制冷速度快一点的冰箱，可商家不同意，王先生既然选择了这款冰箱，该冰箱又不存在质量问题，没有理由要求换货。双方争执不休，到最后王先生一气之下，提出“现在我不想换了，要求退货”，商家更不愿意退货，于是王先生向消费者协会，工商部门投诉，并咨询律师，如商家未满足要求，准备起诉。

② 某孕妇到一家超市购物，当天因下雨，地面潮湿，超市的地板砖很滑，一不小心闪了腰，不过无大碍，虚惊一场，但该孕妇考虑到如果地面还是那么滑的话，其他的孕妇也可能被滑倒，于是她到客户服务中心投诉建议，超市能否在下雨天，在地板上撒一些防滑粉末，可是客服人员爱理不理地扔出一句：“我没有权利决定这样的事。”受到如此冷遇后，该孕妇一气之下，向客户经理投诉说，因超市地板很滑，导致她闪了腰，现在肚子有点痛，要求超市赔偿或出检查费，看看是否动了胎气。

③ 任何饭店都拥有一批老客户，他们都十分偏爱自己常住的饭店，并且客人与饭店上上下下的工作人员都很亲热友好。C先生就是这样一位老客户。一天，他和往常一样，因商务出差，来到了X饭店。如果是平时，C先生很快就能住进客房。但是，正在饭店召开的一大型会议使得C先生不能马上进房，服务员告诉他，到晚9点可将房间安排好。C先生只好到店外的一家餐厅去用餐。由于携带手提包不方便，他顺便来到前台，没有指定哪一位服务员，和往常一样，随随便便地说，他把手提包寄存在他们那里，10点以前来取，请他们予以关照。当然，没有拿收条或存物牌之类的凭证。当C先生在10点前回到饭店吩咐服务员到大堂帮他取回手提包时，大堂经理却说，找不到，并问C先生的存物牌在哪里？C先生讲，同平时一样，他没拿什么存物牌。第二天，尽管饭店竭尽全力，却仍未找到。于是，C先生突然翻脸，声称包内有重要文件和很多现金，他要求饭店处理有关人员，并赔偿他的

损失。

④ Z先生也是饭店的熟客，他每次入住后，饭店的公共关系部经理都要前去问候。大家知道，Z先生极好面子，总爱当着他朋友的面来批评饭店，以自显尊贵。果然，这次当公关经理登门拜访时，发现Z先生与他的几位朋友在一起，Z先生的话匣子也就打开了："我早就说过，我不喜欢房间里放什么水果之类的东西，可这次又放上了。还有，我已经是第12次住你们饭店了，前台居然不让我在房间check-in（办理入住），我知道，你们现在生意好了，有没有我这个穷客人都无所谓了。"

⑤ D先生是这家饭店的长住客人，这天早上他离开房间时，同往常一样，还是习惯要和清扫房间的服务员聊上几句。他说他夫人和孩子今天就要从国外来看他了。他夫人以前曾住过这家饭店，印象非常好，而且凡是她有朋友到此地，大多都被推荐到这里来，先生说，她夫人觉得唯一希望的是，饭店的员工能叫出她的名字，而不仅仅是夫人或太太，因为她的先生是饭店的长住客人。这样她会觉得更有面子。

⑥ 四川省某美容院，加盟某品牌后向其一位顾客推荐一套价值1500元的美白产品，并由在场的厂家美容师写下"无效退款"（宣称其美白产品具有美白、祛斑功效）的保证书。该顾客在使用该品牌产品一个月后，发现皮肤肤色未见白净，脸上的色斑也未见淡化。于是，顾客找到美容院，要求退款。美容院答应向厂家反映情况并及时处理。但随后厂家答复，可赠送顾客一件价值288元的礼品，但不退款，因为产品有无效果厂家无法判定。该顾客强烈要求退款，但美容院说厂家那边不同意退款，他也无能为力。于该顾客决定向消协投诉。

⑦ 农民王某于2007年5月在市郊一家农用商店花105元买了6瓶"全除去"除草剂，当时，王某怕用后无效果便事先与商家约定：如用此除草剂无效果，商店要全额退款，并承担一切损失，并要求该农药商店在购货凭证上留下书面承诺。2007年5月25日，王某回到家中，将"全除去"除草剂按照说明书的要求喷到了黄豆地上，可过几天黄豆苗没见长，地里的草却越长越快，王某找到商家，可商家却搪塞说，要找厂家搞清楚原因再说，可是过了十多天，商家仍没有回音，无奈之下，王某投诉到消协。

(2) 学生用10分钟时间思考，判断上述案例中的投诉类型。

(3) 学生自由发言，教师点评、归纳。

3. 角色演练

学生自由组合，分别扮演客服人员与顾客，把日常生活中看到的比较有代表性的、与上面所述投诉类型不同的投诉发生过程表演出来。老师先做一下了解，挑选其中的几组学生上讲台表演。

4. 案例思考

近年来，医患关系日趋紧张，医生与病人之间缺乏良好的沟通、信任和理解，打乱了正常的医疗秩序，破坏了良好的执医环境。全国范围内医疗纠纷数量明显上升，医患矛盾有激化的趋势。

据统计数据显示：医院平均每年发生医疗纠纷66起，发生患者打砸医院事件5起，打伤医师5人。2006年某医院就发生了因为病人家属冲击医院，影响正常医疗秩序，医护人员的人身安全受到威胁的事件。医院在无奈之下，发给临床一线医护人员每人一顶钢盔，以求自保。当新闻照片登出后，引起一片哗然，"美丽的白衣护士头戴钢盔给小朋友打针"，画面表现出了强烈的对比与无奈。日趋紧张的医患关系严重冲击着医疗服务市场，医护人员士气低落。然而，医疗纠纷数量上升的同时，医疗事故数量并没按比例上升。这说明医疗技术并不是纠纷的主要的原因，医患矛盾有其更深刻的社会根源。……

根据上述案例的情况，请思考以下问题：

① 客户投诉的情况发生在各行各业，对于与健康、性命攸关的医疗纠纷来讲，应该怎样避免？为什么？

② 为什么说医患矛盾有着更深刻的社会根源？

③ 你知道哪些医院采取了比较合理的做法来避免事件发生？

6.2 客户投诉处理

世界上任何企业都不能保证他们的产品和服务永远不出问题，因此客户的抱怨和投诉也就不可避免。对客户的抱怨和投诉处理得好，不仅可以增强客户的忠诚度，还可以提升企业的形象。处理得不好不但会丢失客户，还会给公司带来负面影响。处理客户投诉需要极强的应变能力，不断积累客户投诉处理的成功经验，达到面对客户的投诉，从容不迫，巧妙地运用各种技巧将危机一一化解，使客户盛怒而来，满意而归。

6.2.1 处理客户投诉策略

"策略"一词源出自军事用语。到现在，策略被定义为：保证实现组织或个人的某种目标而采取的对策与方法手段，客户投诉处理策略即是指客户服务人员为平息客户的抱怨、解决客户投诉要求、协调或缓和商家与客户之间的关系而采取的对策与方法。随着消费者权益意识的觉醒，任何一家企业，无论它自认为做得多完美，都会随时随地遭遇到客户的投诉。因此，企业在加强"内功"修炼——不断提高产品质量，提升服务层次，逐步降低客户投诉率同时，还需掌握一些行之有效的处理客户投诉策略。处理客户投诉的策略主要如下。

6.2.1.1 坚守"客户永远是对的"理念，以平和积极的心态面对、处理客户的投诉

心理学认为人的喜怒哀乐情绪具有传染性，面对喜形于色的人时，你的心情自然开朗，反之，当面对怒气冲天的人时，你的心情也会比较糟糕。而一般来投诉的客户，绝大部分是情绪比较低落、郁闷、气愤的，甚至有失控的客户会破口大骂，面对这样的一种情境，很多客户服务人员会比较恐惧、茫然、不知所措，乃至会本能性地进行辩白、找借口等，无意识地加剧了客户的对立情绪，容易导致事情恶化，不利于投诉的处理。如何避免这样的情况发生呢？最重要的一点就是：坚守"客户永远是对的"理念，同情客户的遭遇，体谅客户的心情。在客户服务界有句广为流传的话就是"顾客是上帝，永远是对的"。有六大原则：第一，顾客绝对不会错；第二，如果发现顾客有错，一定是我看错；第三，如果我没看错，那一定是我的错，才使顾客犯错；第四，如果顾客有错，只要他不认错，那是我的错；第五，如果顾客不认错，我还坚持他有错，那就是我的错；第六，总之，顾客不会有错，这句话不会错。因此，客户服务人员在接受、处理客户投诉时，如果想着"客户是对，我们有错，客户怎样生气、失态都是可以理解的"，这样才能以平常心对待顾客的过激行为。另外，在接受客户投诉时，客户投诉处理人员应首先向客户道歉，并保持真诚的微笑，俗话说，"伸手不打笑脸人"，真诚的微笑能化解顾客的坏情绪，满怀怨气的顾客在面对春风般温暖的微笑时会不自觉地减少一些怨气。

对下列两则处理投诉场景实例进行比较。

案例：客户走进一家手机连锁店投诉要求换货。

处理场景一如下。

客户：你这是什么手机，刚买回去，外壳就破了，我要求换部新的。

售货员（仔细看过手机）：不对，一看就知道这手机外壳的破损是由人为强有力的撞击等原因造成的，不在我们的包换范围之内，不过，我们可以给你免费换个外壳。

客户：什么叫人为强有力的原因，你们是在分明找借口，推卸责任，难道你说我撑着没事干，故意将手机摔烂，来找你们的茬。

售货员：我不是这个意思，我只是说这是人为因素，没有说是故意，有可能是不小心，也有可能是你们小孩，总之，不管具体原因是什么，你也不会说真话，但就是不应是我们承担的责任，因此，我们不会给你退货。

客户：你们这是什么态度，想“屈打成招”，告诉你们，我也总之一句话，我昨天刚在你这买的手机，现在手机有问题了，就找你们退货……

处理场景二如下。

客户：你这是什么手机，刚买回去，外壳就破了，我要求换部新的。

售货员：哦，真是不好意思，昨天刚在我们这儿买手机，就遇到问题了，我代表公司先向您表示歉意，您能先让我看看吗？

售货员（看手机，打开机身，认真检查后）：您这手机主要问题是外壳破损，其他内部零件都完好无损的，功能都应很正常，因为这种手机外壳是采取一种特殊的感光材料制成的，优点是外观闪亮华丽，不足是不太耐撞、耐摔。先生您一看就是平时工作非常忙的事业成功人士，可能没有时间仔细看说明书，可能是当时我们售货员工作不太细心，没有观察到这点，忘记了给您多叮嘱一句：要特别注意保护好漂亮的手机外壳，防止强力撞击或重摔。我对我们的工作疏忽再次向您表示道歉。

客户：真是的，你们为什么不在销售时，向我说清楚，否则我也许不会选这款，费事，现在自找麻烦，这样，我想看看其他的款式。

售货员：那天您挑了很长时间，才选上这款的，也算是跟它有缘喔。其实，您现在对它最不满意就是外壳破损了，要不这样您看行吗？我们给你换一个新的外壳，或者你现在不想要这种外壳，可以给您换我们这儿所有20种款式中任何你喜欢的一种，另外，我们将以实际行动对告知不周表示我们最真诚的歉意，向您赠送一张价值50元的充值卡。

最后，客户换了外壳，拿了充值卡，比较满意地离开了。

6.2.1.2 先处理好客户的感情，再处理客户的事情

美国有一家汽车修理厂，他们有一条服务宗旨很有意思，叫做“先修理人，后修理车”。一个人的车坏了，他的心情会非常不好，你应该先关注这个人的心情，然后再关注汽车的维修。如何在客户投诉初期平息客户的不满、怒气，这是处理客户投诉的首要问题，如果客户处于愤怒、情绪冲动、失控的压力下，是很难理性、冷静地听取任何建议的，甚至变得不讲道理，说话做事不考虑后果，也就是在这个时候，客户投诉处理人员无论说什么，提什么好的解决方案都是无济于事的。因此，在处理客户事情之前，必须想方设法先把客户的感情处理好，平息客户的怒气，安抚好客户的情绪。平息客户怒气，安抚客户情绪的方法有以下几种。

（1）正确引导、帮助客户发泄内心感受

客户投诉时情绪往往比较激动，言语行动大都处于非正常状况，这种情景下，客户的愤怒如同“洪水”，汹涌不可阻拦，你越堵，压力与危险越大，最好的办法是疏导，采取有效的方式去引导、帮助客户痛痛快快地发完牢骚，直到客户将心中的不满与怨愤吐净为止。当客户将所有的不满发泄出来之后，他的情绪会逐渐平稳下来，会逐步变得有理性，才开始愿意接受客户服务人员的解释与道歉。

例如：一位暴跳如雷的客户来到酒店客户服务中心投诉说晚上蚊子太多，又没有蚊帐，她一晚上没有睡好，身上也被蚊子叮得到处是包，要求酒店给她赔偿损失。客户服务人员一边说“对不起，真是抱歉”，一边给客户倒茶、递水果、纸巾、药膏，任由客户一股脑儿发泄，发泄完后，客户倒先平静了，说：“我知道将怨气发到你们身上，有点不适合，但我昨天晚上真的是没睡好”，那接下来的事情就好办多了。

(2) 认真聆听客户的投诉，关心、尊重客户

大部分情况下，诉说是最重要的排解苦闷心情的方式之一，投诉的客户需要忠实的听众，喋喋不休的解释只会使客户的情绪更差。面对客户的投诉，客户服务人员应掌握好耐心聆听的技巧，做到心、眼、口、手、脑并用，用心体会客户的感受，辅之以适当的方式安抚他的情绪。注意用眼神关注客户，与客户保持目光交流，使他感觉到受到重视；在他讲述的过程中，不时点头，表示肯定与支持，并善于运用“对、对……”、“是的、是的……”、“您是说……”、“是这样……”、“您的想法是……”等语句进行必要的归纳与总结，让客户感觉到你已经仔细听取了他的投诉情况及要求；同时，还需准备笔和纸，随时记录一些要点；另外，在聆听的过程中，客户服务人员应注意察言观色，从客户的诉说中找出客户投诉的真正原因及其投诉的目的、期望是什么。通过一系列的“聆听”和“沟通”，客户心中的抱怨与不满也会大大降低，甚至消失，取而代之的是对客户服务人员处理方案的认同，并会为自己的问题能够圆满解决感到满意。

例如：美国纽约电话公司曾遇到一个蛮不讲理的客户，他拒不付电话费，声称电信公司的记录是错的。对此，他暴跳如雷，破口大骂，甚至威胁要砸碎电话机，同时写信给各大报社，向公共服务委员会抱怨。为此，与电话公司打了好几场官司。公司派出好几个人去处理此事都失败了。后来，公司派了最有耐心的乔治去处理此事。在乔治面前，那位客户没完没了地大发脾气。第一次，乔治静静地听了三个小时，对客户所讲的每一点都表示同情。后来又去了三次，静听客户的抱怨。在第四次时，客户的态度渐渐地变得友好起来。最后，乔治说服了这位客户加入了他的“电话用户保持协会”，与此同时，客户付清了全部电话欠费账单，结束了他的投诉。

(3) 换位思考、设身处地对客户的处境表示同情，并积极寻求解决方案

从某种程度上来说，客户投诉一旦发生，客户会强烈地认为自己是对的，并会要求商家赔偿或道歉，有时甚至情绪失控，有过激言行。但往往商家都希望客户最好没有投诉，即便投诉发生了，也能冷静、客观地陈述，并将着重点放在解决问题上，而不是发泄情绪上。因此，在面对客户的投诉时，客户服务人员很难理解客户的非正常言行，对客户的投诉有不耐烦、抵触情绪甚至是负面的评价，无疑是“火上浇油”。如何克服这种情况呢？最主要的就是客户服务人员能够换位思考，所谓换位思考，顾名思义就是换个立场看问题，站在别人的角度想问题，也就是常说的设身处地的思考模式，想他人之所想，急他人之所急。在处理客户投诉时，如果客户服务人员能够做到换位思考，让自己站在客户的角度来看待问题，能更深切地体会客户的心情与困境，不仅在口头上而且从心底里对客户的遭遇或不幸怀有道歉与

同情之意，对客户的言行抱有理解与宽容之心，使客户的心理得以平衡，拉近与客户的心理距离，进而有利于促进双方的互动交流，找到双方之间的“共同语言”，取得客户的好感与信任，有利于引导客户与客户服务人员共同积极寻求正确的解决方案。

例如：有位客户晚上 9：00 在小区内的一家小超市买了盒方便面，吃完后便感觉反胃，几分钟后便全呕吐出来，于是客户拿着方便面盒，怒气冲冲地跑到超市投诉，不仅要求退钱，还要求赔偿 200 百元作为胃部损伤费。接到投诉店主马上过来了，认真观察客户的气色，非常关切询问客户还有哪里不舒服，尽管还没有到下班时间，但是立刻让售货员关门，带上现金，并叫客户座上自己的车子，带他到附近的医院检查，并且说：赔偿的事小，关键是身体要紧，一定要先确保身体无碍后，才可以谈下一步的问题。店主一系列真诚的言行，感化了客户，于是客户说：“算了，损伤费我就不要了，我也就是想给你们提个警示，希望以后不要再卖变质的食品了。”

6.2.1.3 坚持以诚相待的原则

处理客户投诉的目的是为了获得客户的理解和再度信任，这要求商家在处理客户投诉时必须坚持以诚相待的原则。其实，客户投诉从另外一个方面来讲，可以说是客户相信你，相信你愿意并且有能力帮助他解决问题，他才会向你投诉的，假如你的处理令他满意，他不仅不会抛弃你，而且还会更加坚定地忠实于你。反之，如果客户投诉时，感觉不到商家的诚意，他就会觉得这个公司很不诚实，没有诚信，对你不抱什么期望，他就会懒得向你投诉，跟你交涉，而是转向找消协、工商部门、媒体等第三方或通过法律途径解决，那样的话，投诉明显升级，情况愈加严重。

案例：奥达克余百货公司的 35 次紧急电话。

有一天，一位名叫基泰斯的美国记者在日本东京奥达克余百货公司买了一台电唱机，准备送给住在东京的婆婆作为见面礼。当时，售货员以日本人特有的彬彬有礼的服务，精心为她挑选了一台未启封的电唱机交给了她。基泰斯内心赞赏着售货员的热情服务满意而归。但是，当她回到住所开机试用时，却发现电唱机没有装内件，根本无法使用。基泰斯不禁火冒三丈，准备第二天一早便去奥达克余百货公司交涉，并迅速写成一份新闻稿，题目是“笑脸背后的真面目”。

第二天，当基泰斯正准备动身前往奥达克余百货公司交涉时，一辆汽车赶到她的住处，从车上跳下的是奥达克余百货公司的副经理和拎着皮箱的职员。他们一进基泰斯的客厅便俯首鞠躬，表示歉意。基泰斯颇感意外，他们是怎么找到这里的？那位副经理打开记事簿，讲述了大致的经过。原来，昨天下午清点商品时，他们发现错将一个空心的货样卖给了一位顾客。因为此事非同小可，经理马上召集公关部有关人员商议。当时只有两条线索可循，即顾客的名字和她留下的一张“美国快速公司”的名片。据此，奥达克余百货公司开展了一连串无异于大海捞针的行动，打了许多紧急电话向东京各大饭店查询，但没有结果。于是又打电话给纽约的“美国快速公司”总部，接着打电话给顾客的父母，从那里得知了顾客在东京的住所。这期间的紧急电话合计 35 次。接着，副经理亲手将一台完好的电唱机，外加唱片一张、蛋糕一盒奉上，然后离去。这一切使基泰斯深受感动，她立即重新写了新闻稿，题目叫“35 次紧急电话”。

6.2.1.4 接到客户投诉后，迅速处理

如果说商家偶尔犯错可以原谅的话，那么及时处理则是这一错误可以原谅的基础。的确，商家不可能不犯错，再好的企业、再好的产品、再好的服务都有它的欠缺之处，但这种

欠缺在客户提出投诉后，得不到及时的纠正，在客户来看，则是对错误本身和客户不够重视，进而会激怒客户，使客户对商家彻底失去信心。在处理客户投诉的问题上，时间拖得越长，客户积怨越深越大，同时也会使他们的想法变得越顽固，客户服务人员处理起来更加棘手。因此，处理客户投诉，在条件许可（没有条件也尽可能创造条件）的情况下，最好能“速战速决”，一旦处理问题的时间被拖延，不论结果如何客户都不会满意，而且拖得越久，处理的代价越高昂。打“持久战”，最终输掉的是商家及其市场。

例如：一位客户购买了某品牌的电视机，结果有时看电视时，电视机会发生突然断电的情况，这位客户怀疑是电视机的电源质量不过关。由于这种现象发生时，电视机还在保质期。于是，按产品包装上留下的电话，他找到了该厂家的售后服务部门，请其帮助解决。该部门让其与当地的代理商联系，而代理商宣称有关产品的售后服务工作由厂方负责。那位客户又一次与厂方取得了联系，终于代理商答应过几天就会派人过来处理。

结果此事拖了一个星期，毫无音讯。万般无奈之下，那位客户只好拨通了当地的消协电话。后来问题总算得到了最终的解决，那位客户也已经对厂家及其经销商失望了，以后他及他的亲戚、朋友再也不会买该厂家的产品了。

6.2.1.5 给客户提供超越他们期望的投诉回报

客户投诉都有他们的动机与目的，或者是期望，有的为发泄，有的为获得尊重，有的为要求补偿等，作为商家，处理投诉无非也就是要迎合或满足他们的这种期望，当然仅仅做到这点，还不是处理客户投诉的最高境界。如同“三流的销售员，不能满足需求；二流的销售员，适应需求；一流的销售员，创造需求”一样，可以这样说：“三流的投诉处理，不能满足期望；二流的投诉处理，满足期望；一流的投诉处理，超越期望”。

因此，处理客户的投诉，不要简单地认为有了处理方案，客户的心理平衡了就草草收场，万事大吉，而是应当好好利用这一机会把这个投诉的客户转变成忠诚的客户。当与客户就处理方案达成一致后，还应该追加赠送一些小礼品或打折券等作为惊喜，以超出客户预期的方式真诚道歉，同时再次感谢他。老子说：“慎终如始，则无败事”，所以“善终”比“善始”更重要。

例如：张小姐在某商场买鞋，经过仔细挑选之后，她终于选到了一双自己中意的鞋子，谁知回家后发现盒子里装的不是自己原先挑选的鞋子。于是非常生气地回到商场，商场经理听到这件事情，马上给予更换，并向张小姐道歉，还送给她一瓶进口鞋油和两双高档丝袜，最后张小姐“满载而归”。

6.2.1.6 对客户的投诉要持续地反馈、追踪及回应

企业或品牌的发展有3个阶段：知名度、美誉度和忠诚度，客户忠诚是企业追求的重要目标。管理大师彼得德鲁克告诫说：“衡量一个企业是否兴旺发达，只要回头看看其身后的客户队伍有多长就一清二楚了。”客户的这种忠诚度形成的最重要途径就是一次购买后得到了企业的持续关怀而产生的高度信任以及情感偏好（客户忠诚的最高层次）。而客户一旦投诉，这种信任与偏好就已经大打折扣了，如何处理客户的投诉，则是企业“将功补过”的最好机会。当然处理投诉不仅仅要求结果令客户满意，还要求处理的过程令客户满意，因此，客户提出投诉后，商家一定要对投诉进行持续的反馈、追踪及回应，如果在处理投诉的过程中牵涉的部门很多或有其他原因，难以迅速拿出最终的解决方案，商家不应一定要等到有方案后，才告知客户，而应是在等待的过程中，向投诉客户持续反馈事情的最新进展，让客户放心，让客户感觉到商家把他的事情放在心上了。在等待处理结果时，性急的人超过两天就

难以忍受，他们往往会认为2～3天没有任何反馈就代表石沉大海和推卸责任。所以企业在处理复杂的客户投诉时，一定要坚持至少每天反馈一次。另外，投诉处理完毕后，企业应在最短的时间内主动给客户一个电话、传真或者亲自去回访，看顾客对该解决方案有什么不满意的地方，是否需要更改方案。这样可以使客户对企业的信任成倍增长，从而形成再次购买或正向人际传播。

6.2.1.7 “三换”策略

这主要是指如果遇到了非常难缠或者非常固执的客户，可以采取“三换”策略，即换人、换景、换题。换人主要是由于三种原因，一是投诉的客户发泄不满的意愿强，正在气头上，将最初接触的客户服务人员当成“出气筒”，发泄完不满情绪后，比较难下台阶，客户与“出气筒”客户服务人员冷静地商讨处理方案的可能不大，因此，这时，换个接待的客户服务人员会比较合适；二是客户服务人员的态度、方式令客户不满意，给客户留下了不好的印象，客户难以再与其交谈下去，不得不换人；三是客户比较难缠，经客户服务人员无论如何安慰、如何处理都不满意，必要时，请客户经理或更上一级的上司出马，让客户感觉受到了尊重与重视，自然也消除了一些怨气。换景主要是针对那些不够理性的客户，投诉时怒气冲天，大吵大闹，如让其继续下去，有可能影响到企业的声誉或正常经营，不得不将他请开，有意将他与公众隔离。换题主要指处理客户投诉时，可以适时地转移客户的视线、话题，如客户服务人员可以运用智慧（灵机一动，创造快乐的气氛，做出让对方高兴的表现）或幽默（令对方开心、让他笑，营造高兴的气氛）交错而成的手段，避免客户在“死胡同”里打转，走不出来。

例如：一位女顾客气愤地向发廊主管投诉：“你们的发型师染发时也太不小心了，把我的衣领都染到了，这还怎么穿？我这件衣服可是很贵的，你说怎么办呢？”发廊主管听了，忙向她鞠躬，表示歉意。当他抬起头时，注意到顾客今天佩戴了一条非常精致的项链，一看就知道是最好的东西，于是说道：“啊，您这条项链很不错，加上您的搭配，真是太完美了！”顾客说道：“是吗？真的很好看？”“那当然，您眼光真好，不知是从哪里买的？我太太快过生日了，我也想给她买一条。您能透露一下吗？”发廊主管一脸认真。

女顾客听了非常开心，滔滔不绝地讲了起来。

到最后，她压根没有提到衣服的事，还是发廊主管主动提议帮她送去洗衣店清洗，她心满意足地走了。

6.2.2 正视客户投诉的意义

无论是商家还是客户，特别是商家，都希望没有投诉，希望客户的投诉越少越好，因为越少投诉越代表了他们的产品质量过硬，代表了优质的服务，代表了客户的满意，代表了客户找不到问题，代表了产品或服务的“零缺陷”，但事实上投诉对任何一家商家来说却又是不可避免的，而且有些企业还呈逐年上升的趋势。因此，一些商家将投诉当成危机，把它看作是很“头疼”的事情，一旦发现有客户投诉，第一时间想到的是把他们像细菌一样隔离开来，从心理上不自觉地与客户形成了对立的情绪，其实大可不必这样。“爱的背面不是恨，而是冷漠”，客户愿意向商家投诉，说明他对它还有信心，他们是希望商家能够改正或做得更好。如果客户不满意，连投诉都不想了，说明他已经对商家失去信心，懒得再与它打交道，而是直接选择了它的竞争对手，或是还会将其不满意告诉给其他客户、潜在客户、甚至企业的竞争对手，这都是非常危险的。

美国商人马歇尔费尔德认为："那些购买我产品的人是我的支持者；那些夸奖我的人使我高兴；那些向我埋怨的人是我的老师，他们纠正我的错误，让我天天进步；只有那些一走了之的人是伤我最深的人，他们不愿给我一丝机会"。20世纪的70年代，美国一个名叫洛伦兹的气象学家提出了著名的蝴蝶效应理论。举例而言，假设在南美洲亚马逊河流域热带雨林中一只蝴蝶偶尔扇动几下翅膀，所引起的微弱气流对地球大气的影响可能随时间增长而不是减弱，甚至可能在两周后在美国得克萨斯州引起一场龙卷风。一个微小的变化经过不断地放大，最终的效应是不可想象的！客户投诉也是同理，根据美国学者的一份调查研究表明，一个不满意的客户会把他不满的态度告诉10个人，其中的20%会告诉20个人。按照这样算法，10个不满意的客户会造就120个不满意的新准客户，其破坏力是不可低估的。如果处理好客户的抱怨与投诉，70%的客户还会继续购买；如果能够当场解决，95%的客户会继续购买。因此，企业不应小视客户的投诉，而应积极面对，用"心"处理，将客户投诉看成珍贵的资源，正视客户投诉的意义，客户投诉的意义主要体现在以下几点。

(1) 令人满意的投诉处理，可以培养客户的忠诚度

美国白宫全国消费者协会调查统计：客户不满意，也不投诉，但还会继续购买该商家的商品的只有9%，而91%的客户不会再回来；投诉过但没有得到解决，还继续购买该商家的商品的客户有19%，而81%的客户不会再回来；投诉过但在一段时间内得到解决，会有54%的客户继续购买该商家的商品，而有46%的客户不会回来；投诉后迅速得到解决，会有82%的客户继续购买该商家的商品，只有18%的客户不会回来。从心理学角度上说，一般情况下，投诉的客户往往是忠诚度很高的客户，因为他们比较执着，有主见，有什么不满意或者期望一定要提出来，而一旦这些问题得到了商家迅速有效的解决，他们对商家的信任度与忠诚度将会得到进一步巩固。

案例（一位客户的自述）：因为台风马上就要到来了，在检查家里的备用品时，我发现手电筒的电池没电了。为了做好万全准备，我亲自去电器行一趟，顺便买了录音带之类的杂物。但当我回到家里打开购物袋时，却发现电池竟不在里面，于是我打电话给那家店，接电话的是女营业员，她很公式化地对我说："你再次来的时候再补给你好了"。便挂上电话。"但我今晚就要用啊！"我叫着，然后气愤地挂了电话。风雨越来越大了，我开始担心如果停电，或是要避难时该怎么办。这时门铃响了，是谁在这个时候来？我一开门便十分惊讶，原来是那家电器行的老板，他的头发都湿透了，在这样糟糕的天气他竟然冒雨前来把电池送给我，当时我虽然觉得他的举动愚蠢，但却十分感动。后来每当我提起这件事时，老板都笑着阻止我不要再说了。从那以后，即使看到其他店的打折宣传，我仍然坚持做这家店的忠实客户。

(2) 客户投诉可以促进企业成长

客户为什么会投诉，归根结底是他们的需求或期望没有得到满足。市场营销的核心理念，就是以消费者的需求为导向，消费者需求或期望什么样的产品或服务，企业就提供什么样的产品、服务。这看似是很容易、很简单的准则，但真正能做到却不是那么简单的，因为通常情况下，消费者的"期望"与企业的"期望"之间有偏差，企业认为好的，消费者不一定认可。那如何缩小它们之间的偏差？正视客户的投诉，是个比较有效的方法，因为客户投诉的地方也就是商家的问题所在，客户的批评、指责是商家纠偏的"良药"。

1984年，一位21岁的匈牙利青年鲍罗道密尔，身上只带5美元到美国闯天下，20年后他成了亿万富翁。他最擅长的就是"点金术"，人人都认为无可救药的企业，到他手里不出

几年必定会转亏为盈。人们问他，为什么总爱收购失败的企业来经营？他说：“别人经营失败的生意，接过来后容易找出失败的原因，因此，缺陷比较明显，只要把那些缺点改正过来，自然就赚钱了。这要比自己从头做一种生意省力，风险也小”。再如美国的便捷泊车公司在多个城市经营着许多停车场。顾客曾向该公司抱怨：进停车场容易，出去就难了，每次离开停车场时，都要在出车上浪费很多时间。便捷公司于是采取了几项措施来加快出车速度，结果不仅满足了顾客的需求，而且每年还能为公司省下近五十万美元的费用。

(3) 巧妙处理客户投诉可以帮助企业提升形象

有些投诉如果有效地采取了补救措施，并加以巧妙地处理，不但会消除客户抱怨，反而会体现企业良好的信誉，并树立良好的企业形象，使坏事变成好事，如同“塞翁失马，焉知非福”。

例如：有个生产汽车零件的厂家，有一次，这个厂的质量检验组发现个别零件在矫正时出现断裂的现象。检验部门把情况反映给厂长，厂长亲自带头检查原因。结果发现是从钢厂进的100多吨钢管中混有不合格的钢管。可是用这些钢管制成的成品、半成品的库存有几千箱，已发出的货也都运往各地了。厂长当机立断，对所有成品、半成品和库存全部封查。对各发货单位急电函告停止出售。接着对厂内库存进行翻箱清查，同时又派人到外地经销单位追查。花费了巨资和精力。他们的这一做法。使各经销单位大为感动。不仅没有降低半分信誉，反而赢得了更高的信誉。

再如：有一家电冰箱厂，一次一位客户来电说：“电冰箱正常工作时常常会出现断电的情况。”工厂派人前去检查，发现问题发生在电路板上。出这种状况的返修率不过万分之五，远远低于国家规定的标准，完全可以不予理睬。然而，厂领导却认为，对厂家来说是“万分之五”，对用户来说却是万分之万。因此决定把卖出的16万台电冰箱，全部为用户换下电路板。他们组织该厂在全国的数百个维修点出面，在当地报刊上登广告，请买了这批电冰箱的客户到维修点免费更换电路板。厂里拿出100多万元作为修这批电冰箱的费用。表面上看，他们虽然在经济上受到一些损失，但却在全国赢得了“对用户负责”的好名声。

(4) 客户投诉可以帮助企业发现隐藏的“商机”

客户的负面投诉情绪中往往隐藏着正面的需求或期望值，而这些需求或期望值就是客户对企业产品、服务、人员素质等方面正面的期望与标杆。他们之所以投诉，就是因为企业并没有满足他们的需求，或是没有达到客户的期望值。因此，正确判断客户投诉中所包含的价值取向，可以帮助企业发现市场空白、技术创新的需求等，先其他企业一步，最快、最大限度地生产或提供客户需求的产品与服务，为企业赢得“商机”。在IBM公司，40%的技术发明与创造，都是来自客户的意见与建议。从客户投诉中挖掘出“商机”，寻找市场新的“买点”，对企业来说，是非常珍贵的。

例如：“冷冻肉解冻难”是消费者十分头痛的问题，海尔集团一位设计师在商场听到正在挑选冰箱的客户说：“解冻最麻烦了！”这位设计师以特有的敏感认为这句抱怨的话有文章可作。三个月后，比普通冰箱多设置了一个软冷冻室的海尔快乐王子007冰箱，经过反馈调查和反复调试后上市，储存在此温度下的肉类食品可直接切割，深受消费者青睐。

总而言之，投诉对任何一家企业或商家来说，都是客观存在的，面对客户的投诉，不应恐慌、反感、逃避，而应重视、挖掘客户投诉的意义，并积极采取有效的策略进行处理。

实训 27　假设一个客户投诉场景，演练处理过程

1. 实训目的

通过本次实训，学会客户投诉处理的策略的具体应用。

2. 实训内容

（1）学生用 15 分钟看完下列资料，准备进行讨论。

情景设置	要是你，如何处理	理由
1. 有一个顾客购买了一部手机。大概过了 7 个月，顾客来找，说坏了，没有显示。拿到维修部门，维修部发现是电池漏液导致电路板腐蚀，只能更换电路板。但是更换电路板需要返回厂家，可是这款产品厂家已经停产了。于是顾客要求索赔，退货		
2. 这个企业的工作人员说："我们给你调换一个，你可以选另外一款同等价格的手机。"客户说："不行，一定要退钱。"		
3. 后来发现，电池漏液造成电路板腐蚀不完全是这个顾客的原因，和产品有一定的关系		
4. 客服经理没有答应，没想到这个顾客特别难缠，天天闲着没事，就每天跑到企业闹，影响企业的正常工作		
5. 企业没办法了，就跟客户签了一个保密协议。你可以退货，但你不能把处理结果告诉其他顾客		
请你想一想，企业为何要签这个协议		

（2）学生就每一步处理过程提出看法，讲清理由。

（3）教师归纳、点评。

3. 角色演练

以小组为单位，每组派出 3 名同学，分别扮演客户、客户服务人员、客服经理（当客户不满意、不接受客户服务人员处理方案或发生冲突时才出场），设计具体的投诉问题，现场演练处理客户投诉的过程及处理。评选出处理客户投诉最成功的一组。

4. 案例思考

某大型酒店内，一客户向客户服务人员投诉，他点的菜谱中，有一道菜，一直等到他们用餐结束，准备离开时才端上来，他不再想要了，而且还拒付这顿的餐费（共计 2500 多元），原因是他很忙，还有很多应酬，那道迟来的菜，已经浪费了他的宝贵时间，没有要酒店赔偿损失就已经很不错了。

依据上述资料，回答以下问题。

①你打算怎样处理这样的麻烦？

②怎样做到既让客户满意又不使酒店蒙受损失？

6.3　客户冲突

冲突（conflict）是指个人、团体之间，由于对同一事物持有不同的态度和处理方法而产生矛盾，这种矛盾的激化就称为冲突。冲突有广义与狭义之分，广义冲突包括潜在冲突（潜在的对立或不一致），知觉冲突（冲突的认识和个性化阶段），意向冲突（冲突的行为意向阶段），行为冲突（冲突主体采取行动阶段），结果冲突（冲突形成结果及其结果的影响阶段），而狭义冲突主要指意向冲突（冲突的行为意向阶段），行为冲突（冲突主体采取行动阶

段)，结果冲突（冲突形成结果及其结果的影响阶段）。

本节内容所讲的客户冲突为狭义冲突，客户冲突管理基本内容为：避免不必要的冲突(如过于激烈的情绪，沟通不畅，以偏概全等)；尽量预防或减少冲突及其不良影响；利用有效的策略化解冲突。

6.3.1 客户冲突的预防

冲突如同投诉一样，也几乎是客户与企业双方都不愿意发生的，但往往由于双方性格、态度、沟通等各方面原因造成冲突也是常有的。很明显，客户一旦与企业发生冲突，最终受到影响较大，损失较多的仍然是企业，因此，企业在处理投诉的过程中，一定要做好冲突预防工作，切不可让普通的投诉演变成纠纷或冲突。客户冲突预防的方法主要有以下几种。

6.3.1.1 积极聆听、注意沟通

很多情况下，客户冲突是由于企业不了解客户的需求是什么，主观臆断地将一些客户不认可或不喜欢的方案强加给客户或是双方沟通不畅通引起的。任何时候，企业需明白的一点就是：客户投诉的最终目的是希望能解决问题，因而，帮助客户解决问题是处理投诉的最直接目标。如何帮助客户解决问题呢？最首要的是找症结——客户的问题在哪里，企业才可以“对症下药”。因此，在处理客户投诉之初，先必须积极聆听客户的投诉，分析客户到底对哪些方面不满意，他的观点、看法是什么，他投诉的目的与希望是什么。另外，聆听完投诉之后，还需注意与客户沟通，消除客户对企业的疑虑、不信任或是误解等，并引导客户一起寻求他愿意接受的解决方案。这样，可以在很大程度上有效地预防客户冲突的发生。

案例：杨女士在某商场选定了一款洗衣机，要求商场两天后送货安装，可是两天后，商场打电话过来说，该款已卖断货，要等厂家出货运过来，还得两三天，杨女士一听急了，因三月份是梅雨天，很潮湿，难得碰到这几天好天气（天气预报说三天后又是阴雨绵绵），想将家里的一些大件床单、被套等清洗一番，于是她跑到商场投诉。

杨女士：明明说好今天送货的，现在又说没货，还得等三天，那时天气就没那么好了，我家里老人、小孩一大家子人，趁着这个好天气，得好好把床单、被套洗洗，现在计划被你们打乱了。你们怎么这么没诚信呢？

客服人员：不好意思，给您添麻烦了，不过，这真的是厂家的原因，我们如果有货，会第一时间送到您那里的。

杨女士：我不管什么原因，你们承诺的没有做到，就是你们的责任，我今天就是要货，你说，怎么办吧？

客服人员：但是，我们真的拿不出货，我们保证三天后一定有货送到您那好吗？这次绝不会有闪失。

杨女士：我就是想今天有货送到我们家。

客服人员：……但我们真的拿不出来，要不，这样好啦，为弥补我们的过失，我们另外送一份赠品——价值100元左右的手动按摩器给您，好吗？

杨女士（恼火了）：不好！我发觉你们怎么老是站在自己的立场给自己找原因，给自己弥补过失，有没有考虑过我的困境，我的想法，你以为我是那种贪恋小便宜的人吗？我再明确地告诉你一遍，我只要我的洗衣机，不要赠品！

客户经理（听到这边的争吵，走了过来，详细地问询了情况之后)：您好，首先我代表我们商场因延误送货给您带来这么多的麻烦真诚地向您道歉，我一看您就是非常有修养、有

素质的人士，通情达理，不会无故发火，我估计一定是我们员工冒犯或误解了您。

杨女士：你们应该急客户所急，就在今天帮我解决洗衣机的问题，而不是赠品。

客户经理：我知道您家里人多，要洗的东西很多，更何况是难得赶上这好天气，您心里一定很着急，我们也一样着急，但关键是厂家那边还得等三天。要不，您看这样行吗？我们这里还有很多款式洗衣机，都有现货，功能都很不错，你挑挑，看看喜欢哪款，我们给您调换，挑完即刻送货安装，我们以原价格减去100元的优惠价格给您或者送份赠品，我知道您不是那种贪恋小利的人，但唯有这样，我们才觉得心安点，否则，我们会一直有愧疚的。

最后，杨女士另外挑选了一款有现货的洗衣机，跟着送货车一起比较满意地离开了。

很明显，案例中的客服人员没有听懂客户投诉的真正意思，就按照固定程序化的方法去处理，结果适得其反，而客户经理经认真聆听后，知道了客户的真正需求：要趁好天气用洗衣机大清洗。于是，通过沟通引导客户去重新挑选有现货的洗衣机，实现她的需求，有效地预防了很有可能即将发生的冲突。

6.3.1.2 销售、沟通过程中，尊重客户，言行中切不可让客户感觉到有失面子或受到污辱

如前所述，客户的需求既有物质的需求（对产品质量、服务等方面），也有精神的需求（受关注、受尊重等方面），物质需求方面有问题了，客户相对来说比较容易理性地“就事论事”，如果能够在短时间解决问题，客户的怨气相应也会比较快消失。但是，一旦客户感觉销售员或客户服务人员损害了他的面子甚至从人格上污辱了他，那他是决不会轻易“饶恕”他的，因此也最容易引发冲突。

某中年女性顾客在饼店自选产品，因其对食品夹的使用办法不得当，连续夹碎两块葡式蛋塔后，既无歉意，也无意购买。女导购员A是一名入职两月余的新员工，责任心强但沟通技巧有限。A站在旁边见顾客夹坏了第一块蛋塔时，就对顾客说“您不会用食品夹，我来教您好吗？”顾客看了她一眼，接着又夹碎了第二块，且夹第二块蛋塔带着赌气的意味，因为她用力较大动作也快。A对顾客说：“这两块蛋塔您夹坏了，您要么买回去，要么赔偿！”顾客说：“我没有见到你们店里有这么一条规定啊！写出来了吗？贴在哪儿啊！”遂产生了争执。领班B过来，了解事情经过后，对顾客说：“算了，算了，不要您赔了！”顾客偏又得理不饶人，说导购员A说话不中听，损了她的面子，坚持要求A当面给其赔礼道歉。领班B一听，认为顾客有点过分，没有同意。顾客说：“你们店里的服务员服务素质太低，东西我不买了，我还要告诉所有的人今后不上你们店里来！”就在顾客将要出门之际，领班B忍不住对着顾客的背影说了一句：“没有钱就别来店里买东西！”谁知顾客听见了，转过身来掏出钱包，将包里的钱掏出来，一下拍在收银台上，大声嚷嚷：“谁没有钱啦，谁说的，是哪一个说的！”店长C正好听到了吵闹声，忙将顾客请到休闲区的座位上坐下来，送上茶水，然后叫顾客讲了事情的经过。店长C很诚恳地向顾客道歉，顾客说：“既然你诚恳，我也就算了。但那个女孩说我没有钱，当着这么多人侮辱我，损害了我的尊严，你说怎么办吧！”店长C说：“这样吧，我要领班当面向你赔礼，我以饼店的名义赔你一盒点心，行吗？”顾客说：“不行，我一定要你罚她500元钱，然后赔给我，这样才能给她一个教训！”店长C一听，觉得顾客难缠，简直不可理喻，渐渐地也有了一丝恼怒。双方讨论了两个回合后，店长C忍不住说：“起初不对的是你，才产生了后来我们服务员说话过火。如果您坚持要赔钱，我就要怀疑您今天的动机。”顾客大怒，要求店长告诉其总经理的电话，遂投诉至公司。

6.3.1.3 态度谦虚、诚恳，真切关注客户的感受与利益，逐步消除客户的负面情绪

根据NLP神经语言程序学的研究，在人的大脑中，处理情绪与做判断的大脑神经是在同一个部位的。所以，当人们情绪激动时，说的话，做的事可能比较偏激，很可能会说些不客观、带夸张或不切实际的气话，而且很容易盲目地做出不合情又不合理的判断与要求并固执己见。在这种状态下，商家处理投诉一不小心，就有可能进一步激发矛盾，将投诉升级成了冲突。因此，接受客户（特别是情绪激动的客户）投诉时，客服人员一定清楚：客户现正在气头上，他们的失态、失控、失语都是可以理解的，不可嘲笑他，更不可辩白、找借口或反驳，而应是以谦虚、诚恳的态度与客户沟通，不论客户说什么，都应向客户道歉，承认自己的不到之处，并且语言上、行动上都显示出对客户的境遇、利益或安全等方面的真切关注，逐步消除客户的负面情绪，才有可能将冲突消除在萌芽状态。

案例：某客户在喝牛奶时，从吸管里吸出一小块碎玻璃，于是怒气冲冲地直奔牛奶公司去投诉，他认为这不仅是为了他自己，更主要的是为了广大订奶用户，如果牛奶公司态度不好或不服的话，他就向消费者权益协会投诉或向新闻媒体揭发。他一到公司，便毫不客气批评道："你们怎么只顾赚钱，而把客户的健康与生命安全置之不理？你们牛奶里的碎玻璃如果喝进肚子里，会出人命的。"负责接待的客服人员一听，非常关切地问他："您有没有事啊，有没伤着您，要不要我们公司派车先带您去医院检查一下？"得知客户未受到伤害后，才放心地说："那真是不幸中的万幸了，要是老人或小孩喝到这牛奶，后果真是不堪设想啊！"，并且向这位客户表示感谢，因为他帮助他们公司发现了问题，阻止了公司牛奶有可能发生的危险情况。另外，这位客服人员赶紧打电话给客服经理，通过客服经理将这种情况通报给公司生产部、质检部等相关部门以引起警示与重视。这位客户看到客服人员的处理情况后，便放弃了原先已预备好的一些挑衅想法与行动。

6.3.1.4 接到客户投诉后，要迅速做反应

上一节已经讲过，客户的投诉最好是在最短的时间内处理好，拖得越久，客户越感觉企业态度冷漠，对客户不关心、不重视、不负责任，甚至认为企业有抵赖或不了了之的想法，这样会使得客户的怨气越积越深，问题越来越复杂，处理起来难度越来越大，因而，演变成冲突的可能性也越大。因此，接到客户投诉后，争取尽快解决，即使由于各种原因，不能及时解决的，一定要持续将进展情况反馈给客户，让客户留有等待的希望。

案例：某网络公司一位客户，网络故障，电话自动报修，按当时安装协议书上承诺是报障后24小时内排除故障，但24小时过去了，那边没一点回音，于是客户又采取人工服务报修，并且说，这一两天很急用网络，总公司那边有个网络会议要开，但是24小时过去了，网络会议时间越来越近了，那边还没有派人过来维修，第三次，客户开始发火，在电话里气汹汹地说，你们今天下午1：00之前必须给我修好，否则，我要你们赔偿损失，但一直到下午3点钟，维修人员才姗姗来迟，客户怒不可遏，当场大发脾气，强烈要求退款，并赔偿损失，网络公司不依，最后客户聘请律师将该网络公司告到法庭。

这是一起典型的因拖延处理投诉，一步步激怒客户，将投诉"点燃"成冲突的案例。

6.3.1.5 无论什么情况下，客户服务人员都不可让客户感觉有推卸责任之嫌

有些情况下，客户服务人员很害怕投诉客户将责任一股脑儿推到商家身上，进而借此提出一些不合理或是过分的要求。因而，他们接受投诉之初，常常自觉或不自觉进行辩白或找借口推卸责任，一旦客户感觉客户服务人员有这种意图，会非常生气，觉得商家不诚实，缺乏解决问题应有的态度与诚意，自然也就很容易与客户服务人员之间发生冲突。因此，无论

什么情况下，接到客户的投诉，不管什么原因（哪怕是客户自己使用、理解不当等），都应首先向客户道歉，承认错误或欠妥的地方，至少让客户感觉到你的谦虚与诚意，这样，也有可能预防冲突的发生。

情境案例：拨打热线客户为A，客户服务人员为B。

B：喂！你好。

A：你好，我是××的一个用户……

B：我知道，请讲！

A：是这样，我的手机这两天一接电话就断线……

B：那你是不是在地下室，所以收不好呀。

A：不是，我在大街上都断线，好多次了……

B：那是不是你的手机有问题呀？我们不可能出现这种问题！

A：我的手机才买了三个月，不可能出问题呀。

B：那可不一定，有的杂牌机刚买几天就不行了。

A：我的手机是爱立信的，不可能有质量问题……

B：那你在哪买的，就去哪看看吧，肯定是手机的问题！

A：不可能！如果是手机有问题，那我用×××的卡怎么就不断线呀？

B：是吗？那我就不清楚了。

A：那我的问题怎么办呀，我的手机天天断线，你给我交费呀！

B：你这叫什么话呀，凭什么我交费呀，你有问题，在哪买的你就去修呗！

A：你这叫什么服务态度呀，我要投诉你！……

于是双方在电话里发生争吵。

从双方通话中可以看出，案例中的投诉客户最初还是比较客观、理性向客户服务人员投诉问题，但随着客户服务人员不停地“企图”将责任归咎于与他们无关的地点、手机质量等，进而激怒了客户，导致了冲突的发生。

6.3.2　客户冲突的化解

“防患于未然”是处理所有问题的上策，客户冲突预防是客户冲突管理首先要研究的内容，当然，客户冲突具有客观存在性，有时，甚至大有“山雨欲来风满楼”的架势。因此，企业在一边做好冲突预防的同时，还需做好万一冲突发生了，该如何化解的准备工作，从而将冲突的损失降到最低程度。化解客户冲突的方法主要有以下几种。

6.3.2.1　肯定可以肯定的，力争求同“排”异

俗话说：“话不投机半句多。”这说明人与人之间的沟通交往，一定得要有共同语言，客户冲突化解也一样，良好的沟通是化解冲突的前提。但情况往往是：一旦发生了冲突，客户都很少能够冷静、理智地与你进行沟通，而是一味地数落、批评，固执己见。因而这时需要客户服务人员运用一定的技巧与方法，主动拉拢、讨好客户，让客户愿意跟你沟通。肯定客户可以肯定的地方，消除客户的戒备与对抗心理，逐步引导客户关注双方观念、利益等方面一致的地方，委婉地排除客户对企业或产品的偏见、误解、误会等，是缓解双方冲突比较有效的一个方法。

案例：一位家长带着5岁的小孩来到某儿童英语培训中心总部强烈要求退款。

家长：你说说，你们是什么公司，简直是坑蒙拐骗，没有一点诚信！

客服：你先别急，坐下来慢慢讲，到底怎么回事？

家长：当时我们报名交钱时，那家培训中心给我宣传、承诺的是，小孩学习一段时间后，没有效果不满意可以退款。现在，我不满意要求退款，但它就是不给我退，如果今天你们总公司还不给我退，我现在马上打电话向工商、消协等部门投诉。

客服：真是可怜天下父母心，做父母的都想自己子女有个好的教育条件，让小孩赢在起跑线上，像你这样高素质的家长，更是如此（肯定、赞美客户）。

家长：是啊，看着别的小孩学习进步那么快，而我的小孩怎么没一点长进，你说，我能不着急吗?

客服：你着急是可以理解的，不过，相信你对教育还是有研究的，教育有其自身的规律与特点，它有个循序渐进的过程，而且最初效果不是很显性的，需要学生、家长、教育者三方有足够的耐心，不应只关注短期效果，更应立足于长期的发展目标（求同）。

家长（情绪有所缓和）：你说的，也有点道理。

客服（亲切地摸着小孩的头）：你看，多聪明多可爱啊，老师、妈妈都应该对他有信心才对，你感觉培训后没什么进步，也许事实并不是完全如此呢（排异）。

接下来，客服通过一系列轻松的小测试，证明客户的小孩还是有进步的，最后，客户终于不再要求退款，而是让孩子继续接受培训。

6.3.2.2 寻求客户的认同，利用认同心，使客户体谅商家，有效化解冲突

在处理投诉策略中，要认同客户，在处理客户冲突时，还需加上一课就是寻求客户的认同，利用认同心，争取相互体谅，这是以柔克刚的化解之法。客户与商家发生冲突后，很容易将原有投诉的情绪、投诉要求升级，甚至有故意升级到对方很难忍受、很难实现的高度，类似于有意出难题。明显那些超高标准，现有条件、规定根本办不到的事，商家最好的方法只有说服客户将心比心，寻求客户的认同，博取客户的同情，从而放弃对抗的要求与行动。

案例：某饭店一服务员，端着一盅热汤从一顾客面前走过，不小心失手掉下来，正好泼到该顾客的脚上，顾客“啊”的大叫起来，随即脚上起了很多红疱，饭店服务员赶紧拿来药膏给顾客涂上，而且说愿意马上陪他上医院治疗，但顾客仍然非常生气，在饭店大吵大闹，要求饭店除了要付医药费外，还要付误工费、损失费等1000元。饭店领班过来了，将服务员叫过来，当着客户的面，狠狠批评了她，而且要求她反复向顾客道歉，之后，支开服务员。

领班：非常抱歉，对不起！发生这种事，给你造成这样的痛苦，我真的很难过，刚才那位服务员相信也吓坏了，你看她跑过来拿药膏的样子，紧张得都快要哭了，她刚来我们饭店不到一个月。我们都知道她不是故意的，看她的认错态度真的很诚恳，你看她虽然刚来，还没发工资，没钱，她一看你烫成这样，马上向几个同事借了500元钱，打算送你去医院。

顾客：我知道她不是故意的，但对我造成了伤害，就要负责、要赔偿。

领班：大哥，你大人有大量，要不这样行吗？医药费无论多少她一定是要负责到底的，那什么误工费、损失费等能不能免了，你看她刚才的500元都是借的，如再借1000元，恐怕很难借。

顾客：你们预支她两个月工资，先赔给我再说。

领班：按道理这样做是可以，但她的情况很特殊，她家里还有生病在床的母亲等着她月月寄医疗费回去，还有个弟弟在读书，等着……

顾客：算了，说得这么惨，我那1000元赔偿不要了，先带我去医院。

这则案例中的领班便是利用服务员的悲惨遭遇，博取顾客的同情，从而放弃不太合理的要求。

6.3.2.3 借助第三方力量，“曲线救国”，化解冲突

有时，发生冲突的客户个性固执，脾气暴躁，听不进任何的解释与劝告，而且越说越有可能引发更大的冲突。这时，最好的办法是巧妙地借助第三方的力量，实现“曲线救国”。这第三方有可能是冲突客户身边的亲人（性格比较温和，易沟通）、中立的其他客户（乐于做和事佬）、或者仲裁机构、或者权威机构等。

例如：一位客户（有神经衰弱症，怕噪声）在某专卖店买了台空调回去，可是安装好，试用后，以该空调噪声太大为由要求退货，商家曾先后派过两名维修师去检测，结果发现一切正常，无任何故障，噪声分贝与说明书上一致，且符合国家标准，商家不愿退货。结果，该客户三天两头地跑去商场大声吵闹，一定要退货。商家想这样下去也不是办法，于是跟客户商量说：这样吧，我们的师傅说没问题，你不信，非得说有质量问题，要不请个专门鉴定的权威机构进行检测，如果真的没问题，我们没有办法给你退货，如果有问题，我们马上退货。最后，商家找来一家比较权威的检测机构进行鉴定，结果一切正常没任何问题，于是客户心服口服，不再闹着要退货了。

6.3.2.4 请上级出面协调

客户发生冲突后，由于客户性格比较固执、难缠，无论客服人员采取什么方法都没有办法解除冲突，这时只好请上级领导出面调解，一来上级领导出面，会让客户感觉自己受到公司的重视，感受到公司处理问题的诚意，同时也看到了希望；二来，一般人对身居重位的人都有种与生俱来的敬重、礼让心理，怎么样，都会给点面子。因此，当应对难缠的客户冲突时，不妨请上级领导出面协调，可以起到较好的效果。当然，一般情况下，企业哪里有冲突就在哪里解决，跟谁有冲突就跟谁解决，客服人员能够自行解决的冲突，最好不要惊动上级领导，因为请上级领导出面调解是由于基本上所有方法都差不多用了，仍不奏效时，才用的最后压轴“绝招”，如同“物以稀为贵”道理一样，“事以稀为贵”，如果企业无论冲突的大小、重要与否都动不动搬领导，到最后领导的面子、威信也会逐渐削弱的。

6.3.2.5 适度迁让、妥协，并尽快提出一些双方都有可能认可的折衷方案

有这样一则小故事：兄妹俩为分一张吃剩的馅饼发生了争吵，两人都坚持自己要一块大的，又都害怕被对方欺骗了。正当男孩子持刀准备给自己切一大块时，父亲来了。

父亲说道，“等一等，我不管你们由谁来切，但是切的人必须把选择权让给对方。”当然，小男孩为了保护自己的利益，会把馅饼切成同样大小的两块。这个故事的父亲如果不采取这样迁让、折衷方案的话，也许兄妹俩会因此一直争执下去，到最后可能谁也吃不了那张馅饼。其实，在许多情况下，冲突的双方利益不一定完全都是对立的，如果双方把斗争的焦点由各执己见转向共同关注存在的问题及如何解决，在着眼于解决问题的基础上，不再纠缠于一点或钻牛角尖，适度地进行妥协、迁让，也是化解冲突的一个有效方法。

案例：某客户非常气愤地跑到煤气公司叫嚷：凭什么收我那么多滞纳金，你们这公司是不是因为是垄断行业，就可以随意宰割客户，我不会交滞纳金的，也不会再用你们的管道煤气了，你们今天就派人跟我过去拆了它。

客户服务人员（走过去，递上一杯茶）：您先坐，喝杯茶，我先看看是怎么回事，好吗？

客户：这一年来连催款通知单都没有接到，居然就收了我80多元的滞纳金，我都不知道是怎么回事。

客户服务人员（查完单后）：您是用银行存折自动划账交煤气费的，但您存折里已经有一年多没有现金了，也就是您欠煤气费已经有一年多了，80多元的滞纳金是依据相关文件、合同收取的，不存在乱收费现象，而且期间该给您送过四次催款通知单，时间分别是……

客户（沉思了一下）：哦，好像那几次时间我刚好在外地出差，不过，我回来后，怎么就一直就没见过催款通知单？

客户服务人员：那就可能是风吹走了，打扫卫生的收拾走了等原因，不过，我们还是有工作不够周到的地方，一年多了，催款通知单也发了多次，仍不见客户交费，应该再行电话通知比较妥当，避免在客户不知情的情况下，收取了滞纳金。这样吧，您也知道一年多将近有1000多元的煤气费没有交，一分钱滞纳金不收也说不过去，要不我们就收40元的滞纳金，好吗？您也别动怒，更不要拆除管道煤气设备，这样对您的生活也会有诸多不便，这也是我们不希望看到的。

总之，客户冲突管理，关键是做好“两手抓”工作——一手抓“预防”，一手抓“化解”。

实训28　分组讨论案例中的客户冲突发生后的处理

1. 实训目的

通过本次实训，掌握客户冲突发生后的处理办法，不断地体会如何进行客户冲突化解的关键要领。

2. 实训内容

(1) 学生用15分钟看下面的案例资料：一个行动者的诞生。

朱莉是笔者在加利福尼亚的一个好朋友，有一天她去附近的一家干洗店洗衣服。她嘱咐干洗店的工人要注意她毛衣肩膀的衬垫，特别要保证洗完之后衬垫能平整。干洗店的一名服务员向她保证，她的衣服洗完之后会像新的一样好。一个星期之后，朱莉回来取她的毛衣，还留下另外一件白色的丝绸上衣进行清洗。当她回到家，打开包时发现那件毛衣的衬垫被弄得很皱，十分难看。于是，她返回到那家干洗店，原来接待她的那个服务员还在店里，他告诉朱莉，他会免费重新清洗这件衣服。

一个星期之后，朱莉取回她的衣服回到家中，却发现那件毛衣的衬垫还是皱皱的，并且白色丝绸上衣的前端还有一些明显的红色污迹，你可以猜得出，朱莉现在已经非常生气了。她立即回到干洗店，但不幸的是，原来那位服务员已经不在那儿了，她向新的服务员讲述事情的来龙去脉，服务员的回答是：不论什么时候他们清洗带肩部衬垫的衣服，衬垫都会被弄皱。“原来你们并不是这么告诉我的。”朱莉说，然后她给他看带有红色污迹的上衣。“我们怎么能确定这不是你自己弄脏的呢？”服务员辩解道，朱莉顿时勃然大怒。服务员看到她这么生气，便提出要重新清洗这件上衣。

把你放在朱莉的位置思考下，你还会要这家干洗店洗你的衣服吗？朱莉可不想和这家干洗店再有什么瓜葛了！她付出了时间和金钱在这件事情上，得到的却皱巴巴的肩部衬垫和红色污渍！另外，她的人品居然还受到了质疑！她做了大部分人都会做的事情——要求退钱。这个服务生拒绝了朱莉的要求，说只有经理才有权这样做，并且经理要到下个星期一的上午才会回到这家干洗店。朱莉只好先熬过这个周末。到了星期一上午，朱莉从经理那里受到了同样的责难，那位经理坚持认为一定是朱莉自己把上衣弄脏了。

朱莉感到十分气愤，并再一次要求退钱，经理拒绝了她的要求。朱莉开始向店里的其他客人提出警告，告诉他们所发生的事情，她开始慢慢转变成了行动者。这位经理让她爱干什么干什么，朱莉当然不买账，她站在干洗店里，告诉每一个人她受到了怎样的待遇，并且向人们推荐这条街上的另外一家干洗店，有些客人果然拿着衣服离开了。

这位经理开始在所有顾客面前冲着朱莉叫嚷，但是朱莉毫不理会，继续告诉每一个进入干洗店的人之前发生了什么事情。经理对朱莉说，他们对之前的事情根本就不承担什么责任。于是，朱莉写了个布告："本店对顾客的任何损失一概不负责。"朱莉大声呼喊道："这位经理这么给他们的店命名的——'概不负责'（Not Responsible）。"顾客们毫无疑问地会告诉别人这一天在这家干洗店里的所见所闻。

经理只好用威胁的手段叫来警察，而朱莉也到隔壁的餐厅打电话给消协，现在，她已经成为了一名完全的行动者。餐厅的服务员无意中听到了朱莉的事情，告诉她这家餐厅的老板也在这家干洗店遇到过同样的问题。因此，他们都告诉来此就餐的每个人不要去隔壁的干洗店洗衣服。

然后，朱莉打电话给"召唤行动"（Call to Action），这是一家在加利福尼亚 KCBS 电视台很受欢迎的节目，试图在人气很高的论坛上挑选出类似的事例。这家干洗店的经理告诉 KCBS 电视台，因为数额太小，她不会归还朱莉这笔钱！"召唤行动"的第二个电话激怒了这位经理，她再次拒绝退款，因为他们的业务大大流失。很显然这损失是相当惨重的。

（2）学生讨论这起非常典型的因处理投诉时，服务人员为自己辩解开脱责任，激怒客户引起的客户冲突，应该进行怎样的转化处理？

（3）教师归纳、点评。

3. 角色演练

教师选派几个同学演练社会上出现的客户冲突得到有效化解的场景，让班上的同学体会客户冲突化解的关键要领。

4. 案例思考

携程喊冤——一场没有对错的对决

"马××，是携网友以令携程，"携程人抱怨道。众所周知，六西格玛的目标是百万分之三的错误率，而 4.5 西格玛意味着 99.87％的客户满意。但似乎问题的一部分就出现在这剩下的 0.13％上。

消费者马××称，她在今年 5 月 13 日预订了两个携程的 9999 元的度假产品——"非常之旅澳洲 8 日轻松行"。而在旅游过程中，她认为携程侵犯其知情权，同时广告存在欺诈。回国后，马××旋即向携程客服投诉。另一值得注意的细节是：马××系一家管理咨询公司的首席顾问，在圈内，以热心公益和环保事业闻名。

面对马××的指责，携程却喊出"冤枉"。面对上级对此事件的询问，携程度假产品部、客户服务部出具了调查报告，相继"喊冤"。同时表示，在享受同等服务的第一批赴澳洲旅游的 15 名客人中，并未发生投诉事件。

在携程度假产品部出具的内部报告中，对马××的指责有以下说明。

指责 1：携程单方制订严重的"霸王条款"并剥夺顾客的知情权。

回复：由于客人是 5 月 10 日下班时间后提交订单，5 月 11 日订单开始处理，5 月 16 日才确认产品并扣款，从 5 月 10 日～5 月 16 日足有 6 天的时间做签证材料的准备。在前期联系中，由于马××是采用别人卡号预订携程产品，携程无法与马××直接联系。此外，携程的"预订须知"对上述事项已有说明。客人应看过此类说明，因为只有客人在"我接受——

我已阅读过完整的订购须知，并接受所有规定事项”后打勾才能进行下一步预订。

指责 2：度假产品实际状况与广告宣传不符，携程有欺诈和误导游客的嫌疑。

回复：广告称“直飞往返”，而航班×××却在悉尼停了四小时才重新飞出。携程认为，直飞的定义是指乘坐飞机从一个城市飞到目的地城市，所乘航班的航班号不变，而不论飞机在中途城市是否有停留。此外飞机在悉尼停留的四小时中，其中三小时为机械故障。另一方面，携程在网页上清楚表明了相关航班的起飞和抵达的时间，出具给客人的航空公司开出的机票上明确显示也是点到点的航班信息。

对于观光护照的问题，澳大利亚××旅游局北亚区局长胡××证实，对于游客来说，旅行社在观光护照中提供的折扣不可能在一次旅行中全部都用到，而一些单张的折扣券可能会比观光护照提供的更加便宜，而这位旅客又恰恰用到。但从整体上来说，旅行社观光护照中提供的折扣是比一般的单张折扣要便宜。

而对于争论中的焦点，“全程四星酒店”的问题，消费者认为三家酒店中，只有一家达到了四星标准。对此携程认为，国外星级酒店与国内星级评定略有差别，马××去的这几家酒店确实都是四星，只是澳洲的四星标准条件稍微差一点。澳大利亚旅游局中国区首席代表邓××也证实，这三家酒店确为四星，“国内星级评定标准是一本书，而澳洲只是16页纸”，邓××表示，相比国内酒店的金碧辉煌，澳洲四星酒店要质朴得多。

指责 3：行程安排极其不合理，“轻松行”丝毫都不轻松。

回复：夜赶飞机的情况，实际上携程在网上产品行程推荐部分、产品具体预订确认之时，以及相关的产品确认单上都已将行程中涉及的所有航班号、出发和抵达时间、机场信息等显示并告知客人。

一方面，消费者花费 1 万元的旅游体验极为糟糕，另一方面携程对消费者的指责更是“喊冤”，那是谁的责任呢？……

8 月 19 日，在经历连续多日的高温后，上海遇到了难得的凉爽。但携程网度假产品部高级总监杨×，即便将空调温度一再调低，却仍难掩心中的焦灼。杨×似乎难以想象，拥有 970 万注册用户的携程，会因为 0.0000103％的可能——一位客户的投诉，使得自己如此被动。面对连续不断的“攻击”，杨×不得不再次面临媒体，期盼舆论能还携程一个“公道”。这已是在两个礼拜内，他就同一个问题的第二次露面。“这已是我目前的主要工作之一。”

而消费者——马××，即便面对业内巨头——中国最知名的旅游服务提供商之一的携程，也是毫不退让。在互联网上，马××很好地“利用”了社会普遍同情弱者和消费者的心理，使得这场粗看宛若堂吉柯德与强大巨人间的斗争，强弱还未可知……

目前，携程与消费者的矛盾仍停留在辩论“对错”上，事态相对僵持。此外，携程对投诉帖成为“热帖”一直很委屈，因为有证据显示该帖有人工置顶的痕迹，经常有同一个 IP 用不同用户名发言。此外，在马××号召网友拒绝使用携程服务的同时，她曾使用的携程卡还购买了携程的服务。现在，携程投诉帖阅读人次已超过 10 万，跟帖人数达到上千人。对于目前的尴尬境地，有携程人不得不发出感叹，早知这样，当初赔个 30％也就得了。但更多的携程人却坚持认为，在与消费者协会（消协）、旅游委员会（旅委）乃至律师接触后，觉得虽然携程有小错，但决不存在欺诈，此时若赔偿消费者，那等于承认了携程存在欺诈行为。“诚信是携程的底线，是不能超越的。”对于马××的行为，上海市旅游行业协会秘书长黄××亦表示不赞同，他觉得目前旅游行业的投诉处理机制还是比较完善的，事情总能够说清楚的。上海市徐汇区消费者权益保护委员会新闻和公共事务部卞××，则对马××在消协还在调解、并未下定论的情况下，就在网上发帖认为消协与携程串通一气，表示不解。同时他指出，是否欺诈是由工商部门来认定的，消费者本身没权利认定。在此事中，携程并没有“主观故意性”，只是工作上存在失误。“如果经常出现不理性的消费者，企业也别经营了。”携程全国公共关系经理马俊说道。

“对于自然人与法人间的纠纷，我们很是头疼。”吕××说道。虽然上海正成律师事务所方正宇律师表示，马××在网上某些言论对携程的商誉造成了一定损害，携程有权对马××提起诉讼。但携程又不得不承认，对消费者提起诉讼，是企业大忌，恒升笔记本案就是典型案件，企业很容易“赢了官司，输了事业”。

对于客服流程而言，刘××认为，携程并不存在明显过错。在携程，客人提出的每件投诉都会被记录、处理和追踪；而且同时会检查投诉客人的再次使用率。另外，携程旅行网还设有专门的质量管理部对产品、服务和处理流程进行全面的监督和考核……

从管理咨询业者角度出发，马××认为，携程客服的组织架构太长，一线员工甚至可以对客户表示“我全权代表携程”，而其主管在后续接受投诉时，始终坚持第一次投诉意见，毫不让步，给她的体验相当糟糕。马××还认为，携程存在客户投诉处理流程过于机械化、公关危机意识差、品牌管理不到位等管理缺陷。

对于马××指责携程对客户投诉不加重视的问题，携程CEO范××断然表示否认。面对如今的尴尬，携程有些茫然。虽然目前携程投诉率只在0.03%～0.04%之间，投诉顾客满意率也在80%以上，但当被问道，如果今后继续碰到这样投诉态度坚决的客人，携程又认为自己并没多大错误时，应如何处理？……

为消费者投诉一事，携程进行了多次内部讨论，范××感到有这样几方面的收获。首先是对于携程度假目标客户的定位更加明确，注重客户体验的中高端度假产品将是携程的主打产品；其次是对携程网站很多旅游产品的细节描述更加人性化、具体化，目前已在做相关网页的整改；最后也是最重要的一点，携程将进一步优化客户投诉的反应体系，准确把握客户的期望值，及时满足并超越客户期望。“投诉是客户送来的礼物。”范敏感叹道。通过客户投诉，可以让企业随时发现自己不足。经过这次教训，他也开始教育员工，面对投诉最重要的原则就是倾听。当被问到，若遇到第二个“马××”，携程该怎么办时，范××还未回答，身旁的澳大利亚旅游局中国首席代表邓××立即说，“请出来喝咖啡了”。精明的范××接下话茬表示，即便双方不存在误解，他还是很愿意和马××小姐喝杯咖啡。这或许是一个解决之道？……

依据上述资料，回答以下问题。

① 就你看来，应该如何处理“马××”投诉，进行冲突的化解？

②“请出来喝咖啡了”的解决之道管用吗？

③ 这件事情对携程网站的影响会怎样？

思考题 6

1. 简要概述客户投诉的类型。
2. 处理客户投诉的策略有哪些？
3. 简答客户投诉对企业的意义。

4. 简要说明如何预防客户冲突？

5. 客户冲突发生后，可以采取哪些措施进行化解？

实践建议 6

1. 主动找些课余兼职或经熟人介绍，去一些公司客户服务部或店铺观察、学习他们处理客户问题的流程与方法。

2. 依据你将来意向从事的行业岗位，设想几份因不同原因引起的客户投诉处理方案。

3. 利用第二课堂、兴趣小组等方式，班内或营销、商务类班际之间组织一些处理客户冲突的情景模拟演练比赛等活动，训练同学们处理客户冲突的实践技能。

第 7 章　创新客户服务*

当营销从 4P 向 4C 转变时，客户的重要性已经不言而喻，但是如何与客户建立稳固的关系，提供创新的服务，不断提高客户的满意度和忠诚度，提高企业在客户心中的地位和竞争力，成为每个企业的工作重心。

7.1 创新客户服务模式

下面介绍的创新客户服务模式虽然不是每个企业能够做到的，但企业应该根据自身的情况，不断地动脑筋、想办法，实施卓有成效的客户服务。

7.1.1　一对一服务

一对一服务是针对客户来讲的：对某一个特定客户来讲，要配备一个专门的服务人员；反过来说就不是一对一了，企业并不需要安排如客户数量一样多的服务人员。

7.1.1.1　一对一服务的含义

一对一服务是指针对个别客户开展个别服务，是为客户提供更加便捷、更具有针对性的产品和服务。一对一服务要求对每个客户都有一个专门的服务人员负责，该客服在充分掌握客户的有关信息后，随时可以根据客户需要，提供适合客户需要的服务。一对一服务强调的是服务保障，是一种专业化的服务，由特定服务人员进行的服务；而个性化服务强调的是服务的特殊性。一对一服务并不需要太特殊的服务，只需每个客户都有相应的客户服务人员，且保障其服务即可。

在实施一对一服务时，要注重一对一服务的内容，提高服务人员一对一服务的能力；针对客户需求特点，开发客户需要的服务产品，增加服务价值；完善信息系统，为一对一服务提供有利支撑。再从以下案例中体会一对一服务的优势、前提条件。

海尔在国内家电行业走在服务前沿，推出全新服务概念——“海尔电脑护照”一对一服务。其目的是为了客户拥有自己的“个人电脑顾问”，有任何问题可以与自己的顾客直接交流，这样彻底解决了客户发生问题后不知具体找谁的困惑。海尔电脑护照的使用十分简便，客户在购买海尔电脑以后，服务中心当即为客户和电脑建立海尔服务护照，客户凭此护照即可获得海尔电脑的售后服务，海尔电脑凭此护照号码可确认客户的服务信息。一本海尔电脑护照，整合了客户基本个人信息、保修卡、三包凭证、维修记录单、产品配置表等功能，方便了客户的使用和保管。对客户来讲，购机就拥有了一本详细的服务指南和一本记录全部服务内容的“记录本”。

海尔电脑护照推行，大大缩短了服务信息的处理时间，客户可以在第一时间得到最专业的解答和最快速的维修服务的响应。指定专业的服务工程师对客户实行终身服务，体现海尔电脑“一对一”的理念，即享受专人专职服务。

“海尔电脑护照”是一个典型的一对一服务案例，通过集客户个人信息和产品信息于一体的护照，海尔服务人员可以节省了解客户信息的过程，大大缩短服务流程。如售后服务中，关于产品的购买时间、具体配置等信息，客户服务护照都有详细记载，这样就没有必要要求客户出示相关证明来说明这些了。一对一服务即意味着专人专职终身服务，海尔电脑每卖出一台，就配备了一个维修工程师，这名维修工程师就像是一个家庭顾问一样，随时提供专业咨询，给客户带来了贴心而又专业的服务，带来了全新的服务方式。

实施一对一服务的前提条件是对客户信息的全面搜集，如海尔服务护照是一张综合信息卡，它整合了客户基本个人信息、保修卡、三包凭证、维修记录单、产品配置表等功能。

7.1.1.2 一对一服务的过程

一对一服务的过程可以细化为四个阶段。

① 识别客户。实施一对一服务需要深入了解客户的各类信息，不仅是他们的名字、性别、住址、联系方式等基本社会信息，还应该包括他们的习惯、爱好、需求等诸如此类的信息。信息的搜集也不是一次、一时就可完成的，需要通过与客户的每一次接触、每一种渠道、每一处地点、本公司的每一个部门来了解、搜集、积累和更新这些信息。

② 对客户进行差异分析。根据搜集的关于客户的信息，进行差异分析，确定服务方式的差别化，为其提供更贴切的服务。

③ 与客户保持良性接触。与客户保持良好关系就是要求客户服务人员及时实施一对一服务，并及时搜集客户的反馈信息。

④ 调整服务内容，满足每个客户的需要。根据实施一对一服务搜集的客户反馈信息，不断调整和提高服务，针对不同的客户实施不同的服务，以满足其需求。

以上四个过程环环相扣，紧密相连。在与客户的一对一的接触中，不断了解客户的真实需求，不断改善服务以更好地满足客户需求。

7.1.2 一站式服务

现在的客户需要“超级市场”般的一站服务，希望能够一次获得所需的服务或产品，即使这些服务或产品属于不同的类别或面向某些特定客户群。近年来“一站服式务”这一概念已逐渐成为服务业的箴言。

7.1.2.1 一站式服务的含义

一站式服务是服务业对客户服务的目标，即通过最简单的操作，使用户能够一步到位地完成所有服务的请求，如：在图书馆行业，能提供检索到所需要的信息资源，从而实现到各种不同资源以及不同数据库的高度、有效整合。“一站式”服务的实质就是服务的集成、合成，它改变了传统“面对面”的服务模式。它的最大优点在于，客户能集中在一个服务站点办完其所需服务事项，节省客户搜寻服务站点的时间。

7.1.2.2 一站式服务的要点

一站式服务的服务要点主要有以下三个。

① 各种服务的高度有效整合。一站式服务要求能在一个服务地点，集中办理客户需要办理的事项。

② 各类专业服务人才的高度集中。一站式服务要求各种服务人员的高度集中。

③ 形成跨地区的一站式服务网络。在客户需要跨地区一站式服务时，还应该提供跨地区的一站式服务。

案例：深圳电信一站式客户服务。

全球零售业巨头沃尔玛，近年在中国的业务发展很快，一家家零售超市在全国各地出现。2003年初，沃尔玛（中国）公司希望深圳电信部门一揽子解决深圳总部与全国各城市分店各种通信手段的联网问题，解决在北京、上海、贵阳、济南开分店时，当地的包括办公电话、IC卡公用电话、宽窄带数据通信、内联外联网、远程视频通信等一切电信业务的申请和开通问题。如果两年前听到这种要求，会吓得倒吸一口冷气。然而，深圳电信受理了这个项目。很快，在预定的时间内，沃尔玛（中国）总部与国内数十家大中城市分店之间DDN数据通信专线联通问题得到了解决。就连沃尔玛十分担心的信息系统区在突发状况下正常运作问题，深圳电信也提供了解决方案，并很快建成了网络灾难备份中心。沃尔玛真正省心的是总部与全国很多城市分店联网的所有通信业务问题，都可以在深圳这一个地方通过电信的大客户经理一揽子解决。“诚信，高效！中国电信真正在为企业办事！”沃尔玛（中国）公司信息总监王先生从整日为联络、谈判跑断腿的“空中飞人”变成等待电信客户经理上门研讨方案的“办公总监”自然是感慨万分。这是中国电信近年推行的全国“一站式”大客户服务。

目前，在深圳本地发起“一站式”服务的企业客户已有十家，在异地发起的由深圳电信提供本地服务的“一站式”服务客户有数百家。通过中国电信大客户业务处理系统，处理全国各地企业客户涉及与深圳联网的通信项目多达600个。这其中，每一个项目都是一份跨域协调的成果，都是无数客户经理全天候劳作的记录。在时间就是金钱、效益的现代城市，在视频通信、数据传输替代策马驾车送信的信息化社会，世界已因网络而变小、便利，但人们为了使用连接世界的网络却要办理跨域的手续而继续“策马驾车”，一个一个城市地联络、谈判，这就是深圳电信推出全国“一式站”大客户服务的原因，它体现了电信企业从产品经营向客户经营的真正转型。深圳电信根据客户的电信业务的跨区域发展趋势，特别地推出“一式站”服务，不但给沃尔玛创造了方便，更是出乎了客户的预料，为赢得客户的忠诚打下了坚实的基础。这使得一些像沃尔玛一样的世界500强企业以及一些国家重要部门等，都在深圳不同程度地受益于这项服务。这使得深圳电信“一站式”服务每月业务完成情况始终处于广东省通信行业前列……

目前各个地方的政府部门、政府机构都在力图建立、完善适合自身特点的一站式服务，想群众所想，把需要审批的事项集中到一个大厅、一个窗口，简化手续、提高政府办事效率。各个企业为了方便客户，也在提供便捷服务。如：中国银行推出留学申请外汇贷款一站式服务，房地产商、汽车经销商推出一站式服务，汽车修理行业推出一站式服务，网络公司推出企业建网一站式服务，家装市场推出一站式服务……省时省力的一站式服务将成为今后服务行业的发展趋势，这不仅仅意味着服务的“量”的变化，更是服务的“质”的提高。

7.1.3 电子化服务

在电子商务时代，客户服务中心不是以简单被动的方式满足客户需求的“花钱中心”，而是以最终拥有客户、发展客户为目的的“挣钱中心”，它将通信与计算机结合在一起，使用户简单方便地获取信息，改善对客户的服务质量、增强竞争力，减少管理开支，而且可以全天24小时服务，以传统客户服务方式无法比拟的优势深受现代企业欢迎。

7.1.3.1 电子化服务的含义

电子化服务是一种新的服务模式，它采取先进的计算机、网络和通信技术，结合运用网络上的开放式服务模块，为企业、个人的事务在网络上提供个性化及开放式服务。电子化服务具有智能化开放式的特性，能够以“为我服务”的方式提供前所未有的服务。电子化服务要求企业以互联网及其相关技术为基础对企业运行的全部流程进行再造，从而使企业形成一个开放的、紧密的，包括供应商、合作伙伴、客户在内的结合体。

7.1.3.2 实现电子化服务的要点

实现电子化服务需要把握两个要点。

(1) 明确电子化服务的理念

对个人消费而言，电子化服务意味着全新的消费概念和生活方式，使客户的消费方式得到了真正的挖掘。一般来讲，客户都是通过电子化服务进行网上消费或自助服务，个人用户都面对着更多的选择和更快捷、更方便的购买方式，电子化服务将成为21世纪的服务新模式。

(2) 保证电子化服务的实现

为了保证数据信息集中，通讯信息畅通，必须完善各级网络，打好计算机、网络和通讯应用的基础，建立电子化服务系统，只有这样做的企业才能保证电子化服务的最终实现，为客户提供更方便的服务。

案例：昆明福海派出所推出电子化服务。

“请5号到3号窗口办理业务。”听到这样的声音，许多人可能还以为是在银行办理业务，而现在只要走进西山公安分局福海派出所的办证大厅，也能听到这样的服务提示音。为了提升服务质量，让群众有序、明了地办理各项业务，福海派出所在云南省首家设立了叫号机、查询机和测评机，推出了电子化服务。

叫号机——让群众对号办事

过去因为群众对办事顺序、程序等不清楚，一进办证大厅就朝着人多的地方挤。结果往往是好不容易挤到窗口，却得知自己要办的事不在这个窗口办理。没有叫号机之前，办证大厅每天都人声鼎沸。为了向众多不明流程的群众说明情况，民警们需要扯着嗓子大声说话。可结果往往不尽如人意，群众还会觉得民警态度不好。

为了彻底解决这一现状，派出所决定学习银行的业务办理方式，在办证大厅内设立了叫号机。并针对派出所业务，在叫号机上设置了常住人口、暂住人口、二代身份证办理、境外人员、业务咨询5个号别。有了叫号机，群众来办事时只需根据叫号机上的提示领取号码，便可坐等语音提示，再到对应的窗口办理业务。彻底避免以往排半天队，最后却排错队的状况。

查询机——让群众一目了然

每天到派出所办理业务的群众，大多都对办事流程、现行规章制度等内容不熟悉。为了方便群众，派出所还设立了触摸屏式的查询机。据了解，福海派出所设立的查询机可谓包罗万象，群众只需根据提示轻轻一点显示屏，马上就能一目了然。

查询机涵盖了福海派出所辖区基本情况，派出所民警照片、分管业务、联系方式，各项公安业务办理流程及规章制度，以及相关法律、法规咨询等四大方面的内容。群众可根据自己所想了解的内容点击查看，由查询提示轻松办理对应业务。同时也可以通过查询得知自己所处的区域，由哪位社区民警负责管辖，以及该民警的联系方式等。

测评机——让群众有理可诉

服务质量的好坏，与民警的工作态度和业务素质密不可分，因此派出所还在办证大厅内设立了测评机。群众每办理一项业务，都可通过测评机，对当事民警的工作态度和业务素质进行“满意、基本满意、不满意”三个等级的评价。

据了解，派出所要求窗口民警每月的测评满意率必须达到90%以上，并将此项规定纳入季度及年终考核。如果某位办理窗口业务的民警，当月满意率低于90%，所领导就会及时找其谈话。和他一起分析存在的问题及原因，并对其实施告诫。一旦该民警下一个月的测评依然没达到90%，派出所就会调换该民警的工作岗位，并将换岗原因记录在案，作为年终考评依据。

电子化服务是目前一种非常诱人的新型商业服务模式，需要公司和客服人员的想象力和创造力。在电子化服务的网络世界里，每一个模块都是标准化的，服务模块和服务模块之间可以互相交谈，也可以互相交换信息。

7.1.4 顾问式服务

顾问式服务强调了“以客户为中心”的服务观。它是一种从了解客户、服务客户、发展与客户的长期关系，最终形成连带销售的系统服务方式，是更高层次的服务方式。顾问式服务不单是简单的买卖东西，服务过程本身成了产品不可分割的一部分。通过有效的顾问式服务不但可以提升业绩，还可以提高产品的知名度和美誉度，从而帮助企业创造价值。

7.1.4.1 顾问式服务的含义

顾问式服务指的是受过正规培训的服务人员综合分析客户的社会地位、经济实力、工作性质等多方面因素后，向他（她）提出合理化建议。形象地说，就是要帮客户挑出一件“适合他（她）身材的衣服”。

顾问式服务是帮助客户创造价值的亲情化、智能化的“全程无忧服务”，其核心是摒弃传统的、以产品推介为中心的“说服式”销售，在服务过程中，全面实施以客户为中心的“顾问式”全新服务模式，以最大程度满足客户消费的理性需求和个性需求。与传统服务模式相比，“顾问式服务”模式以解决问题和满足客户的消费需求为前提，针对客户不同需求提供个性化和人性化解决方案，是当今最为先进的营销服务模式之一。

7.1.4.2 顾问式服务的要点

① 顾问式服务的核心是如何在公司提供的多元化产品或服务中挑选出适合某客户需求的产品或服务。

② 顾问式服务的重点是随时专业地解答客户关于产品或服务的疑问。如客户对于电脑硬件的维修等专业性的问题，要求客户服务人员能够专业地解答。

③ 实施顾问式服务最重要的条件就是服务人员的高质量、专业化服务水平。

④ 实施顾问式服务必须先分析所在行业的行业特征是否适合。需要顾问式服务的行业大多是技术要求高或价值高的行业，对于大众化的产品实施顾问式服务没有多大必要。

顾问式服务模式意味着只有顺应各行业健康、有序、理性发展的市场要求并最大限度地满足客户的消费需求，彻底告别过去那种仅靠推介、说服甚至是压价竞争的陈旧营销格局，不断强化自身品牌的服务价值，才能在市场上做大做强。

案例：顾问式服务解危光大依波。

光大依波钟表（深圳）有限公司（以下简称光大依波），是中国光大集团控股的香港上市公司——中国光大科技有限公司的全资子公司，从事中高档计时产品的专业设计、生产与销售。公司成立10多年来，产品品质和销售业绩都得到了飞速的发展。但是随着人们经济、生活水平的提高，人们对表的需求已经发生了变化。这些变化使得依波表面临着新的问题。为了有效地面对发展的新形势，解决发展过程中面临的新问题，光大依波委托专业咨询公司对市场进行了调查分析，并委托咨询公司进行市场竞争战略的方案设计。

经过内部访谈和外部调研，咨询公司发现光大依波的现状是：公司的产品质量非常优良，得到了同行的认可，而且公司已经有品牌经营的策略，这些都是光大依波 10 多年以来得以飞速发展的基础。但是随着经营规模的扩大，公司发现以前屡试不爽的经营策略失灵了，公司面临策略的重新选择的问题。咨询公司在综合考虑的基础上找出了光大依波的症结所在：光大依波的主要问题就是公司在销售服务能力上没有突破。而销售服务能力上没有突破的原因是：销售人员没有把自己的角色定位在专销员——专家销售人员；销售人员的现场销售技能不足；销售人员的言行不规范，没有统一合适的行为规范；缺乏自我培训销售人员的能力；销售人员队伍不稳定。以上的因素使得光大依波的品牌策略在执行环节失效，最终影响了经营效果。

针对上述问题，咨询公司提出了解决方案，其核心就是为光大依波建立顾问式销售系统，增强执行品牌战略的能力。采取的步骤是：封闭式培训，使销售人员掌握顾问式销售技巧，全面提升销售人员的素质和销售水平；建立培训体系，形成自我能力建设，为整个体系成长提供动力；协助为企业培养 3 名专业培训师，增强企业自身的造血功能；完善销售管理制度；建立“专销员工作手册”，并督导实施。

在具体的操作过程中，咨询公司围绕光大依波专销员的理念、素质、技能三方面，采取咨询、培训、督导三种不同的服务方式对光大依波进行全方位、立体式的服务。力图打造光大依波的专销员队伍，在整个销售系统中植入顾问式服务理念。洗脑成功后，专销员的素质得到了全面提高。

通过咨询公司的服务策略，光大依波在全国各地的专销员的销售技巧都提升了一个档次。销售业绩明显好转，2003 年光大依波成为中国手表行业的龙头，依波表的品牌知名度和美誉度都得到了全方位的提升……

下面是光大依波的销售服务专员的一个具体服务场景，请仔细体会其中体现的顾问式服务的技能点。

一位年轻男士带着一个小女孩来到依波表柜台前。

专销员：“您好，这几种式样还满意吗？不知您对表的款式有什么特别的要求？”

男顾客：“这只表是不是很耐磨，表面是不是划不伤？”

专销员：“我能问一下您为什么这么注重表的耐磨程度吗？”

男顾客：“我想用起来更方便些，因为表一磨损就看起来很旧，不好看了，总是买新的又太浪费，所以就买只好的啦。”

专销员：“您试试这款，这种表采用的是硬度极高的钨钛合金，在外观材料中是最耐磨的，您可以划着试试。”

（专销员拿把剪刀在表面上用力地划了几下……）

男顾客：“真的是没划痕，不错。”

专销员：“这只表还有个最大的特点，那就是常带常新，因为这种高硬度的钨钢只需稍加擦拭就会显出非同一般的光泽。另外，它还有一个名字叫‘地久天长’，代表着永恒，相信以您的气质这款表一定很适合您，您认为呢？”

男顾客：“还不错，我很喜欢，那就买这只吧。”

……

总之，当今是服务经济时代、享受型服务时代和体验经济时代，服务工作者必须认真把握客户的多元化需求，提高服务艺术，做足服务文章，提供让客户心动的服务，使营销服务产生一种令人愉悦的体验，才能赢得客户的青睐。被日本尊为“经营之神”的松下幸之助有一句传世金言：卖货要像嫁女儿。他说，如果每天都能抱着这种态度做买卖，就能跟客户建立起超越纯粹买卖关系的相互信赖，势必使生意日益兴隆。“顾问式销售服务”就是这种买卖之间情感交流理念的具体体现。

7.1.5 其他创新服务

创新服务在各个行业都非易事，因为每个客户的体验是通过一线员工与客户之间的互动形成的，必须挖掘一线员工的创新潜力，并且在员工服务标准上不断提升。创新服务模式将能够为企业和顾客创造价值的飞跃，是实现双赢的手段之一。

企业在为客户提供服务的过程中，需要与时俱进、拓宽思路、转变理念，提高工作效率，提高服务艺术，不断地创新企业的服务，打造特色服务品牌。下面以一些行业企业为例，说明创新服务的魅力。

7.1.5.1 金融行业的创新服务

无论是国有银行还是股份制商业银行，都在金融电子化的进程中各显神通，以信息技术为依托，不断创新金融服务，构筑以个人结算、银行卡业务、个人理财类产品为主的个人中间业务体系；拥有自助银行、电话银行、手机银行和网上银行构成的电子银行立体服务体系；不断推进国际业务，加快建立本外币均衡协调发展的经营格局，为越来越多的企业走向国际市场提供信贷和融资服务。

电子渠道为客户提供的是一种自助式的金融套餐服务，除节省时间外，客户其实更能体会到一种直观理财的乐趣。电子银行已经成为银行为客户提供服务的一个非常重要的渠道，也是银行实现自身可持续发展的重要内容。自助银行包括取款机、存款机、存取款一体机和查询机。客户使用网上银行、电话银行也非常简单。

在竞争激烈的市场环境中要发展壮大，其根本秘诀就是创新。面对当前零售银行业务市场的激烈竞争，在借鉴国内外成功银行发展的基础上，加大组织结构、产品、服务、人力资源等的创新力度。在组织结构上，实行事业部制，实现扁平化管理。在产品与服务创新上，从“以市场为中心”转移到“以客户为中心”。

如：民生银行的电话银行是不用申请的，有卡号和密码，拨打客户电话“95568”就能直接享受如查询、定活互转、缴费、炒汇、购买国债、传真交易明细等多种功能；网上银行分“大众版”和“贵宾版”。其中大众版也不用到柜台，直接登陆网站（www.cmbc.com.cn）申请成功就可以使用。非常简单。

“民生财富”按照先进的营销管理思想，以差别化服务为特色，以先进的计算机设备和软件为依托，由银行专家型人才根据客户需求，对各种个人金融产品进行有针对性的业务组合和创新，产生出满足中高层个人客户增值、保值资产及安全、方便投资需求的个人综合金融系列产品和服务，理财服务内容不断丰富。

民生3+N贵宾理财服务是民生银行针对贵宾客户尤其是钻石卡客户推出的体现民生财富“尊贵、健康、时尚、增值、便捷”等特点的贵宾级服务。“3”是指机场贵宾服务、医疗健康通道、贵宾高尔夫俱乐部；N是指柜台绿色通道、其他金融服务和优惠服务等。

在服务上，打破了传统的销售服务模式。针对贵宾客户，组建了客户经理、理财经理、产品经理和服务经理等团队，执行菱形服务模式，推出了“以客户为中心”的“一对一”理财服务模式，让客户享受温馨、亲情、专业的银行贵宾理财服务。

“钱生钱B”理财账户服务新产品，是在通知存款基础上，开发了自动通知、自动转存、当日透支、账户关联等功能，并支持人民币及包括美元、欧元、港币、日元等的8个外币币种。“民生家园·1＋3”住房按揭贷款是中国民生银行2003年住房按揭业务的创新产品；“一笔民生款，一生好住房”是消费者的愿望，更是“民生家园·1＋3”所能带来的改变……

7.1.5.2 酒店客房的创新服务

随着社会的发展和科学技术的进步，饭店业的竞争越来越激烈，实现客房产品的创新服务是必然趋势。现代客房产品的创新主要由设施与装饰、管家服务以及客房与宾馆内其他部门的服务连接三个方面构成的。对于高星级饭店来说，客房产品的各个方面都必须是尽善尽美的。为此，“完美”和“创新”应该是客房工作永无止境的追求。

主题客房。饭店产品发展到今天，已经明显使人感觉到“标准房”的乏味。为了满足客人的需求，主题客房成了客人的新宠。比如以某种时尚、兴趣爱好为主题，可分为汽车客房、足球客房、邮票客房、电影客房等。还有以某种特定环境为主题的客房，监狱客房、梦幻客房、海底世界客房、太空客房等。

无障碍客房。是为满足残疾客人的需求而推出的，残疾人由于身体上的残障应该得到饭店的关怀。设有无障碍设施的酒店一般具备残疾人专用进出口、残疾人专用厕位等。

高科技客房。进入21世纪，高科技在客房服务和管理中得到广泛的应用。比如：客房内可为客人提供网络浏览、E-mail收发、FTP文件下载、Telnet远程登陆、网络游戏等多项服务，甚至为客人提供更个性化的服务。法国雅高集团在巴黎正在尝试“高科技客房”这一新概念客房。客房中床很宽，卫生间更大，照明也更好，采用可旋转的液晶显示电视屏幕，遥控芳香治疗系统、环绕音响系统等。

睡得香客房。这是希尔顿集团在美国洛杉矶富豪区的比华利山酒店推出的特色服务客房，其中有加厚的床垫、高雅而又不透光的艺术窗帘，闹钟铃响时台灯自动开启，按各人生活习惯设置的生物钟可调灯箱等。前不久，希尔顿集团又推出两个新概念客房，即“健身客房”和“精神放松客房”。客房内增设了按摩椅，放松泉池，瑜伽术教学录像带等。

老年人专用客房。如今，世界人口普遍向老龄化发展，老年人市场越来越受到重视。老年人在饭店的相对停留时间较长，消费较高，因此，“银发市场”已成为饭店新的竞争点。老年人客房的设计、装饰要注重传统的民族风格，配以字画、摆设；其色调以暖色为主，多用调和色；绿化布置上，可多用观赏盆景和常绿植物、鲜花。健康、方便是老年人专用客房的考虑重点。例如：在卫生间要设置防滑把手，门把和开关位置要适宜，要设置多个召唤铃，以便老人可以不用移动太远，就可询问自己需要的服务。在法国戛纳的奥泰利亚饭店里，所有的客人平均年龄83岁，这里的一切设施几乎都是为老人们尤其是80岁以上的老人特别设计的。在这里，信号显示是大号字，沿墙有扶手，电梯里有座椅，床是坐卧两用的，卧室里可以挂家人肖像。卫生间是用防滑玻璃纤维修造的，并设有软垫长椅，在那里可以安全洗浴。无论何时，一按铃就有人来查看，经常举办各种适合老人的娱乐活动。

绿色客房。随着地球环境的恶化，人们更趋向于和自然和谐共处的“绿色意识”。因此“绿色客房”将是21世纪客人的向往。绿色客房有以下几方面的要求：节约能源；环保的设施设备；健康的客房环境；可回收的客房物品、用品等。同时，要设置绿色告示和绿色环保的宣传资料。

女子客房。随着女性地位的提高，女性在住店客人中的比重越来越大。针对这一现象，专门设计为女性客人特别准备的客房将成为趋势。女子客房的室内装饰要富有浪漫情调，室内气氛更为温馨雅致，悉心考虑女性的心理特点，充满女性气息。室内有女性的专用毛巾、梳子、梳妆台、试衣镜、香皂、睡衣，适合女性使用的吹风机、熨斗，女性杂志。并提供美容美发服务信息、出游最佳方案等。

无烟客房。目前，无烟客房已成为趋势。北京天伦王朝饭店和京广新世纪饭店等饭店的无烟层均吸引了大量回头客，这些饭店既创造了市场营销的机会，留住了一些客人，也为饭店赢得了较好的口碑。北京长城饭店客房部负责人估算，该饭店每10个外宾中，至少有7位选无烟楼层。近几年来欧美、新加坡和我国台湾的游客大都选择无烟楼层。因此，很多饭店都将进行无烟客房的尝试。

钟点客房。钟点客房是一种按小时收费的经营模式，以其灵活性和便利性受到客人的欢迎，这种经营模式尤其适用于中、低档酒店和位于机场、车站等流动人口较多的地方的酒店。比如：每年高考以前，学生都会定客房，“考生房”进一步扩充了钟点客房的概念。

创新和尝试是21世纪饭店客房产品的主题，创新无止境。只有不断创新和尝试，饭店才能在竞争激烈的市场中占有一席之地。

实训29 研讨案例中创新客户服务的效果

1. 实训目的

通过本次实训，知晓创新服务的重要性、它给企业带来的经济效益和社会效益及给客户的前所未有的服务体验。

2. 实训内容

(1) 学生用15分钟看完下面的案例资料。

目前，中邮物流公司和各省市子公司都在致力于一体化物流市场开拓，并且在手机、医药、化妆品、汽车零配件等行业有所突破。但总体看来，一体化物流业务收入占全部物流业务收入的比重还比较小，不少地方还没有开发出一体化物流项目。要改变这种状况，必须在服务理念、服务内容和服务方式上实现创新。

服务理念的创新包括三方面内容。第一，一体化物流服务不是两个以上功能服务的简单组合，而是提供综合管理多个功能的解决方案。中邮物流必须不断研究目标市场行业的物流特点和发展趋势，成为物流解决方案合理性竞争的服务专家。第二，一体化物流服务的目标，不仅仅是降低客户物流成本，而是全面提升客户价值。比如中邮物流为雅芳提供的一体化物流服务，通过将按省仓储改为按区域仓储，减少了仓库数量，加快了库存周转，降低了客户物流费用；通过改自提为配送，使客户销售人员专注市场开拓，促进了销售增长；通过网上代收货款，加快了客户的资金回收；这些服务综合起来，就从整体上提高了客户经济效益。第三，一体化物流服务的客户关系，不是此消彼长的价格博弈关系，而是双赢的合作伙伴关系。一体化物流服务的收益就不应仅仅来自功能性服务收费，而应该与客户分享物流合理化所产生的价值。

服务内容的创新也包括三方面内容。第一，由物流基本服务向增值服务延伸。比如：运输的延伸服务主要有运输方式与承运人选择、运输路线与计划安排、货物配载与货运招标等，仓储的延伸服务主要有集货、包装、配套装配、条码生成、贴标签、退货处理等，配送的增值服务主要有JIT工位配送、配送物品的安装、调试、维修等销售支持等。根据美国年度物流报告显示：物流增值服务有很大的增长空间。第二，由物流功能服务向管理服务延伸。一体化物流服务是通过参与客户的物流管理，将各个物流功能有机衔接起来，实现高效的物流系统运作，帮助客户提高物流管理水平和控制能力，为采购、生产和销售提供有效支撑。因此，在开发一体化物流项目时，要在物流管理层面的服务内容上做文章，包括客户物流系统优化、物流业务流程再造、订单管理、库存管理、供应商协调、最终用户服务等，从而为客户提供一体化物流解决方案，实现对客户的"一站式"服务。第三，由实物流服务向信息流、资金流服务延伸。一体化物流服务必须在提供实物流服务的同时，提供信息流服务，否则还是物流功能承担者，而不是物流管理者。物流信息服务包括预先发货通知、送达签收反馈、订单跟踪查询、库存状态查询、货物在途跟踪、运行绩效（KPI）监测、管理报告等内容。比如：中邮物流为客户提供手机串号信息监控，使客户能及时掌握区域销售情况，有效进行销售区划管理，就是信息服务的增值作用。一体化物流服务商要与客户形成战略伙伴关系，就要参与客户的供应链管理，实现实物流、信息流与资金流的协同运作，因而为客户提供代收货款、垫付货款等资金流服务，是物流市场竞争的最新焦点。从依托绿卡系统和支付网关为雅芳提供网上代收货款服务的成功案例看，中邮物流在"三流合一"的供应链服务领域具有得天独厚的竞争优势。

服务方式的创新也包括三方面内容。第一，从短期交易服务到长期合同服务。功能性物流服务通常采用与客户"一单一结"的交易服务方式，而一体化物流服务一般需要与客户签订一定期限的服务合同，按照项目管理模式进行运作。第二，从完成客户指令到与客户协同工作。一体化物流服务由于要参与客户的物流管理、运作，与客户共同制定物流解决方案，因而需要自始至终与客户建立有效的沟通渠道，协同完成物流运作。不少物流企业建立与客户双方物流人员联合办公制度，或成立由双方物流人员联合组成的运作团队，以及时处理日常运作中的问题。中邮物流倡导的大客户派驻制，就体现了与客户协同工作的特点。第三，从提供物流服务到进行物流合作。如果物流公司在某地区需要建立物流系统，则可以系统接管客户在该地区的车辆、仓库、设备乃至接受其员工，或与客户签订物流系统管理合同，在为客户服务的同时，利用其物流系统为其他客户服务，以提高利用率并分担管理成本。

（2）学生自由讨论，回答下列问题。

① 中邮物流有限责任公司隶属于中国邮政，经过几年的发展，取得了骄人的业绩。这与它的服务理念、服务内容和服务方式上的创新有多大关系？为什么？

② 中邮物流在服务理念、服务内容和服务方式上的创新还有哪些方面可以改进？

（3）教师归纳、点评。

3. 角色演练

教师选派几个操作（利用电子手段收集客户资料）熟练的同学到多媒体教室，现场演示，全班同学分享。

4. 案例思考

广东移动启动奥运服务计划"手机看奥运"成为亮点。

TD主导，亮点多多。2008北京奥运会期间，移动客户第一次通过具有我国自主知识产权的3G业务，全方位体验和参与了一次全新的奥运赛事。从2008年4月份TD放号以来，中国移动开展了一系列TD服务项目，投入巨额资金用于终端采购、话费补贴和市场推广，更推出了TD服务奥运六大举措。以TD业务为主线，中国移动广东公司在奥运会期间，利用高科技手段为大众提供了全方位的奥运体验服务。奥运会期间，一系列基于3G技术的新业务闪亮登场。例如，在北京奥运会、残奥会期间，移动客户可以使用“手机电视”业务，通过手机“奥运专区”栏目同步观看赛事进程，在电视、网络直播外拥有全新的资讯、娱乐信息渠道。为了让更多的人体验TD手机视频通话、高速上网等功能，中国移动广东公司推出一系列TD购机千元送、实惠TD轻松打、TD奥运租机等活动，为志愿者和媒体工作者提供专项的优惠计划。在100名广东地区的奥运会和残奥会志愿者出征前，中国移动广东公司采取了免预存一元购机的形式，向志愿者赠送手机，并在其账户中一次性赠送1000元通信费；对于从事奥运会报道的媒体工作者，也提供了免预存1元购TD手机优惠，及免预存1元购数据卡优惠，减免2张USIM卡卡费，并在其手机USIM卡中一次性充入话费2000元等活动。

在奥运会期间，广东移动在服务上频出新招，“奥运加油服务”、“奥运分享服务”、“奥运体验服务”让客户全方位体验了百年奥运带来的前所未有的愉悦与享受。无论是分享、加油还是体验，服务都涉及无线网络的最新应用，可以称得上是当今移动技术的一次创新盛宴。中国移动广东公司还提供12580——奥运信息服务，为客户提供包括奥运场馆赛事、奥运信息查询、比赛进程、实时赛况、奖牌榜、奥运电视节目查询等有关奥运会的综合信息。同时开展用拇指为奥运加油、用音乐为奥运加油、用心机为奥运加油等丰富多彩的活动。此外，中国移动广东公司还向社会发出了“红段子分享人文奥运、体验科技奥运”、“绿色行动支持绿色奥运”和“传播健康理念，倡导健康生活”三大倡议。广东移动还启动了应急预案，确保网络畅通，尤其是提高TD网络的覆盖率和可用度，确保整个奥运期间的通信安全、畅通……

依据上述资料，回答以下问题。

① 你认为广东移动的“手机看奥运”是否是一次创新盛宴？

② 为什么说创新服务可以给企业带来效益？

7.2　创新客户服务的实施

服务创新是企业根据社会需求，利用内外部技术条件，对企业资源（含资金、设备、人员等）进行重新组织，推出新服务或提高原有服务效率的行为。一项创新的服务意味着开发新的服务流程、改变员工工作方法或与顾客的关系以及在经营过程中使用新的服务技术等，所以，创新客户服务的实施与企业的管理人员、市场人员及服务人员都有关系。

7.2.1　如何激励员工落实创新客户服务

现在，“创新精神”是企业的发展后劲之所在。企业很注重“主动性”，鼓励员工主动地去做他们认为应该做的事情，希望所有员工的灵感都能发挥得淋漓尽致，并鼓励所有思想在企业里融汇碰撞。提倡培养员工的创新精神和国际化意识，也是企业文化的重要部分。

企业的服务体系一般是客户——前线人员——中层管理人员——高层管理人员的倒三角形结构，同时要增加客户与中层管理人员、企业的多层面接触，如图7-1所示。这种结构的优势在于：真正体现了客户至上的原则；体现了全员营销的概念，即全员服务客户，保证服务质量；减少了沟通环节，提高了效率。实现这种客户服务模式，才能使企业的服务质量提高到一个新的水平。

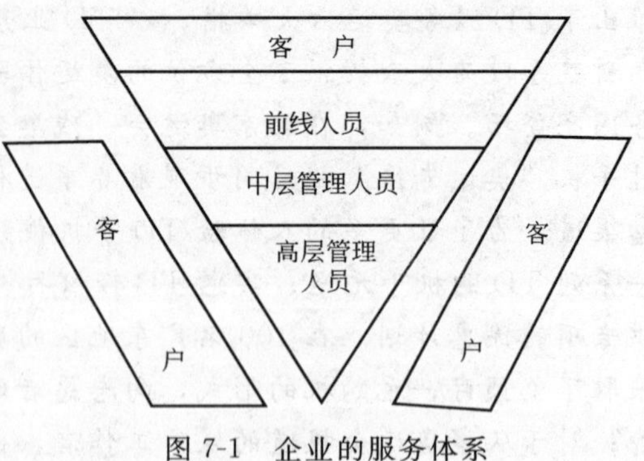

图 7-1 企业的服务体系

从图 7-1 中可以看出：一般是由前线人员首先面对客户、服务于客户的，所以，落实创新客户服务要靠激励员工。根据企业具体情况的不同，采取的方式可以多种多样——有直接的也有间接的，有物质的也有精神的，有短期的也有长期的。总的来说，企业要全面地从考虑公司和员工的共同发展的角度进行激励，形式上包括员工薪酬、职位提升，奖金，精神嘉奖、跨领域工作机会，以及提供多种多样的培训机会等。

7.2.2 如何保证创新客户服务的顺利实施

要保证创新客户服务的顺利实施，企业要从以下几个方面着手来做。

（1）企业的高层领导要非常重视

企业的高层领导一定要意识到创新客户服务对企业的重要性，最好成立专门的部门，指定得力的人来负责，以确保创新客户服务的方案顺利实施。

（2）对创新客户服务的接受

创新客户服务肯定会改变以往的一些作业流程和方式，对工作人员造成一定的影响。这就要求企业首先要让员工们抱有积极的心态，接受新的服务模式。比如："门到门"运输服务、个人理财顾问、电子商务交易等都是典型的服务创新，可能在实施过程中要求工作人员学习更多新知识，掌握更多新技能，给员工带来不少工作压力；但为了适应社会的发展，必须迎难而上，先要坦然地接受，然后是通过各种渠道提升能力。

（3）重视与客户的交流

创新客户服务虽然给员工带来一定压力，但给客户一种全新的感受。实施创新服务的过程中要重视与客户的交流，这样做的目的：一来可以了解客户对创新服务的满意程度，二来可以收集客户不合意的原因和对创新服务的建议，便于进一步地改善服务。可以这样说：服务提供者与顾客的交流就是企业创新的主要来源。

（4）落实创新服务标准的同时给予员工一定的灵活度

在实施新的客户服务过程中，一方面要让一线服务人员熟悉新的服务标准，并且在工作过程中落实好创新服务的标准，让顾客确信他们得到的是预期的服务；另一方面，企业尤其是专业服务（广告设计、计算机服务等）企业必须给员工授权，使员工更具灵活性和创造性，以便员工把工作做得更好。

实训 30 分组提议如何实施企业的创新客户服务计划

1. 实训目的

通过本次实训，学会思考针对企业的现状提出客户服务的改善建议和创新计划，知晓如何落实创新客户服务计划的执行。

2. 实训内容

(1) 同学们用15分钟时间看完以下案例资料。

首创客户服务经理制度——南京依维柯赢得市场

毫无疑问，在今天竞争日趋激烈的汽车市场上，谁能够在提供产品之余提供更为丰富的增值服务，谁就将赢得更多的消费者信赖。如今，"服务"成为市场的关键词。作为我国领先的轻型客车生产企业，南京依维柯始终将打造"恒久、快捷、满意"的客户服务作为提升企业核心竞争力的重要途径。在其贯彻的"GPS"化服务理念之下，南京依维柯进一步推出了"客户服务经理制度"，通过创新的服务形式和制度化的管理理念将品牌服务提升到企业发展的重要高度。

第一，主动：像做销售一样做服务。

"服务不是卖出产品之后就坐等用户发现问题，然后再去解决。我们就是要让所有南京依维柯的服务队伍像销售队伍一样，哪里有客户，哪里就有我们的服务。主动，主动，再主动！"南京依维柯的一位客户服务经理这样概括"客户服务经理制度"的第一要素——主动。正是基于这种销售式的主动精神，南京依维柯用"客户服务经理制度"一举打破了传统的被动、等候服务模式，而以一种主动式的创新理念为汽车行业树立起全新的服务标准。在长达几十页的"南京依维柯客户服务经理手册"中，可以清晰地看到，制度要求客户服务经理从每一位用户购车之时起，不定期地与用户保持联系，动态了解用户在车辆使用中的具体情况和问题，随时出具合理化的维修、保养建议，并提供所有与车辆使用相关的专业化咨询服务。这一举措的有效贯彻与实施，迅速拉近了南京依维柯与用户之间的距离，并且赢得了消费者的信任。

第二，"一对一"：专属于你的关爱。

在"客户服务经理制度"下，南京依维柯通过客户经理与购车用户之间建立了"一对一"的服务关系，即每一位客户都有一位专门的客户服务经理为其提供全方位的服务。每一次的沟通都成为依维柯了解、积累客户信息与产品问题的途径。在此基础之上，南京依维柯的客户服务经理将针对每一位用户自身使用的特点进行细致的分析，从而提供一系列量身订制的细化服务建议。每一位南京依维柯的用户都会亲身感受到，购买了南京依维柯的产品，就拥有了属于自己的服务团队。"客户服务经理制度"所蕴含的个性化与人性化使南京依维柯的用户得到了独一无二的归属感。

第三，"全程式"服务：恒久照顾无微不至。

服务无止境。"客户服务经理制度"还是一套自产品销售出去直至产品寿命终结的完善的"全程式"跟踪服务体系。南京依维柯通过建立完善的客户服务信息平台，将每一位依维柯用户的信息进行收集整理，为客户提供长期不间断的维修、保养甚至使用中的一些细微注意事项等全方位关怀与服务，并随时更新客户档案信息。不论用户是新近购车到了保养期，还是老用户的车辆使用出现了任何问题，"客户服务经理制度"将使每一位依维柯驾驶者始终得到来自公司的优质而便捷的服务。"客户服务经理制度"不仅仅印证了南京依维柯"以市场为导向，以客户为中心"的服务内涵，同时也体现了南京依维柯的服务信念中排在了首位的"恒久"概念……

(2) 根据所学的理论知识，讨论下列问题。

① 对于制造业，要想赢得市场，除了靠产品的特色及质量取胜以外，客户服务的重要性如何？为什么？

② 在汽车产业中，以服务赢取市场，南京依维柯有哪些经验可以借鉴？最突出的应该

是什么？

③ 南京依维柯如何保证它的创新客户服务方案的实施？

(3) 教师归纳、点评。

3. 角色演练

教师给出一个企业的客户服务现状，请同学们分组扮演来自不同咨询公司的项目工作人员，演练为企业开会制定创新客户服务的方案以及实施创新客户服务的具体做法。

4. 案例思考

为了更好地把中国移动广东公司客户服务中心服务文化建设做好，把文化落实到班组、落实到员工的工作和生活，实现"文化到员工，管理到班组"这一个总体目标，某咨询公司协助客服中心开展了让服务文化深植到基层班组工程。咨询公司的具体做法是从框架、流程和具体活动三个层面协助客户服务中心将服务文化落实到班组。

第一，广东移动客户服务中心服务文化落实到班组总体思路：四化一深入。

所谓"四化一深入"，具体是指"文化统一化"、"文化制度化"、"文化管理化"、"文化创新化"和"深入基层班组"。"四化一深入模型"是开展服务文化落实到班组的大框架。通过统一化、制度化、管理化和创新化之后，将服务文化在理论上、制度上和管理上得到落实。那如何才能把客服中心的服务文化深入基层，如何才能保证基层文化培育工程的落实效果？广东移动客户服务中心结合自身特点，深入基层班组，在建设班组文化、树立标杆班组、实行班组自我管理、创新班组管理制度以及培训班组人才方面开展了形式各异的活动，通过多种宣传方式实现广东移动客户服务中心服务文化在基层班组的宣传、落实和深耕。

第二，文化落实三步走战略。

咨询公司认为广东移动客户服务中心的文化落实必须做到理念、行为和制度三个层面的落实。理念生根就要让每一个员工心里都有着对服务文化的清楚认识和认同，广东移动客户服务中心通过不同形式和渠道在企业内部进行文化理念的宣传，让无形的文化通过员工有形的工作表现来展示。开展企业文化讨论和"未来的宏大"、"未来的客服中心"演讲比赛，提高员工对文化理念的关注和认同；开展丰富多彩的团队活动和班组兴趣活动，加强团队之间的沟通，提升团队的凝聚力，从而实现文化理念指导员工行为；最后通过整合和细化到班组，形成特色的班组文化、团队文化等。行为落实就是策划和进行一系列的文化活动和班组文化建设工作，将文化理念融入员工的日常工作、生活中。客服中心组织了形形色色的班组文化活动，"寻找最美丽的声音"、"精彩瞬间——感恩传情"摄影比赛；开展"活力100"的标杆班组活动，通过标杆作用传递班组文化。通过这些活动，让文化不仅仅是纸上谈兵，而是贴近每个员工的工作和生活。制度管理就是让制度能够保障文化更好地实施。再好的理念，如果没有通过制度来保障，最后也是一套空话而已。在理念生根、行为落实到班组后，员工对客服中心服务文化已经有了很好的认识和认同，使员工在行为上也得到了很好的导向。但是广东移动客户服务中心还需要完善的制度来更好地规范员工的行为，保障前两步的努力成果。要确保制度不是束缚文化活动的枷锁，而是文化活动的推进器，帮助在员工心中生根发芽的客服文化开枝散叶。例如制定员工行为规范和建立班组十大制度，组织编写中心层面的十大班组制度，并进行墙报展示，作为班组日常管理的指导等。

第三，319工程班组文化活动的具体开展。

咨询公司为了保障广东移动客户服务中心的服务文化落实实施，还为广东移动客户服务中心设计了具体的落实措施——广东移动客户服务中心服务文化实施319工程。所谓319工程，是指三大阶段，十九项工程。三大阶段包括文化理念在班组的宣传、落实、深耕；遵循由浅入深、循序渐进的规律来进行。十九项工程贯穿在这三大阶段过程中：在文化的宣传阶段，咨询公司策划开展了“客服中心歌曲的征集制作”、“客服中心文化故事的征集制作”、“服务文化演讲赛”、“移动服务之星”十佳歌手大赛等活动，促进员工对服务文化的认知和认同。在文化落实阶段，开展“话语感恩”游园会、“班组活力插花比赛”等，激发班组活动、增强班组凝聚力；制作“班组文化墙”、“班组风采手册”，展现优秀班组的文化风采。在文化深耕阶段，实现文化与制度的协同，开展“十大班组制度评选”活动，扎扎实实把班组制度建设推向实处，落实服务文化。十九项各式各样的班组活动形式，从不同角度让服务文化融入班组生活，让服务文化深入到工作和生活……

咨询公司坚信能协助广东移动客户服务中心把服务文化渗透在班组员工、渗透在全班组、渗透在全社会，激励、帮助移动人攀登一个又一个的事业高峰！

依据上述资料，回答以下问题：

① 广东移动客户服务中心专门请了咨询公司来为它们的员工落实服务文化的理念，这样做是否有价值？

② 咨询公司是怎样实施中国移动广东公司客户服务中心的服务文化建设的？

③ 中国移动广东公司客户服务中心进行“服务文化建设”的做法是否走在了时代的前列？为什么？

④ 服务文化建设的实施是否是一项超大的客户服务的创新项目？为什么？

思考题 7

1. 一站式服务和一对一服务有什么不同？
2. 电子化服务的含义是什么？你知道它应用在哪些行业？
3. 顾问式服务的要点有哪些？

实践建议 7

通过各种渠道了解一下，看能否找到有代表性的创新服务模式。

第 8 章　大客户服务管理*

大客户服务管理要以满足大客户服务需求为宗旨，为大客户提供比普通用户质量更高的主动、优先、优质、优惠、高效的服务，并根据大客户的客观需求开发出准确、及时、对路的新业务种类。

8.1　大客户

大客户也称为关键客户、全国客户、全球客户、看家客户等，它有几个方面的含义，一指客户范围大，客户不仅包括普通的消费者，还包括企业的分销商、经销商、批发商和代理商；二指客户的价值大，不同的客户对企业的利润贡献差异很大，20％的大客户贡献了企业80％的利润，因此，企业必须要高度重视高价值客户以及具有高价值潜力的客户。

在大客户营销战略中的大客户是指后者，是指公司所辖地域内使用产品量大或单位性质特殊的客户，主要包括经济大客户、重要客户、集团客户与战略客户等。其中经济大客户是指产品使用量大，使用频率高的客户。重要客户是指满足党政军、公检法、文教卫生、新闻等国家重要部门的客户。集团客户是指与本企业在产业链或价值链中具有密切联系、使用本企业产品的客户。战略客户是指经市场调查、预测、分析，具有发展潜力，会成为竞争对手的突破对象的客户。

8.1.1　大客户理论

描述大客户理论最形象的就是鱼骨头理论。在管理学上有个“鱼骨头（fishbone）”理论，即当你画一只鱼的时候，你是选择从头、尾、鳍等细枝末节开始着手呢，还是从鱼的主要骨干等粗线条开始呢？如果你选择了前者，有可能画着画着就会整体走样，根本不像鱼，或者由于时间等外界条件限制而画不成整条鱼，结果你可能得不了 60 分；而如果你选择后者，只要通过几条主线条的描摹，鱼的骨架一搭，一条鱼也就呈现在眼前了，即使还需要花费精力去完善和美化你所要描绘的鱼，但至少在把鱼的主要骨架搭建起来的时候，因为形似，你也就 70 分胜券在握了。同此理，在发展客户的时候，假使你的全年销售目标是 1 亿，那么你是把精力花费在一些 5 万、10 万的小客户身上呢？还是更多地把精力花费在 300 万、500 万这样的客户身上呢？把精力放在前者，你会感觉很忙、工作没日没夜，而且琐碎的事情很多，中小客户索要的条件也很多，你应接不暇，甚至你可能会累倒在工作台上，然而当你盘点业绩的时候，却可能只是完成了两三千万。而如果你把精力转移到后者，你只要抓住十多家这样的客户，估计你的六七千万销售业绩也就可以保证了。

因此，对企业而言，如何深刻而充分地领悟和运用鱼骨头理论，如何把更多的精力投入到开发和管理大客户身上，对于一个企业的成败具有举足轻重的作用。也正因为此，像宝洁、摩托罗拉、美标洁具、DELL、联想、荣事达、凤凰制水等公司的营销部门都设立有大客户部或大客户经理（key account）等岗位和职能，以跟踪和实现大客户的销售。

8.1.2　大客户的特征

各行各业的大客户特征的衡量指标是有所区别的，以消费领域为例说明，大客户是指产品流通频率高、采购量大、客户利润率高、忠诚度相对较高的核心客户；而小客户则是指产品流通频率低、采购量小、客户利润率低甚至无利润的客户。

从消费者的类别来分，可以把客户分成两大类：第一类，个人和家庭客户，常称消费品客户；第二类，商业客户。对大客户的销售是相对于对个人和家庭的销售来讲的，这两种销售在很多方面不同。具体说明如下。

(1) 采购对象不同

家庭和个人的主体就是夫妻，做决定的一般来讲都是妻子。据统计，平均一个家庭的钱70％～80％都是由妻子做主进行消费的。

大客户采购对象不同，它的组织结构复杂，人员关系也非常复杂，采购流程更加复杂。一家大型的企业机构中，可能有局长、处长等高中级领导，还有工程人员、财务人员等，以及使用设备并负责维护这些设备的人，这些人都可能与采购有关。

(2) 采购金额不同

一个家庭，每年的正常收入有限，用于购买专项产品的钱也很有限，一般来讲主要是衣食住行方面的消费。如果一个家庭买了汽车或房子等高额商品，通常很长一段时间内不会再采购同类商品。但是大客户不同，不仅购买金额较大，而且会重复购买。

如：航空公司购买商用客机，一个订单就是十亿或者几十亿；电信部门购买交换设备，一下子可能付给厂家十几亿或者上百亿。

(3) 销售方式不同

在消费品客户的销售过程中，最常用的销售方式就是广告宣传、店面销售。大客户则不容易受到广告的影响，需要专业的团队亲自上门分析需求，做出解决方案，然后签订条款非常缜密的合同，再购进产品。

(4) 服务要求不同

对消费品客户的服务，只要保证产品的正常使用就能够基本满足客户的要求，有时甚至不要求产品以外的任何服务。大客户则要求服务非常及时和周到全面，对于服务方面的要求和消费品客户的要求完全不同，所以对于大客户，销售人员要制定完全不同的服务策略。

某航空公司购买了波音公司的一架民航客机，如果发现飞机某个地方出了小问题，就会给波音公司打电话，波音公司就要在第一时间之内，派技术人员赶到飞机现场，在几个小时之内解决问题。波音公司为了满足航空公司的要求，甚至在产品设计阶段，可能就设计了各种应对的方案，使得微小故障不致造成飞机的任何安全隐患。

以前，像洗发水这样的消费品，要经过分销商、批发站等三、四道环节才到达零售店。现在，像沃尔玛、家乐福这样的巨型超市都是大批量采购，直接向消费者销售。像这样的消费品大客户，和传统的直接使用产品的大客户不一样，它们也是在使用产品，只不过目的是为了把产品销售出去。所以，大型连锁超市是一类非常特殊的大客户。

8.1.3　判断、界定大客户

判断大客户的标准是意大利经济学家维尔弗雷德·帕雷托提出的帕雷托定理，也称“八二开规则”，这个规则表明：事物80%的结果都是因为另外20%的起因。将它应用到客户管理中说明，公司80%的销售收入来自于仅占客户总数20%的客户，公司80%的利润来自于仅占客户总数20%的客户。通常情况下，按最直观的做法，是将公司中销售排名最靠前的承担了80%销量的20%的客户，列为大客户（重点客户），很多的公司都会按照销售额这个指标来区分客户的重要性。

哪些是大客户？哪些是小客户？二者之间根本没有绝对的界限；在一定条件下，大客户可以变成小客户，小客户也可以变成大客户。企业本身的规模不同，区分标准也就不可能一样，具体操作起来就不尽相同，不过主要是参照帕雷托定理。

大客户在不同的企业、不同的行业有不同的界定和叫法，比如团体销售、大宗客户、行业销售、礼品销售等，各种叫法都有，纵然叫法不同，但它却是企业的主要销售渠道和利润来源。下面简要介绍一下商品流通领域、电信行业的大客户。

根据大客户的性质，以及在商品流通过程中所承担的不同功能，可以将其大致分为分销大客户（即渠道大客户）和终端大客户两大类别。具体而言，分销大客户是指在全国甚至国际上都具备较强分销能力，对于作为供货方的企业来说，是难以进行区域管理的商业客户，例如沃尔玛、家乐福、麦德龙、好又多、国美、苏宁等，或者企业较优秀的代理商客户等，这些企业依仗自身具有庞大的分销吞吐能力，经过以企业集中采购甚至买断采购所获得的低成本优势，迅速将商品推进到所属分销网点实现快速变现。此类客户主要集中在消费品领域。终端大客户则是指以最终使用为目的，一次或经常性进行大量采购的消费群，比如像政府采购、民航用品采购、煤炭电力系统采购、学校集体购买，甚至个体消费者组成的团体购买等，此类客户则在工业品领域与消费品领域并存。

大客户是电信企业收益的重要支柱，大客户对电信运营商的价值包含三层含义：一是大客户的当前（现实）价值，二是大客户的潜在价值，三是电信大客户经营工作的社会价值。衡量客户的价值，不仅要考虑客户的当前价值，更要考虑客户的潜在价值，而由于电信的基础设施性质，使得电信大客户的社会价值也很重要。大客户当前价值是企业直接效益的来源，而大客户的潜在价值和社会价值则是企业未来利润的源泉，国内外电信业概莫能外。如湖南省电信大客户数占全省用户数的2.77%，但年使用费占全省业务收入的47.4%；陕西全省前100名大客户电信消费平均每月达1000多万元；美国亚美达科公司大客户只占用户总数的百万分之五点四，但其拥有的电话主线数却占该公司电话主线的7.7%。从基本层面上来看，判断一个客户是否是大客户可以参照以下标准：一是对于达到企业目标十分重要；二是占了目前企业收入的很大一部分；三是失去这些客户将严重影响到业绩并在短期内难以恢复过来；四是与这些客户有着长期稳定的关系，他们对未来公司的业务来说具有巨大潜力；五是符合“八二开规则”；六是这些客户对企业非常重要，应该派企业中能力最强的人去负责处理与他们的关系。

实训31　分组讨论如何选择各行各业的大客户

1. 实训目的

通过本次实训，了解大客户对于企业的重要性，进一步理解选择大客户的“八二开规则”及具体操作时的区别。

2. 实训内容

（1）实地调查不同的行业、不同规模的企业，有没有专门开展大客户工作，又是怎样进行的，涉及哪些方面。

(2) 把调查获得的相关资料进行整理，比较选择大客户的标准，看看各行业、各企业的具体操作有什么异同，写出文档上交。

(3) 教师批阅后，选出优秀的作业进行表扬、展示。

3. 角色演练

教师让学生分组扮演某一公司的员工，举行一个选择大客户工作的会议：看如何进行客户价值评估，挑选出大客户。

4. 案例思考

自从联想并购IBM的PC业务部门后，实力大增的联想一下子贴身站到了戴尔和惠普的身后，相互之间由来已久的竞争也从原来的中国市场扩展到全球范围，而且更为直接和白热化。对于PC市场的大客户争夺，一直都是这三家企业血拼的重点，尤其是对于动辄数千台甚至上万台的政府采购，三家企业更是费尽心机，互不相让。联想作为本土企业，对于中国政府采购和行业大单的争夺自然是有当仁不让的理由。

联想把大客户分成政府、教育、公共事业、交通、金融、电信、制造七个行业，每一类客户都有其行业属性。通过研究市场，梳理出大客户，把客户的单位名称和联系人建成一个客户数据库。这些客户分布在全国各地，联想的客户经理在全国大概有300个。与此同时，联想还有将近1000家代理商（供应商）和合作伙伴。联想的销售设计，从物流的角度来说，是把货给供应商，供应商把货给客户。联想的300多个客户经理跟全国各地的供应商一块儿去谈单子。这是单层次的。联想的300多个客户经理每人都有自己锁定的客户，供应商也会有自己锁定的客户。联想的1000多家代理商每年的营业额高达几十亿元。

针对大客户，联想的产品、营销、销售、供应、售后服务五个环节都发生了变化。联想把整个价值环节重新梳理，重新调整。正是这些价值链支撑着联想的大客户数量和销售额快速成长，跟戴尔形成了直接竞争……

依据上述资料，回答以下问题：

① 联想根据行业来进行大客户的分类，这样做是否正确？为什么？

② 联想除了做大客户的分类，还针对大客户做了哪些服务改进？这些做法与联想集团的成功有多大关系？为什么？

8.2 大客户服务

在确认了企业的大客户之后，就要充分认识到大客户的重要性，制定配套的服务措施，有针对性地开展营销工作，千方百计地为大客户服务好，争取大客户，留住大客户，发展大客户，与大客户共赢。

具体来讲，大客户服务就是要回答好两个问题：一是如何为大客户提供服务，即对大客户的服务方式，目前较普遍的做法是建立大客户服务部，派专人为他们服务，负责处理大客户的咨询、投诉等事项；二是应该提供哪些服务，鉴于大客户的特殊性、重要性，企业往往要针对大客户开展特殊的服务和个性化、差异化的服务，如电信企业建立了VIP俱乐部，航空公司为其大客户提供最低的打折机票等。

要做好大客户服务工作，首先就是要靠服务人员的整体素质，服务大客户的要求很高，必须要时刻留意客户的动向、客户行业的动向，为客户提供相应的服务，抓住客户在不同时期的发展需求，所以，服务大客户的综合素质要求很高，对交际能力的要求也很高，对知识面的要求同样很高；其次要随时把客户的发展与自己公司的情况有效地结合起来，快速地制定出相应的服务方案；再就是密切和大客户的沟通，能保持随时有效的沟通非常重要，这就又回到服务人员的整体素质上去了。建议大客户一定要让企业高层或制定服务方案的人员亲自抓，利用一些时机多“走动”（包括许多方式在内，这里不用一一详述）一下。针对不同的大客户要制定出个性化服务，让客户感受到企业不是在与他们做生意，而是在为他们服务，在帮他们的忙，这点也非常重要。

8.2.1 大客户分析

大客户分析旨在真正了解大客户的需求、经营、管理等情况，只有对大客户进行全面的分析，掌握大客户的市场动态，充分了解大客户的经营管理现状与质量水平，才能为他们提供满意的服务。

（1）选择理由分析

选择大客户的原则在前面已经讲过（“八二开规则”），但具体到某个企业，一定要根据自身的发展情况，制订出合理的选择标准。举例如表 8-1 所示。

表 8-1 选择大客户理由分析

选择的理由	分析说明	符合项(打√注明)
为公司带来主要利润的客户	服务收入 200 万元以上	
	服务收入 80 万～200 万元	
	服务收入 80 万元以下	
今年预计的服务收入	200 万元以上	
	80 万～200 万元	
	80 万元以下	
良好的付款记录	很好,按合同付款	
	较好,基本按合同付款	
	一般,总是拖延,但可以收回	
	较差,需要花大量精力收款	
	很差,很难收款,尾款收不到	
在行业中有重要地位和影响的客户	业务量大,在行业内对全国具有影响力	
	对周边地区具有较大的影响力	
	对其他同行影响力不大	
有力支持公司在该行业发展的样板客户	是公司最重要的样板客户	
	可以安排客户参观	
	不是样板客户	
已经具有长期的合作关系	5 年以上	
	3～5 年	
	2～3 年	
	1～2 年	
	1 年以下	

续表

选择的理由	分析说明	符合项(打√注明)
客户关系程度	与客户高层到技术人员均有密切往来	
	与客户高层有较少的往来,与客户中层关系密切	
	与客户中层和技术人员保持联系	
	与技术人员有较好的联系	
	没有联系	
客户发展战略与公司的发展战略可以配合,可以支持公司的发展	一致	
	基本一致	
	不一致	
失去该客户对公司在该行业的业务影响极大	会造成不可挽回的影响,甚至会退出该行业	
	有影响,但是通过其他方式可以挽回	
	没有多大影响	
其他理由 ……		

(2) 现有大客户价值分析

对现有大客户的价值分析可以采用指标体系评价的方法。指标可分为三类：客户贡献类、客户特征类和客户关系类。不同的指标被赋予不同的分值，以此为基础形成了大客户的价值评价指标体系。企业可以设计一些统计表格进行数据收集，便于直观明确地进行分析。举例如表 8-2 所示。

表 8-2　客户对竞争对手业务的态度

序号	竞争对手名称	客户和竞争对手的业务交往情况	客户对竞争对手的看法	备注
1				
2				
3				
……				

客户贡献类指标主要是反映大客户的当前收入贡献水平及成本的支出水平，即客户对企业的利润贡献，是客户当前直接产生的价值的体现。计算大客户的真实利润比较复杂，难点主要体现在成本的分摊上。

客户特征类指标主要是反映客户的自身特点和消费行为，目的是为了预测客户未来对企业的业务需求，分析客户未来的业务发展潜力。包括客户对价格的敏感程度、客户的社会地位及影响力、近年来的经营状况、客户对企业的依赖程度、新业务使用态度、对业务的未来需求情况、业务需求的结构等。

客户关系类指标主要体现客户与企业的关系，体现客户的忠诚度。包括客户对竞争对手业务的态度、客户对企业的满意度、客户与企业合作的时间等。一般而言，客户与企业的关系越亲密，使用时间越长、范围越广、频率越高，体现出的客户价值越大。

(3) 新大客户（可争取大客户）价值分析

主要采用经济分析法，关键的评估指标有：净现值、投资回收期、内部收益率等，从当前角度对投资效益进行定量的分析，新客户是否值得争取成为新的大客户，还要结合其无形价值及未来长远的潜在价值分析，最终作出决策。

（4）大客户价值高级组合分析

大客户价值高级组合分析是指销售量与利润的组合分析、当前价值与潜在价值的组合分析、忠诚度与总价值的组合分析、忠诚度与客户终生价值的分析。大客户的价值分析必须结合数据，搞好组合分析，深挖大客户的价值。

这些分析内容比较复杂，在此不必详细介绍。

8.2.2 制订大客户计划

制订大客户计划主要指几大方面：一是确定大客户营销战略；二是确定大客户战略分析计划；三是确定为大客户服务的具体方案；四是制订大客户应急处理方案。

大客户营销战略的关键在于三个方面：第一，客户管理观念的转变；转变传统的客户管理观念，从客户关系管理（CRM）到客户资产管理（CAM），将不同类型的客户看作企业的资产，其目的是顾客忠诚度与客户资产获利能力的最大化，对客户价值不断优化，发挥“八二开规则”的作用；第二，客户导向的销售；充分满足大客户的要求，首先要对大客户信息进行收集与分类，其次是为大客户制订发展目标和定制客户解决方案，最后建立大客户管理战略及计划，实施“顾问式”的销售行动；第三，建立互动的沟通平台；使大客户在短暂的时间内一次性地解决所有的难题，构筑双方相互沟通的平台，如大户室、大客户服务中心等，用展版、图片、声像资料等来说明相关的问题，经常性地与大客户展开研讨，有效地实现双方的互动。在大客户营销战略过程中，真正实现大客户的价值最大化是最终目的，但营销战略必须与企业文化、企业成长战略及长远利益等相匹配，如果“透支”了企业的发展资源或患了“近视症”，结果将会适得其反。

确定大客户战略分析计划就是针对挑选出的大客户，逐一地进行全面分析，深度挖掘重点客户的价值，开拓业务范围，并且要有具体的行动计划、日程安排、事务明细、进程情况汇报等。

确定为大客户服务的具体方案则是在充分了解大客户的特性基础上，为客户提供满意的服务解决方案；配合销售团队，完成大客户销售目标。

制订大客户应急处理方案就是在特殊情况发生时，能够迅速响应大客户要求，接受大客户投诉，为大客户解决问题，让大客户忠诚于本企业。

因为大客户营销战略的最终目的是实现大客户的价值最大化，所以，大客户的销售是非常关键的工作。因为大客户企业的角色分工很复杂，所以，要把大客户企业的人员的职责和权限弄清楚，一般，可以将他们分成三个层次，如图 8-1 所示。

一是操作层，指直接使用这些设备或者直接接触服务的客户。如使用部门、技术部门等的一线操作人员。

二是管理层，他们可能不一定直接使用这些设备，但是他们负责管理这些部门，与操作人员直接发生联系。比如网管中心的主任等。

三是决策层，在采购过程中，他们参与的时间很短，但是每次他们参与的时候，就是来做决定的，因此，是最关键的人物。

同样的产品，每个人的角度不同，对它的判断也不同。请看下面的案例。

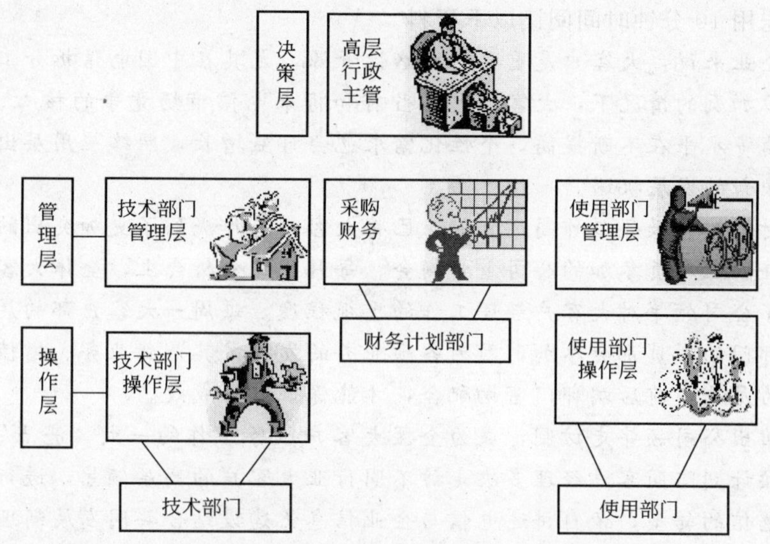

图 8-1 大客户营销战略的三个层次

戴尔公司向一家报社的编辑部销售了一大批电脑，编辑们对电脑非常满意，但对键盘有些争议。销售人员决定给该大客户定制键盘。于是，销售人员在编辑部找来了相关人员，召开了一次会议，想征求一下定制键盘的特殊要求，参加会议的有编辑部主任、技术部门的工程师、编辑和记者等。

编辑部主任：编辑记者每天都要用键盘来工作，一定要给你们配上最好的键盘。

记者小王：A 键盘手感非常好，又脆又响。

编辑小李：A 键盘是手感很好，但是声音太大了，编辑室 30 多个人，烦也烦死了。B 键盘不错，很安静。

技术部门：A、B 键盘都不好。根据我们的维修报告，C 键盘的故障率是最低的。

谈到最后，销售人员不知道到底哪个是最好的键盘。争执不下，编辑部主任就说了，算了，我们不要换了，还是用原先的键盘吧……

像上面的例子，记者希望手感好，编辑希望安静，技术部门关心的是维护，希望故障率低，可以想象：财务部门肯定关心产品的性能价格比等。每个用户关心的内容都不一样，所以在对大客户做产品介绍的时候，就要“看菜下饭”，有针对性地向企业的不同岗位的人员做产品介绍。

要落实好大客户计划，需根据企业情况成立专门的部门或指派能人负责开展这些工作，在此不再赘述。

实训 32 研讨大客户服务的差异化

1. 实训目的

通过本次实训，知晓大客户都有各自的特点，对所有的大客户都提供相同的服务既不现实，也不可能实现客户满意度的最大化。差异化服务是在市场竞争的大环境下衍生出来的一种差别对待客户的服务方式，按照一定的标准分门别类，对不同客户采取不同的服务方式。其意义在于用优质、高效、快捷和人性化的服务吸引更多的大客户，不断优化客户资源。

2. 实训内容

(1) 学生先用10分钟时间阅读以下资料。

对于电信企业来说，大客户是重要的战略性资源，尤其在中国电信拆分工作完成、整个行业竞争进一步加剧的情况下，大客户更是当前和将来电信市场竞争的核心、争夺的焦点。大客户的通信消费水平在不断提高，个性化需求也会日益增长，网络应用层出不穷，这些将给电信企业带来新的发展机遇。

公司领导对大客户服务工作高度重视，已将大客户工作提到了更加突出的地位。在原本只有各部门主任以上人员参加的公司重要例会、每月经营分析会上，全体大客户经理都被召集参加，体现了公司领导对大客户经理工作的重视程度。每周一大客户部的晨会，分公司领导和一些相关部门的人员都会参加，因为各项业务的发展尤其是新业务、增值业务的发展都要以大客户部为龙头，前后端部门密切配合，才能保证取得成效。

大客户部推出公司领导走访制，成为全区大客户服务工作的一大“亮点”。每周、每月公司领导都会按计划陪同客户经理多次走访不同行业大客户的高层领导，进行亲切会谈，向客户介绍中国电信的转型，亲自讲述电信与企业信息化建设结合共同发展新理念，并帮助客户经理攻克一个又一个难关。在中秋佳节家家团聚之时，公司总经理没有和远在外地的家人相聚，而是根据客户经理的信息披星戴月地来到某施工工地，探望加班的××公司总经理，深厚的友谊在不断建立，全业务合作协议的谈判也有了实质性的进展。公司领导走访制一直在持续着，公司领导的言传身教，让客户经理近距离地感觉和学习了高层的营销艺术，这要比死啃书本来得更生动，记忆更深刻。与此同时也提高了公司中层领导乃至员工对大客户工作的重视和支持，调动了全公司的“人力资源”，使得大客户经理在“前方”攻关打“前战”时，从不感到孤独和无助，因为身后有全公司这样强有力的后盾在支持……

(2) 根据所学知识，回答下面问题。

① 电信企业的大客户主要指哪些？为什么？

② 上述某电信企业的大客户服务工作是怎样开展的？

③ 从上述资料看出：企业要怎样重视大客户服务工作？

(3) 教师归纳、点评。

3. 角色演练

教师给同学们放映“大客户策略营销”的多媒体资料，就如何提升大客户营销人员的项目攻关与协调能力，如何避免大客户营销中的技能误区和盲点，如何使有限的大客户产生出最大的商业价值等问题，让全班同学自由发言。

4. 案例思考

案例：浙江移动通信公司启动大客户全球通俱乐部活动，通过细分客户群，实施差异化服务营销战略，来留住高价值客户。

浙江移动通信公司组织实施的大客户全球通俱乐部活动，整个操作流程包括：筛选客户——登记客户资料——发放会员卡——实时进行服务跟踪的形式，避免了以往仅凭单纯的赠送一张VIP卡，而没有跟踪了解服务质量的弊端。为使这次俱乐部活动真正起到留住贵宾客户、增加服务含金量、实施真正的差异化服务的功效，浙江移动公司从五个方面做好了下述工作。

一是细分客户群，体现出俱乐部会员的高价值。为充分体现出俱乐部会员与普通客户的差异性，浙江移动通信公司从全省700多万客户中精挑细选出50万左右，作为本次俱乐部会员的发展对象。

二是体现服务差异化。在本次全球通俱乐部会员中又分三类，分别持有浙江移动通信公司赠送的 A、B、C 三种 VIP 会员卡，不同类别的高价值客户将享受不同档次的服务。

三是实时跟踪，贴身服务。区别以往单纯赠送 VIP 卡的形式，本次会员全部登记在浙江移动公司大客户服务系统中。浙江移动通信公司可以实时调取客户资料，了解客户的个性服务需求。同时，大客户在使用俱乐部会员卡时，如果遇到疑问，只需一个电话，浙江移动通信公司会细致周到地解决公司承诺服务范围内的所有困难。

四是提高服务的含金量，让大客户享受到实实在在的有价值服务。在本次俱乐部会员享受的服务种类上，涵盖了手机维修、业务办理、餐饮、住宿、订票、娱乐等多项服务类别，会员客户只要出示自己的 VIP 卡，即可方便地享受到会员卡所标注的优惠。

五是定期不定期地举办俱乐部会员活动，促进浙江移动通信公司与会员间的沟通、交流、互动……

依据上述案例资料，回答以下问题：

① 浙江移动通信公司以什么形式实现大客户的差异化服务？

② 浙江移动通信公司的大客户差异化服务包括哪些内容？

8.3　大客户管理

大客户管理的核心是拓展潜在客户、确认目标客户、巩固现有客户、挽救流失客户；潜在客户不仅包括现有客户，还包括竞争对手的大客户；从客户价值和潜在价值区分客户，从客户行为区分客户群体；对不同客户提供不同服务；强大的流失客户预警功能，及时挽留有流失趋向的客户；建立以流失原因调查数据为基础的流失原因模型；建立以历史数据实证为基础的客户信用模型；提供完整的客户资料信息、通信行为信息、账务信息、工单流转信息、客户接触信息、市场信息、竞争对手信息、产品/服务信息、接通保障信息，并保证信息分级安全等。如图 8-2 所示。目前，大客户管理已受到越来越多的企业重视，对企业至关重要，也可以说是企业生存和发展的命脉。

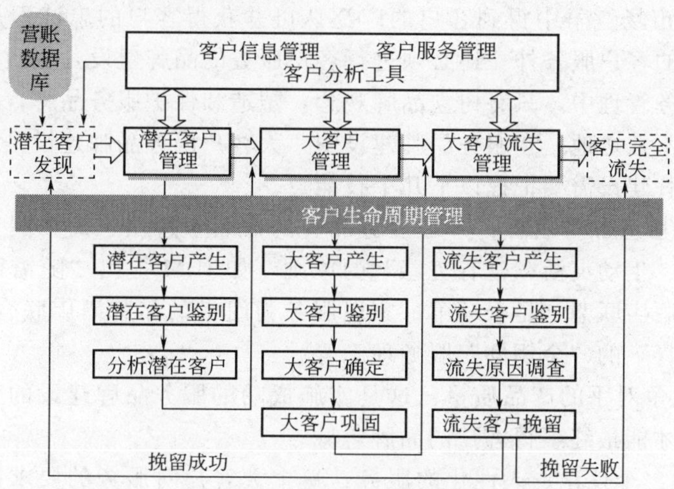

图 8-2　大客户管理系统

8.3.1 大客户关系管理

简单地说，大客户关系管理是指企业及客户服务人员通过一系列的措施发展与大客户的关系，以增强大客户的满意度、忠诚度，从而为企业的发展建立稳定的客户基础。大客户关系管理不是一项“销售活动”，而是一个严肃的、跨部门的管理流程，需要公司上层的严格管理。

大客户关系管理需要有计划，有明确的目标和结果，需要寻求企业资源与市场机会之间的适当平衡。大客户关系管理的基本流程如下。

① 大客户服务组织的建立。做好大客户关系管理需要综合的知识与技能，除了具备销售人员的基本技能之外，还必须能够进行战略策划、管理变革与创新、精确分析与监控、帮助客户开发市场等。没有一个人能够全知全能，为此，企业需要建立专门的大客户服务团队，组建机构。

② 和谐的大客户关系管理运营环境。如果没有合适的运营程序和系统，那么交货时间的影响、对灵活性的要求以及一些“定制”产品的不正当经营，都可能使一个企业从盈利走向亏损。企业客服人员应该运用 e-CRM 为相关部门和人员提供客户信息的实时分享，以保障部门间的工作衔接，搭建良好的交流平台；还应该为大客户反馈意见提供多种渠道，促进企业与大客户的持续、双向沟通。

③ 建立规范的大客户关系管理制度。企业和大客户之间的关系是一种具体而又复杂的关系。在一个团结向上的企业里，大客户服务并不只是一个部门的事情，它是一种组织承诺，而且在时时刻刻检验着企业的这种承诺。建立规范的大客户关系管理制度，对于大客户工作的开展极为有利。

④ 帮助大客户提升自己的价值。对企业而言，所做的不仅是接受订单，大客户希望企业能在自己身上花一些时间，和他们一起准备促销活动、调整产品种类、分析销售数据、甚至产生产品种类管理等，针对不同的行业，情况各有不同。因此，企业应该把有限的资源向大客户倾斜，提供其需要的各种附加利益，以提升大客户的价值。

8.3.2 大客户服务品牌建设

要想在激烈的市场竞争中得到客户的广泛认可并获得客户的忠诚不是一件很轻松的事情，除了要有优质的客户服务外，还必须进行客户服务的品牌建设，从而实现大客户的最大价值化。在客户服务管理中，只有树立品牌观念，塑造和保护服务品牌，才能提高客户的忠诚度，使企业立于不败之地。在服务品牌建设中，大客户服务品牌建设是至关重要的环节。

大客户服务品牌建设需要把握以下几个技能点。

① 选择恰当的服务品牌名称：一般服务品牌的命名应遵循“简单醒目、便于记忆、新颖独特、贴切准确、生动灵活、富有美感”的原则，如 IBM 提出“随需而变”的服务品牌理念，世界金钥匙酒店联盟（是全球第一家以服务为纽带的品牌酒店联合体），奉行的“用心极致、满意加惊喜”的“金钥匙”服务理念等。

② 创造优于竞争对手的产品质量：这是实施成功的服务品牌建设的基础，只有在产品质量方面优于对手才能最终赢得客户的品牌忠诚。

③ 提供差别化、个性化、人性化的服务：每个大客户对服务的要求是不一样的，大客户的类型不是一样的，需求情况也是不一样的，所以要针对不同的客户提供不同的服务。这

个问题在前面已有详细讨论。

④ 不断强化大客户服务品牌建设：这一点需要企业采取措施不断强化大客户的满意，使他们熟悉自己，同时不断满意他们的需要，让他们对自己企业提供的优质服务和高知名度的品牌产生认同感、归属感。

实际上，大客户服务品牌的塑造和管理，并不是一个企业的营销部门或者品牌部门就可以拍板决定的事情，它是一个企业经营战略的产物。

案例：中国电信创建大客户服务品牌。

2003年，随着中国电信大客户服务水平的不断提高和大客户的进一步合作，中国电信大客户服务品牌已一炮打响，全力打造共赢的大客户服务体系，在促进国内社会信息化建设中起到了重要作用，不断向国际一流大客户服务体系迈进。

在日益激烈的电信市场竞争中，如何为大客户提供个性化的专家级电信服务，不仅已成为电信市场竞争的焦点和中国电信打造国际级运营企业的标志之一，而且也是中国电信抓住信息化机遇，实现促进社会信息化的任务和与大客户共同发展的关键。在朝着世界级现代电信企业集团迈进的总体战略的指导下，2003年中国电信大客户事业部秉承“用户至上，用心服务”的理念，建立并完善了全国统一的大客户三级营销服务体系，不断进行管理和服务创新，实现了“全球一站式”服务，为客户提供快捷、安全、优质、优惠的国际水平的电信服务。试行了国际标准的SLA承诺服务，积极协助国内各行各业的信息化建设，为每位大客户提供量身订制的个性化服务、全面解决方案式服务等专家级服务，缩短了与世界级电信企业的距离。目前，中国电信已经为安利、马士基、宝洁等多家国际知名跨国公司提供了“一站购齐，全程服务”的“一站式”服务。

中国电信拥有技术先进和覆盖全国的安全可靠的通信网络，与各行各业的大客户携手合作，利用中国电信网络组建的全国性信息应用系统已超过200个。如海关总署电子口岸数据中心与中国电信集团公司在北京签署了合作协议，共同建设“全国加工贸易企业联网监管系统”。中国电信集团公司和中国银联股份有限公司在北京正式签署了全面战略合作框架协议，双方表示要进一步加强在网络及信息应用各个层次上全方位的合作，为社会公众提供更加全面和完善的银行卡与电信服务。此外，中国电信与各级政府建立了良好的合作关系，从而极大地推动了我国政府信息化建设的进程……

中国电信建立了支撑大客户服务品牌内涵的运作体系。中国电信网络和技术优势是其为大客户提供良好服务的基础之一，能够全方位地满足跨国公司对骨干数据网络高带宽、高速率、高安全的“三高”要求。建立高效的“以市场为导向，以客户为中心，以效益为目标”的企业运作体系，是中国电信大客户服务品牌核心竞争力的重要支撑。中国电信重组以后，重新整合了全国大客户营销服务力量，在全国范围建立了集团、省、地市三级大客户营销服务体系，并进行了流程、组织、机制的全面创新，还通过了ISO 9001等国际认证。而中国电信在网络和技术上的优势与不断完善的运作体系的有机统一，构成了中国电信大客户服务品牌的核心竞争力，从而为其持续性的服务创新奠定了坚实的基础。

2003年中国电信在初步建立了全国三级大客户营销服务体系，实现了全球一站式服务的基础上，以专业化、高素质的营销服务队伍，推出“零距离”贴近客户、“零中断”保障客户和“零时延”快速响应客户的服务体系，进一步完善了中国电信的大客户服务体系，全面提升了大客户服务水平，提高了大客户的忠诚度和满意度。

致力于打造双赢的文化，中国电信与大客户共同发展。中国电信把“全面提升服务水平，努力创造客户价值，不断谋求共同发展”作为大客户服务的目标，本着“诚信、沟通、理解、共进”的宗旨，中国电信于2003年9月建立了“信之缘”会员制俱乐部。中国电信通过“信之缘”俱乐部，不仅加强相互之间的沟通和交流，而且进一步提升了其大客户服务水平和客户价值……

实训33 研讨大客户管理工作的复杂性

1. 实训目的

通过本次实训，了解和体会大客户管理工作的复杂性，企业应该根据大客户的不同需求，提供差别化、个性化、人性化的服务。

2. 实训内容

(1) 比较下面不同行业的四个企业给出来的招聘大客户经理的职责描述，分析一下：可能是来自哪个行业的企业招聘。比较一下：有哪些相同点，又有哪些不同点。

招聘大客户经理岗位要求之一：

① 负责大客户部的建设与日常管理工作，制订大客户推广计划并负责落实；

② 带领部门同事有效开展大客户的发掘与销售任务，完成年度目标；

③ 建立完整的大客户服务与管理体系，制订大客户销售策略与服务方案，根据公司战略要求进行完善与修正；

④ 负责计划并实施大客户营销活动，推广企业品牌。

招聘大客户经理岗位要求之二：

① 本科及其以上学历，形象良好，英语说写流利；

② 熟悉品牌客户广告业务，了解大企业广告流程，有丰富的品牌管理经验；

③ 思维敏捷、学习能力强、知识丰富，对行业发展趋势有敏锐的嗅觉，能带领团队不断取得进步；

④ 敬业，勇于承担压力，善于合作，团队意识突出；

⑤ 在同类岗位上有优异成绩者优先。

招聘大客户经理岗位要求之三：

① 负责公司行业客户的开发及市场调研；

② 执行公司制定的销售政策，积极开拓大客户市场工作；

③ 完成所负责的销售指标；

④ 熟悉公司产品和技术体系；

⑤ 负责建立与各种渠道的关系；

⑥ 有效地与客户沟通，理顺客户关系，维护客户群体的稳定；了解客户的增值需求，深度开发客户价值；

⑦ 有效拓展区域及行业内的潜在客户；

⑧ 整理、收集市场信息。

招聘大客户经理岗位要求之四：

① 管理与大客户的日常沟通，发展和维护与大客户的良好业务关系；

② 深度挖掘重点客户的潜在需求，为客户提供满意的解决方案；

③ 对潜在客户进行定期跟踪，定期提交销售进度报告，完成大客户销售目标；

④ 配合销售团队，完成销售目标；

⑤ 响应客户要求，接受客户投诉，为客户解决问题。

（2）教师小结。

3. 角色演练

教师把学生分成两支辩论队伍，就大客户管理工作的开展要领进行辩论。辩论题目是：大客户管理就是做好与大客户主管之间的人际关系。

4. 案例思考

大客户管理工作因各种原因一直处于不断变化中，对于电信、金融、保险、物流、工业、消费品行业等诸多行业而言，大客户都是企业的生存立命之本。同时，很多企业已经意识到培育大客户的重要性，诸如：2003 年上海阿迪达斯总部把一位拖欠货款近 60 万的经销商送上法庭，这种令阿迪达斯苦恼的事情不只在这个经销商身上出现。阿迪达斯在中国拥有 300 多家经销商，由于客户数量太多，企业掌控起来也就显得困难重重。由此，阿迪达斯正在考虑多培养几个大客户，而目前这样的大客户还不过 10 家。尽管“店大欺客、客大欺商”，但大客户营销在企业营销战略中的地位空前提升，这一点人们能看到也能感觉得到……

依据上述资料，回答以下问题。

① 大客户管理工作因哪些原因变得复杂？举例说明。

② 能否单凭销量来选择大客户？如何果断地处理案例中的问题？

③ 你认为把经销商告上法庭的做法可取吗？为什么？

思考题 8

1. 大客户的特征有哪些？
2. 为什么和谐的大客户关系管理运营环境很重要？
3. 如何才能帮助大客户提升自身价值？举例说明。
4. 大客户服务品牌建设的重要性有哪些？

实践建议 8

1. 收集更多的关于大客户关系管理的案例，学习并领悟其中的成功或者失误之处，和同学们讨论大客户关系管理的发展状况。
2. 通过各种途径了解一下，到现场感受一下：德国麦德龙集团是如何塑造服务品牌的。
3. 你有志成为大客户经理吗？对照岗位要求，加强相关实践！

参 考 文 献

[1] 李志宏等．客户关系管理．广州：华南理工大学出版社，2008：15，25.

[2] 吴海宁．公关问题管理．北京：机械工业出版社，2007：107.

[3] [英] 尼杰尔·希尔，[英] 约翰·布赖尔利等著．怎样测评客户满意度．第2版．陶春水，陶娅娜译．北京：中国社会科学出版社，2007：135.

[4] 周洁如，庄晖主编．现代客户关系管理．上海：上海交通大学出版社，2008：50.

[5] 邬金涛编著．客户关系管理．武汉：武汉大学出版社，2008：182.

[6] 杨琼，石真语编著．客服主管高效工作手册．北京：机械工业出版社，2008：168.

[7] 张道生著．满意的客户最忠诚．武汉：武汉大学出版社，2006：58.

[8] 吴勇主编．市场营销．第2版．北京：高等教育出版社，2008：142.

[9] 尹传高编著．成功经营客户的8大黄金法则．深圳：海天出版社，2008：94.

[10] 天宇编著．如何赢得顾客的心．北京：中国致工出版社，2008：45.

[11] 郑方华．客户服务技能案例训练手册．北京：机械工业出版社，2006.

[12] 姚书元，沈玉良编著．现代实用推销学．上海：复旦大学出版社，2004.

[13] 历练编著．业务员工具书．上海：企业管理出版社，2004.

[14] 子秋．本土客户管理案例精解．广州：广东经济出版社，2005.

[15] 赵申．如何处理客户的投诉．北京：中国经济出版社，2006.

[16] 张梅．客户投诉管理．北京：人民邮电出版社，2006.

[17] 顾冰．请从ABC抓起 银行服务任重道远．东方企业家，2005 (9)：58.

[18] 李志刚主编．客服关系管理理论与应用．北京：机械工业出版社，2006：216.

[19] 稻香主编．中小企业客户关系管理．青岛：青岛出版社，2007：151.

[20] 赵宏波．电信企业客户关系管理．北京：人民邮电出版社，2003：144.

[21] 杨莉惠．客户关系管理实训．北京：中国劳动社会保障出版社，2006.